有多少你不甚了解的历史轶事

东篱子 ◎ 编著

史书上对妹喜的故事讲得很少，现有的记载也多是负面的说辞。为什么同样作为"献物"，她远没有西施幸运，没有那么多的文人墨客为她撰写人生？

中国华侨出版社

图书在版编目（CIP）数据

有多少，你不甚了解的历史轶事/东篱子编著．—北京：中国华侨出版社，2014.6
ISBN 978-7-5113-4664-3

Ⅰ．①有… Ⅱ．①东… Ⅲ．①中国历史－通俗读物 Ⅳ．①K209

中国版本图书馆CIP数据核字（2014）第110798号

● 有多少，你不甚了解的历史轶事

编　著/东篱子
责任编辑/若　溪
封面设计/纸衣裳書裝·孙希前
经　销/新华书店
开　本/710毫米×1000毫米　1/16　印张16　字数223千字
印　刷/北京一鑫印务有限责任公司
版　次/2015年2月第1版　2019年8月第2次印刷
书　号/ISBN 978-7-5113-4664-3
定　价/32.00元

中国华侨出版社　北京朝阳区静安里26号通成达大厦3层　邮编100028
法律顾问：陈鹰律师事务所
编辑部：（010）64443056　64443979
发行部：（010）64443051　传真：64439708
网　址：www.oveaschin.com
e-mail：oveaschin@sina.com

前言
PREFACE

　　中国是一个具有悠久历史和灿烂文化的国度。了解祖国的过去，才能更加热爱祖国的现在和未来。

　　在漫长的历史演化过程中，我们的先祖曾经演绎过无数轰轰烈烈的事件。将这些历史事件和风云人物从不同的角度展示给读者，可以开拓大家的视野，提高大家的历史文化素养，更重要的是，可以增强大家民族自豪感以及爱国热情。

　　滔滔不绝的黄河之水孕育了中华文明，滚滚奔腾的长江之水滋润着华夏子孙，巍峨万里的长城承载着历史的沧桑。五千年中，风流人物层出不穷，各显峥嵘。历史上的这些故事很好看，翻开这本书，你将看到，那些现在看来手握至高权力、身披无数荣光的帝王，如何在权力的争夺之中，逐步脱离险境，最终君临天下，又是如何守住大业、开创盛世。

　　在这本书中，你将看到皇室后宫那些永远说不完的故事。皇室的女人顶着荣耀与屈辱，她们之中有人被称为"红颜祸水"，遭受千古骂名；有人权倾天下，甚至可以改变一个朝代的命运；亦有人母仪天下，承载着当世世人的敬仰。走近后宫的那些女人，你会发现，她们的人生就像一部情节跌宕的电视剧。

在本书中，你将看到，那些韬略智臣如何与君王巧妙周旋，又是如何规避险境，最终安然度世，济世又保身。

这本书里，还有你感兴趣的才子佳人奇异士，他们或是年轻貌美，或是才华横溢，或是豪荡不羁；他们有人为后世所传颂，有人为后世所敬仰，有人为后世所怜惜，他们生活在不同的时代，演绎着不同的剧情。

常言道："以史为镜，可以知兴替"。那些"你不甚了解的历史轶事"，对于今人而言，何尝不是一种启发、一种经验？我们希望读者能够将本书作为历史的缩影，畅游其中，去汲取对自己有益的营养。

目录 CONTENTS

第一篇　千古帝王谁风流

> 翻开浩瀚的中国历史，朝代的更迭、帝王的即位，为我们梳理出一条清晰可见的历史脉络。金銮殿上那个面南背北的宝座，千百年来引多少英雄竞折腰。这里是决策天下的焦点，是打开天下兴亡之谜的钥匙。想要了解历史，我们就得首先说一说历史上帝王们的这些事儿。

夏启："禅让制"的终结者……………………………………02
嬴政：统一中国的第一位皇帝………………………………05
刘邦：善于用人成就的帝王传奇……………………………09
刘彻：与女人结下不解之缘…………………………………13
刘秀：忍耐力最好的皇帝……………………………………21
李世民：敌不亡我亡！………………………………………24
武则天：空前绝后女霸主……………………………………29
李隆基：少年也曾是豪杰……………………………………36
朱元璋：因人制策终成一代帝王……………………………39
康熙：一代圣主也曾委曲求全………………………………42
雍正：夫唯不争，故天下莫能与争…………………………45

第二篇　皇家女人荣与辱

> 皇家的后宫永远有说不完的故事，皇家的女人顶着荣耀与屈辱，她们之中有人被称为"红颜祸水"，遭受千古骂名；有人权倾天下，甚至可以改变一个朝代的命运；亦有人母仪天下，承载着当世及后世的敬仰。走近后宫的那些女人，你会发现，她们的人生就像一部情节跌宕的电视剧。

妹喜："裂帛"声声撕毁一代王朝 …………………… 52

妇好：中国最早的女政治家和军事家 ……………… 56

妲己：酷刑的发明者 …………………………………… 60

褒姒：美人一笑倾人国 ………………………………… 64

吕雉：心狠手辣霸天下 ………………………………… 69

窦漪：影响两代天子的皇太后 ………………………… 74

赵飞燕：一生宠辱两重天 ……………………………… 79

独孤伽罗：逼得丈夫入寺门 …………………………… 84

长孙皇后：宫中无人不爱戴 …………………………… 89

杨玉环：不伦之恋引发的悲剧 ………………………… 94

马秀英：我后圣慈，化行家邦 ………………………… 98

孝庄皇后：力保大清百年周全 ………………………… 102

慈禧：彻底将大清推向了深渊 ………………………… 109

第三篇　公侯将相生死录

> 君强臣弱，君弱臣强，这是不断演绎的活生生的历史剧。在历史的各个时期，都不时地出现了不同面目、特点的盖主之臣，充当着这些历史剧的主角。他们辅佐君王成就了千秋功业，但随之而来的，往往是君主的猜忌与忌惮，至于最终的命运如何，那就要看各人的心智了。

范蠡：急流勇退，泛舟五湖 …………………………… 118
商鞅：成也变法，败也变法 …………………………… 123
蒙恬：千年塞下此冤沉 ………………………………… 126
张良：决胜千里之外 …………………………………… 129
韩信：生死一知己，存亡两妇人 ……………………… 138
周亚夫：被活活饿死的一代名将 ……………………… 144
卫青：从奴隶到将军 …………………………………… 149
狄仁杰：举贤为国，非为私也 ………………………… 153
郭子仪：功高盖主君不疑 ……………………………… 157
李辅国：多行不义必自毙 ……………………………… 162
徐达：朱元璋倚重的"万里长城" ……………………… 171
姚广孝：拒不还俗的股肱之臣 ………………………… 174
年羹尧：武功起家，功高震主 ………………………… 179

第四篇　才子佳人奇异士

> 他们或是年轻貌美，或是才华横溢，或是豪放不羁；他们有人为后世所传颂，有人为后世所敬仰，有人为后世所怜惜，他们是谁？他们就是才子佳人与奇异士。他们生活在不同的时代，演绎着不同的剧情。

荆轲：壮士一去不复返 …………………………………… 192

虞姬：一缕芬芳千古传 …………………………………… 198

卓文君：风流千古《白头吟》……………………………… 203

貂蝉：侠骨丹心，红颜薄命 ……………………………… 210

嵇康：魏晋风度一面不倒的旗帜 ………………………… 214

阮籍：一生常在酒醉中 …………………………………… 217

红拂女：一双慧眼识英雄 ………………………………… 221

上官婉儿：游走于朝堂的才情女子 ……………………… 226

李白：天子呼事不上船 …………………………………… 231

李商隐：一生注定没有完美的爱情 ……………………… 237

纳兰性德：谁料晓风残月后，而今重见柳屯田 ………… 242

第一篇
千古帝王谁风流

翻开浩瀚的中国历史，朝代的更迭、帝王的即位，为我们梳理出一条清晰可见的历史脉络。金銮殿上那个面南背北的宝座，千百年来引多少英雄竞折腰。这里是决策天下的焦点，是打开天下兴亡之谜的钥匙。想要了解历史，我们就得首先说一说历史上帝王们的这些事儿。

夏启："禅让制"的终结者

启，史称夏启，生卒年不详，大禹之子。禹死后继位，建立了中国历史上第一个奴隶制国家——夏朝，成为中国历史上"禅让制"的终结者。从此，原始社会宣告结束，开始了奴隶社会。启在位9年，病死，葬于安邑附近（今山西省夏县西池下村里）。

夏启所处的时代是我国古代"禅让制度"濒临崩溃的时期。甚至可以说，早在尧舜时期，"禅让制"已是虚有其表。尧在我国历史上被视为典范的仁君，他勤俭、朴素、办事公正，体恤人民。所以，《尚书》中说，尧极受百姓拥戴，他病死于阳城（今登封东南告城镇），"百姓如丧考妣"。《述异记》卷上记述，尧晚年要推荐舜为继承人，担心长子丹朱不服，就将丹朱放逐到南方丹水（今湖北均县）一带。后来，丹朱果然不服，与南方的三苗民族联合，举兵反叛。尧亲自带兵去平叛，并生擒丹朱。丹朱求饶。尧说："我不能以天下人的痛苦来换取你个人的利益。"于是，毅然处决了丹朱，将王位禅让给舜。然而《山海经》却作了相反的记述，说尧晚年不如以前贤德，私自将王位传给了其子丹朱。舜不服，奋起反对，夺取了王位。《古本竹书纪年》也说，舜囚禁了尧，又阻止丹朱与他父亲相见。《史通·疑古篇》也有舜"放尧于平阳"，夺取了王位的记述。其实，禹继舜位也有类似的记载。《孟子·离娄》说，舜在继位前后，看到禹的父亲鲧、共工、灌兜和三苗这四股势力太大，于是以除"四凶"为名，先后翦除了他们，并以鲧之子禹代替父职，继续治水。不想禹在治水过程中发展壮大了自己。治水成功后,禹很受百姓拥戴,舜只好对天起誓,让禹做自己的继承人,而暗中却将王位传给其子商均。《史记·夏本纪》说,禹对舜这种"两面派"做法极为不满,于是凭借自己的实力和威望,用强制手段将舜放逐到苍梧(今广西苍梧县境),又将其子商均囚禁于阳城(今登封东南告城附近),然后夺取了首领之位,以所封之地"夏"为国号建立了夏朝,都阳翟(今河南省禹州市)。禹建夏朝后,非常谦谨,认为自己德不及尧舜,因而不称帝而改称王。这就是后世尊禹为禹王的缘由。当时有个人叫仪秋,善造美酒,献给禹王品尝。禹饮之非常甘美,便预言说:"后世必有以酒而亡国者。"从此率先戒酒,并疏远仪秋,禁绝诸臣无故贪杯酗酒,倡导勤政廉政,天下臣民心悦诚服,造就了太平盛世。当时,有凤凰出于荆山,来仪于阳翟,天下皆以为是吉祥之兆。禹王遂于荆山之阳铸九鼎,并图天下神奸鬼物于其上,各以一鼎象征一州之物。后人呼之为"禹鼎"。

夏禹开始在部落联盟中拥有无上的权力,九鼎的铸成,使他有机会把这权力强化和神圣化,使它更加巩固,以便把各部落统一在一起。

禹王去世前几年,想效仿尧舜,找一个贤能的人来接替自己。最初,人们推举在帝舜时就掌管刑法的皋陶,但是没等接任,皋陶就病死了。后来经过商议,又一致推举伯益做他的继承人。

伯益曾经是大禹治水的一名主要助手,发明过一种凿井的新方法。他擅长畜牧和狩猎,曾教会人们用火烧的办法来驱赶林中的野兽。所以在当时人们的心目中,伯益是仅次于大禹的一位英雄。

随着王位的巩固,夏禹越来越觉得自己好不容易得来的王权应该由自己的儿子来接管,而不能让别的什么人来继承。可是伯益功劳卓著,威望极高,首领会议上推举他做自己的继承人。禹王感到众意难违,只好顺水推舟,答应下来。为了这件事,禹王越发烦躁,寝食难安。后来他想道:"自己之所以能顺利地继承舜位,一是当年治水有功得到了人

们的尊敬和爱戴，二是舜选定自己做继承人之后，就让自己行使治理天下的大权。如果我也效法当年舜的做法，把治理天下的大权让儿子去执行，而只给伯益一个继承人的名义呢？"于是，禹王让启参与治理国事。过了几年，由于他的儿子启把国事处理得很好，在人们心目中的地位也高了起来，而伯益作为继承人，却没有新的政绩，他过去办的好事，人们也渐渐淡忘了。

其实在这个时候，氏族首领已经不像早先那样与氏族的其他人有着平等的地位，从大禹铸九鼎彰显王权开始，他就不停地在破坏上古的一些原始道德，尤其是在一次氏族首领大会上，他擅自杀掉晚到的防风氏首领，已经可以看出其强权的影子，但不论怎么说，夏禹还不敢在自己生前公然破坏禅让制，他的确指定了治水有功的伯益为自己的继承人，但此时他的儿子启的势力已经非常强大了。

禹死后，伯益为他举行了葬礼。这个时候，伯益犯下了一个令他悔恨终生的错误，他的想法太过天真，他以为天下从此就是自己的了，便在帝都阳城（今河南登封市告城镇）即位称王，坐上了天子之位。但是，伯益也看到了百姓对夏启的拥戴，看到了自己所处位置的不稳定。三年服丧完毕以后，伯益就将天下让给帝禹的儿子夏启，自己避居到箕山的南面去了。

当年，唐尧禅让帝位给虞舜，虞舜躲避起来，客套了一番，礼让给了唐尧的儿子丹朱，最后，还是虞舜做了帝王；虞舜禅让帝位给姒禹，姒禹也躲避起来，客套一番，礼让给了虞舜的儿子商均，最后，还是姒禹坐了帝位；现在，姒禹禅让帝位给了伯益，伯益当然也要学着先辈的样子，躲避起来客套一番了。

这是中国帝王禅让史上的一个关键细节，也是中国上古历史上的一个关键细节——伯益假惺惺地"避居箕山之阳"，期望夏启号召百姓呼唤伯益出山，可是，伯益的愿望没有实现。夏启没有对他客套，百姓也没有拥戴他出山，伯益的愿望成为了泡影。

假如伯益没有假惺惺地"避居箕山之阳",按照夏禹的禅让坚决继位,禅让制可能还会继续延续若干年,中国历史还不至于早早进入"家天下"的王位继承时代。但是,伯益偏偏假惺惺地"避居箕山之阳",让中国古代历史就此转换进入一个新的时代。

伯益看到事情成了这个样子,大怒。他本是东夷人,于是他召集东夷部族率军向启杀来。而启早有防备,经过一场大战,打败了伯益的军队。夏启为了庆祝胜利,在钧台(今河南禹县)举行了大规模宴会,公开宣布自己是夏朝第二代国君。从此,父亡子继的家天下制度便取代了任人唯贤的公天下制度。

夏启实行王位世袭的故事,说明那时原始社会的氏族公社制度已经彻底瓦解,氏族部落会议制度已经转化,开始出现了国家的雏形,奴隶社会到来了。奴隶社会取代原始社会,是人类历史上一次划时代的进步。因为在原始社会,低下的生产力水平使人们的生活极其艰苦。到了奴隶社会,农业和手工业有了分工,社会生产力得到很大提高,生产得到很大的发展,人们的生活也得到很大改善,为文化的繁荣创造了条件,所以说这是历史的向前发展。

嬴政:统一中国的第一位皇帝

秦始皇,中国历史上第一位完成华夏大一统的铁腕政治人物,创建了首个多民族的中央集权国家,曾采用三皇之"皇"、五帝之"帝"构成"皇帝"的称号,是古今中外第一个称皇帝的封建王朝君主。

如今，每当提到暴君，人们首先想到的必是秦始皇，秦王嬴政俨然已经成为千古第一暴君，是暴君的代表、是暴君中的一杆旗帜。诚然，嬴政的确是个暴君，而且暴戾之气十足。他焚书坑儒，推行严刑峻法，的确令人胆寒。但他若真是残暴不仁到了极致，何不将六国贵族诛杀殆尽？如此，大秦江山又岂能二世而崩？

嬴政的铁腕政策，虽然显得有些残暴，但在当时的环境下，无疑又是统治集团维持统治地位的无奈选择。适逢乱世，若不用峻法，江山何以保存，地位何以保存，性命何以保存？他征夫40万修筑万里长城，弄得民怨沸腾，但其本意无非是希望江山永固。

当然，这里绝没有为秦始皇开脱之意，但不得不说的是，或许嬴政的残暴只是出于一个帝王维护自己统治的需要，而非他本人嗜血成性。

秦王嬴政在亲政后两年时间内，就为自己的统治扫清了道路，并且迅速确立起他个人的威望。尽管手段令人不敢苟同，但是秦国人、秦国的大臣，尤其是秦国的武将们，看到了秦国统一六国的曙光，他们需要这样一个年轻有为、身体健康、处事果断、临阵不慌、能够对敌人无情打击，且对统一战争怀有强烈必胜信心的君主来领导他们消灭六国，结束历经上百年分裂混乱的局面。这一点，秦王嬴政没有让他们失望。

嫪毐是秦王嬴政的母后赵姬的面首，在太后的支持下，他的政治势力迅速扩张，先是被封为长信侯，赐山阳（今山西太行山东南），与丞相吕不韦待遇一样，而后更是"事于大小，皆决于毐"。

公元前238年四月，嬴政率领文武官员离开咸阳，前往雍城举行加冕大典。雍城在秦德公元年（前677）开始兴建国都，以后历经295年，一直到秦献公二年（前383），这里一直是秦国首都。秦献公二年，迁都栎阳。秦孝公十二年（前350），又迁都于咸阳。由于雍城在秦国历史上的特殊地位，所以凡举行祭祀祖先及各种盛典，均须来此进行。历代国君、后妃以及贵族死后也多归葬于此。

嬴政在雍城蕲年宫如愿地举行了加冕大典和佩剑典礼。剑是古代奴隶主贵族显示身份和地位的重要标志，一般人是绝对禁止佩带的。秦国一直到秦简公六年（前409）才允许官吏可以佩剑，但一般人仍不许佩带。国君也是在举行加冕礼之后方可佩剑。所以，嬴政不仅要举行加冕典礼，正式接手国家事务的管理，同时也要将一把佩剑佩带在自己的腰间，以显示自己至高的地位。

加冕典礼刚刚举行完毕，从首都咸阳传来消息，信阳侯因为嬴政派人调查其不法之事，心中恐惧，先发制人，用伪造的秦王御玺和太后玺调发县卒（地方部队）以及卫卒（宫廷卫队）、官骑（骑兵）等准备进攻蕲年宫作乱。

获知叛乱的消息后，嬴政在众大臣面前显得异常沉着、冷静，他听完报告后胸有成竹地命令相国昌平君及昌文君调发军队，前往咸阳镇压。实际上，这是一场嬴政早已料到的叛乱，一切他都已经有所安排。

平叛的战斗并不激烈，叛军不堪一击，在强大的秦军面前一触即溃，被斩首数百人，从这个数字也可以看出叛军人数不多。另外，从派去镇压反叛的将领也可以看出，年轻的嬴政根本就没有把嫪毐放在眼里。昌平君和昌文君既非名将，又无突出的政绩，甚至连名字都没有留下。昌平君还有点事迹，宋代裴骃《史记集解》载："昌平君，楚之公子，（秦）立以为相。后徙于郢，项燕立为荆王，史失其名。"而"昌文君名亦不知也"。派去两个不知名的人便轻而易举地将叛乱镇压下去，反映出嬴政有别于众的用兵风格。

叛军被击败，秦王嬴政下令将嫪毐和卫尉竭、内史肆、佐弋竭、中大夫令齐等二十人，全部枭首（斩首后将人头悬挂在高杆上示众），然后将尸体车裂。同时还"灭其宗"，将其家人满门抄斩。他们的舍人，最轻的处以鬼薪（为官府砍柴的刑罚），更多的人则被处以迁刑，共有四千多家被夺爵远徙蜀地的房陵（今湖北房县）。

对于太后，则不能用杀戮的办法，毕竟她是嬴政的亲生母亲。尽管嬴政不接受儒家思想，但提倡孝道并非儒家的"专利"，不过太后确实

让嬴政很难堪，嬴政心中难以饶恕，于是把太后迁出咸阳，令其往雍城居住。

收拾完他们，该来收拾吕不韦了。秦王嬴政十年（前237），嬴政下令罢免了吕不韦的相国之职，接着又命令他离开咸阳到食邑地河南去居住。

由于吕不韦执政十几年，对秦国功劳很大，在各诸侯国中威望很高，所以到河南探望吕不韦的人士众多，"诸侯宾客使者相望于道"。得知吕不韦周围的情况后，秦王有些坐立不安了，他怕吕不韦会逃离秦国。那样的话，凭吕不韦现在的威信，联络各国反秦会给秦国带来危险的。思前想后，秦王既不能派兵前往——出师无名，且易激变；又不便将吕不韦抓回咸阳——抓来也无法处刑，要处刑早就处了还用等到现在吗？最后，秦王想出一个好办法，他派人给吕不韦送去一封信，信中说："您对秦国有什么功劳呢？秦国封给您河南之地，食十万户；您与秦国有什么亲缘，却号称仲父。带着你的家人到蜀地去住吧。"看到这封信，吕不韦的心都快碎了。这封信不仅将其对秦国的功劳一笔勾销，而且暗含杀机。吕不韦知道嬴政的脾气，他不死，事不宁，迁徙到蜀地也是个受罪的命，干脆满足他算了。于是吕不韦饮毒酒自杀，成全了嬴政，这时候是秦王嬴政十二年（前235）。

至此，妨碍嬴政治国秉政的两大集团被彻底消灭。

"秦王扫六合，虎视何雄哉！"秦始皇能够在内有权臣、外有劲敌的境况下，扫出一片天下，确有他的不凡之处。

显然，吕不韦、嫪毐专权并非一两天，对此，骨子里唯我独尊的秦始皇竟一直睁一只眼闭一只眼。可见，他的隐忍功夫也不是常人能比的。秦始皇当然知道，这时的自己只是"傀儡皇帝"，羽翼尚未丰满，倘若逞强发难，自己很难有胜算。是故，他一直在忍耐，而时机一旦成熟，他便不再手软。

嫪毐得知秦王准备对付自己，便率先发难。其实，嬴政对此早有准

备，他沉着地调兵遣将，一举平定叛乱，在秦国人面前，为自己树立起了足够的威严。

秦始皇执政期间，但凡威胁到自己统治地位的外在因素，他都会竭力铲除，于是嫪、吕二人先后落马，于是又有了后来的"焚书坑儒"。但从某种意义上说，或许正是秦始皇的铁腕政策，才促成了中国历史上第一次真正意义上的统一。

吕不韦虽然已被除去相职，但威信犹在，在秦始皇看来，他就像一颗不定时炸弹，随时都有可能摧毁自己辛苦建立起来的基业。对于这种潜在的巨大隐患，唯有除之才能后快，于是他不动声色地遣书一封，暗含杀机，结果了吕不韦的性命，为自己的帝国大业彻底扫平了道路。

刘邦：善于用人成就的帝王传奇

刘邦，汉朝开国皇帝，汉民族和汉文化伟大的开拓者之一、中国历史上杰出的政治家、卓越的战略家和指挥家，对汉族的发展以及中国的统一有突出贡献。

据说，刘邦是个好吃懒做的人，"不事家人生产作业"，"好酒及色"。整日游手好闲，吃喝嫖赌，无所不染，40岁时还是光棍一个。

虽然刘邦出身卑微，但他脑子好使，什么东西一学就会。后来，经人指点，当上了泗水亭长。从此，他与县里一班官员有了来往，如萧何、曹参、夏侯婴。虽然已是个地方小官，但因为有劣迹在前，此时仍娶不到老婆，良家不愿把闺女嫁给他。

但贵人自有吉相,《汉书·高帝纪》称:"高祖为人,隆准而龙颜,美须髯,左股有七十二黑子。"据说吕雉的父亲会相面,觉得刘邦相貌不俗,有将王之相,将来必成大器,于是将当时已是"大龄女青年"的闺女吕雉嫁给刘邦,刘邦这才有了老婆。

其实,在今天看来,吕雉嫁给刘邦时并不算大,才25岁。当时乡亲们都嘲笑刘邦的老丈人嫁女行为很愚蠢,刘邦后来做了皇帝,村人才知道吕父的眼光是如何厉害。吕雉当年也觉得丈夫将来会有出息,据说她看到,刘邦无论走到哪里,头顶上总有一团祥云跟着。

传说终归是传说,言归正传,我们心里也许都有一个疑问:这样一个好酒又好色的无赖,为何能够打败英雄盖世的项羽,成就帝王传奇呢?

秦朝末年,烽烟并起,十八路诸侯王誓要推翻暴秦统治。项羽经"破釜沉舟"一役,大败章邯,消灭秦军主力40万,就此奠定了秦王朝覆灭的基调,同时也为刘邦入关创造了有利条件。

依楚怀王先前约定——"先入定关中者王之",刘邦先入咸阳,照理应做关中王,但项羽自恃功高势大,佯尊楚怀王为义帝,分封十八路诸侯,自封为西楚霸王,欲独霸天下。

项羽分封诸侯时,封刘邦为汉王,并拨给他3万兵马(原来汉王有10万兵马,现在只给3万),随同他前往汉中。在秦末起义军的众将领中,汉王刘邦毕竟是一位声望甚高、宽厚仁慈、有长者之风的人。当他前往汉中时,楚与各路诸侯中因仰慕而甘愿随从他前往汉中的,竟有数万人之多。这对于汉王来说,无疑是精神上的一大安慰。

汉王率所部人马前往汉中,从杜县南进入蚀中有两条路线可选。一是可以向南走通往汉中的重要谷道,即子午谷,南端的谷口是汉中的南康县;一是可以向西到达眉县西南,走斜谷,再入褒谷。从《史记·留侯世家》"良送至褒中"的记载来看,汉王是从杜南经蚀中,然后西行到达眉县,由眉县西入斜谷,经斜谷由关中到达汉中。

在进入斜谷之前，汉王率领将士们一路西行。途中，这些来自关东的士卒，仰望南面那横亘东西的秦岭，远方那层峦叠翠、耸入云端的高山，当他们听说山峦的那边便是汉中时，心中顿生迷茫之感，真不知自己所要奔往的去处究竟是天下的何方，离家乡又有多远，会是怎样的一个世界。不消说，在这一段西行的路上，将士们的情绪是低落的，人人少言寡语。

到达眉县西南，大军进入斜谷，斜谷道路狭窄，几万大军呈一字形，穿行于峡谷之中，蜿蜒十余里之长。自进入斜谷，穿越秦岭，又是一番景象，脚踏谷底的碎石，两侧是令人望而生畏的悬崖峭壁，飞鸟哀鸣，猿猴啼叫，亦是一片凄凉的气氛。唯有头顶上的那一线天空，它既给士卒们以希望，又有几分令人恐惧，但他们终归还是觉得自己的生路只能系在这一线天空的前方。途中，有时要行进在峭岩陡壁的栈道之上，这种栈道是在峭岩陡壁上的险绝之处，傍山岩凿出洞孔，施架横木，铺上木板，以通行人马，而栈道下面则是万丈深渊。第一次走上这种栈道的士兵，一般都不敢往栈道下边观看，即便如此，也难免胆战心惊。

当将士们将要走出斜谷时，他们回首顾盼，都深深地出了一口长气，第一次经受了跟随刘邦转战南北以来的洗礼与考验。

至于汉王刘邦，一路上也是思绪万千。他总是用萧何的劝解，来驱散时时袭来的无名烦恼；又幸亏有张良等人一路陪同，或指指点点，谈笑风生；或倾听张良讲述兵法，谈古论今。在部下将士们看来，他们的汉王能够如此神态自若，真是他们的安危和希望所系。

刘邦到达汉中以后，决定在此养精蓄锐，养民招贤，再图收复三秦。不久，齐、赵和彭越率众反楚，项羽只得召集主力击齐，以稳定局势。刘邦乘势而动，出陈仓，迅速收复三秦，并率兵继续东进，迫使项羽陷于两线作战的境地。因项羽的主力部队集于齐地，无暇兼顾，刘邦遂乘机兵入洛阳，同时，以项羽谋杀义帝为由，召集各路诸侯军共计56万余人，攻陷楚都彭城。项羽得知都城失守，亲率精兵3万星夜回

师，诸侯联军本就是临时召集的"乌合之众"，不堪一击。项羽一举收复彭城，刘邦军几乎全军覆灭，只剩数十骑突围出去。

彭城之战以后，项羽与刘邦集团便进入相持阶段，这一对峙便是2年零4个月。但刘邦并未闲着，他积极组建骑兵部队，遏制楚军的进攻。与此同时，刘邦军一方面固守荥阳、成皋一线，一方面积极在项羽军后方及侧翼开辟新战场。这一战略击中了项羽的致命弱点，成效颇为显著。

公元前205年，淮阴侯韩信闪电般地平魏下赵得燕、齐，斩断了楚军的左膀右臂，使项羽成为地地道道的孤家寡人，完全陷入反楚阵营的包围圈，失去还手之力。

公元前203年，项羽无奈之下，只得与刘邦商议和解，双方约定以鸿沟为界，鸿沟以西为汉，以东为楚。当年九月，项羽率众东归，刘邦深知项羽此一去无异于放虎归山，于是趁势率兵攻楚。

公元前202年，韩信用十面埋伏之计将项羽困于垓下，汉军四面唱起楚歌，楚军斗志全无。项羽率极少部众突围至乌江，因觉"无颜见江东父老"，自刎而亡。刘邦终于君临天下，建立了西汉王朝。

其实秦朝覆灭之初，论势力，刘邦远不如项羽，但最终却逼得项羽乌江自刎，成就千古霸业，他这个人还是有其不凡之处的。

首先，能听人言。

刘邦攻入关中，本欲住进秦朝华丽的宫殿，心腹樊哙、张良及时劝阻，提醒刘邦勿失民心，刘邦依言，还军灞上，并采用萧何之策，与百姓约法三章，昭信天下；相反，韩生建议项羽建都咸阳，项羽却说："富贵不归故乡，如衣绣夜行，谁知之者！"并将韩生烹杀。

其次，能受不公。

依"先入关者为关中王"的约定，刘邦理当据有关中之地，但楚霸王项羽倚仗实力，蛮不讲理，将其远封到汉中偏僻之地。此时，刘邦若不能忍，据理力争，那么势必与项羽反目，此举无异于以卵击石，其结果只有一个——被项羽擒杀，历史上也就不会有盛极一时的大汉王朝。

其三，能用人才。

刘邦用人，不论出身，陈平盗嫂、樊哙屠狗之辈，刘邦皆可用之，他容人之短，取其所长，遂使得帐下人才济济，诸如萧何、张良、韩信、周勃、陈平、樊哙、蓝玉、夏侯婴等；反观项羽，令韩信为执戟郎，有一范增又不能用，终成为孤家寡人。

其四，能忍失败。

彭城兵败后，刘邦积极积蓄力量、巩固战线，力图东山再起；项羽被围垓下，本可渡过乌江，以其威名，集江东猛士，再图中原，并非是不可能的。但他却自认无颜见江东父老，自刎江边。

可以说，楚汉之争的结果，完全决定于项、刘两人的谋略及性格。刘邦能够君临天下，很大程度上得益于他能忍，能够听从良言，领兵出斜谷、入汉中，偏安一隅，保存实力，蓄势待发。

事实证明，刘邦的策略是非常正确的。得益于运筹帷幄，决胜千里的张良；镇国家，抚百姓，给饷馈，不绝粮道的萧何；连百万之众，战必胜，攻必取的韩信；以及刘邦本人有志气、有个性、有胆量、有胸怀的领袖气质，他最终成功地扭转了战局，在青史上写下了浓墨重彩的一笔。

刘彻：与女人结下不解之缘

汉武帝刘彻是一位杰出的政治家。他一生中最重要的四个女人，除了李妍早死外，其他三个都未得善终。女人，不仅是汉武帝延续祖宗基业的需要，同时也是他登上帝位的筹码、成就霸业的凭仗、精神寄托的依靠。

汉武帝刘彻能登上皇帝之位，成就帝业，可以说既是吉人天相，也是后宫中一些女人多年角逐的结果。

薄皇后是汉景帝的第一个皇后。汉景帝还是太子的时候，祖母就给他指定了这个皇后。同样姓薄，薄太后命很硬，而薄皇后却实在命太薄。

薄皇后一生始终没有生孩子。这在"母以子贵"的帝王之家是致命伤！汉景帝有14个儿子，分别出自六个妃嫔，唯独这个正牌皇后没儿子，的确令人匪夷所思。汉景帝的生育能力没问题，他有14个儿子为证。莫非薄皇后有问题，不具备生育能力？

还有一种可能，就是汉景帝不喜欢薄皇后，导致皇后无子。一场宫闱角逐，就因为薄皇后无子、无宠而引发了。

汉景帝四年（前153），四岁的刘彘被立为胶东王。同年，汉景帝又封他的长子，也就是栗姬的大儿子刘荣做了皇太子。

这时，长公主刘嫖出场了。长公主也称馆陶公主，她是窦太后的第一个女儿。老太后虽然有享不尽的富贵，但是后宫生活难免单调，能够说说知心话的只有女儿馆陶公主，因而馆陶公主的地位非常特殊。馆陶公主自由往来于宫中，看透了宫廷里的真面目，为保证自己在皇族中的地位，便打起女儿阿娇的主意，若女儿当上皇后，自己何愁今后的富贵。

刘嫖下手很快，立即向新立的太子刘荣抛去橄榄枝。但刘荣的母亲栗姬是个小心眼的女人，她对馆陶公主经常用美女讨好汉景帝的行为早就忍无可忍了，想都不想就一口回绝了这门亲事。

馆陶公主震怒，恨意顿生，同时又担心刘荣当上皇帝以后自家的好日子就结束了，暗起废掉刘荣之心。但在废掉刘荣之前，必须找一个能够继承皇位并且同意女儿陈阿娇当皇后的人。经过观察，馆陶公主将目光锁定了刘彘的生母王美人。

王美人名叫王娡，据传早年由母亲臧儿做主，嫁入金王孙家，并生下一个女儿。女儿嫁了金龟婿，臧儿本已志得意满。算命先生突然向臧儿泄露天机：你的两个女儿将来都能大福大贵。王娡已经嫁得很不错了啊！但是，臧儿不满足，于是决定，把王娡从金王孙家里夺回来，重新嫁人！

很快，王娡和妹妹王皃姁先后被臧儿送入太子的宫中。把一个已婚并育有一女的女儿送入太子宫中，这在今天看来都是不可思议的事情！王娡一定是隐瞒了婚史。王娡被送到太子宫中以后，生了一个皇子，三个公主，一龙三凤。她妹妹王皃姁更了不得，生了四个皇子。

王美人入宫后守礼本分，其子刘彘虽然幼小，却因聪慧深得汉景帝喜爱。决心已定，馆陶公主开始行动。而那边，王美人也向往成为权倾后宫的太后，馆陶公主和王美人就这样各怀心事，走到了一条路上。

一日，馆陶公主带着陈阿娇，王美人带着儿子刘彘，与汉景帝坐在猗兰殿上闲话家常。大家拿孩子们开心，馆陶公主问刘彘："儿欲得妇不？"

刘彘答："欲得妇。"馆陶公主逐一指着环绕四周的侍女，刘彘都说不要，最后指到陈阿娇时，刘彘大大方方地说："好，若得阿娇做妇，当作金屋储之也。"就此传下金屋藏娇的佳话，刘彘也因此语迈出登上皇帝宝座的第一步。汉景帝刘启闻得稚子之语，天真可爱，认为是天意，殊不知这是一场早就预谋好了的大戏的前奏。

此后，馆陶公主和王美人结成联盟，经其一番刻意经营，用尽手段，终于如愿以偿。

汉景帝刘启前元七年（前150），太子刘荣被废，贬为临江王，栗姬被打入冷宫。不久，汉景帝刘启册封王美人为后，7岁的刘彘成为太子，改名为刘彻。

汉景帝刘启后元三年（前141），刘彻年满16岁，举行隆重的加冠礼。加冠礼后不久，汉景帝卒于未央宫。

刘彻在父亲灵柩前即位，称汉武帝，陈阿娇入主中宫，贵为一国皇后。

窦太后死后，窦家势力尽除，王娡难以控制自己的儿子，这时的汉武帝对于这桩政治联姻已经有了厌倦之意。偏偏陈阿娇又不明就里，她恃宠骄横，嫉妒成性。其实，刘彻想废掉她很简单，谁也不用忌惮，他甚至单凭没有生育这一点，就可以让陈阿娇让出六宫之主的位置。可是这个陈阿娇还没等到刘彻想到这一茬，竟自己撞上来了——她在宫里玩巫蛊。

原来，这位出身高贵的皇后见自己被日渐冷落，心中不胜恼怒。为了重获刘彻的宠爱，于是找来一个叫楚服的女巫暗地里进行"巫蛊"活动。"巫蛊"是将所仇恨之人的名字写在木头人上，再将这木头人埋于地下，令女巫诅咒之，以为这样做会给被诅咒者带来灾难。汉代法律对"巫蛊"活动进行重罚。楚服还打扮成男子模样，与陈阿娇同床共枕，宛如夫妻一样亲密无间。元光五年（前130），陈阿娇的"巫蛊"活动被汉武帝发现。他勃然大怒，命令张汤审理此案。

张汤办案效率奇高，很短时间内逮捕各色人等三百多号，包括那个搞巫术的女巫楚服也被抓住了，张汤一边审问一边罗织，形成卷宗上报刘彻。刘彻不怕把事情闹大，大了才好，不大怎么废掉陈阿娇？三百多号人斩首的斩首，下狱的下狱。

陈阿娇自被封到被废，并没有几年时间，说她年老色衰恐怕还谈不上。汉武帝作为一个强势男人，不同于唐高宗李治，在他身边容不下专横的女人。从这点讲，陈阿娇的先天政治优势是个"大硬伤"。

相比之下，卫子夫就幸运很多，但最后也未得善终。

卫子夫原本是汉武帝的姐姐平阳公主家的一个歌女。汉武帝在平阳公主家的一次宴会中，先是被卫子夫清婉悠扬、甜润悦耳的歌声所打动，接着又为其双目含情、妩媚可人的容貌所倾心。在宴会还没有结束的时候，汉武帝就迫不及待地"宠幸"了她，并将其带回宫中。刘彻非常喜欢这位歌女出身的卫子夫，但由于受到陈阿娇的排挤和皇太后的憎恶，卫子夫被冷落后宫之中近一年。后来，汉武帝对她百般恩宠。卫子夫生下汉武帝的长子刘据后，被立为皇后。六年后，刘据被立为太子，卫氏家族也因此得到极大恩宠。她的弟弟卫青被任命为车骑将军，迎击匈奴。卫青的外甥霍去病也被提拔重用。正是由于卫青、霍去病在征讨匈奴时所向披靡、战无不胜，才使得汉军彻底打垮了匈奴的主力，使匈奴元气大伤。从此以后，匈奴逐渐向西北迁徙，出现了"漠南无王庭"的局面，匈奴对汉朝的军事威胁基本上解除。汉武帝也因此更加宠爱卫子夫。作为"汉武帝的贤内助"，因为卫子夫的存在，卫青、霍去病被汉武帝重用，开疆辟土，东征西讨，立下赫赫战功。然而，对于一个女人来说，特别是皇帝所宠幸的女人，随着时间的流逝，容颜的衰老，其受宠程度也江河日下，慢慢地被李妍和钩弋夫人等新生力量所取代。在卫子夫被立为皇后的第38年，太子刘据因为所谓的"巫蛊事件"被人陷害，最终因为无法自明而自杀。

　　汉武帝自从爱子刘据自杀之后一直心神不定，终于，有三位老臣上书参皇上，说太子是被冤杀。汉武帝这才知道杀错了人。

　　这时，汉武帝的一个"陵墓守陵员"上奏说，刘据是汉武帝的儿子，只不过玩玩父亲的兵马，顶多臭骂一顿而已。再说他是天子的儿子，这是没什么大不了的。而且说这些话的是一个白头老人（汉高祖刘邦）告诉他的，不是他自己说的。汉武帝趁此机会找个台阶下，便大赏了这个人。

　　这时，汉武帝发现许多政治上的不足，最后写出了鼎鼎有名的《伦台罪己诏》。但这时汉武帝已经行将就木，那么江山社稷交给谁呢？汉武帝共有六个儿子，大皇子死了，二皇子因为曾预谋谋反而被排除，第三个儿子自取其辱，被贬为汉武帝的侍从，第四个儿子很想当皇帝，但坏事做得太多被汉武帝忽视了，第五个儿子自以为不如别人，自动弃权了。这样，便只剩第六个儿子了，他就是有名的汉昭帝。

　　但汉武帝在立太子及指定顾命大臣之后，做了一件很残忍的事情——杀了太子的母亲。这个女人就是钩弋夫人。钩弋夫人即赵钩弋，

西汉河间人氏。一段奇缘促成了汉武帝与她的相遇。汉武帝北巡河间的时候，看到天空中有青紫色的云雾，方士解释说这个地方必定有一位奇女子。查访下，果然找到一位艳丽绝伦的姑娘。不过，这个姑娘的双手自出生时就始终紧握，非常奇怪。可当这个姑娘见到汉武帝的时候，双手却慢慢地张开了，一只手里竟然握有一个碧绿的玉钩。汉武帝大为惊异，便将其带回宫中，封其为钩弋夫人。一年后，钩弋夫人生下刘弗陵。太子刘据因"巫蛊事件"自杀后，汉武帝另立刘弗陵为皇太子，但考虑到钩戈夫人正值妙龄，害怕其骄横淫乱，恣意妄为，鉴于吕后专权的教训，为了避免女主擅政，危害社稷，决定临死前借着一点小事，将其赐死，除掉了钩弋夫人。

在汉武帝的众多女人中，唯一能够让他念念不忘的，恐怕只有李夫人了。据说，李夫人生得云鬓花颜，婀娜多姿，尤其精通音律，擅长歌舞，汉武帝自得李夫人以后，爱若至宝，一年以后生下一子，被封为昌邑王。李夫人身体羸弱，更因为产后失调，因而病重，委顿病榻，日渐憔悴。色衰就意味着失宠，然而李夫人却颇有心计，要留给汉武帝一个自始至终的美好的印象，因此拒绝汉武帝的探视，李夫人用锦被蒙住头脸，在锦被中说道："身为妇人，容貌不修，妆饰不整，不适宜见君父，如今蓬头垢面，实在不敢与陛下见面。"汉武帝坚持想看一看，李夫人却始终不肯露出脸来，即使汉武帝以赏赐黄金及加封李夫人的兄弟官爵作为交换条件，她仍执意不肯，说："能否给兄弟加官，权力在陛下，并非在是否一见。"并翻身背对武帝，哭了起来。武帝只得无可奈何地离开。

汉武帝离开后，李夫人的姐妹们都埋怨她，不该这样做。李夫人却说，凡是以容貌取悦于人，色衰则爱弛；倘以憔悴的容貌与皇上见面，以前那些美好的印象，都会一扫而光，还能期望他念念不忘地照顾我的儿子和兄弟吗？她死后，汉武帝伤心欲绝，为李夫人作了歌：是耶！非耶！立而望之，奈何姗姗其来迟！并以皇后之礼安葬，亲自督饬画工绘制他印象中的李夫人形象，悬挂在甘泉宫里，且夕徘徊瞻顾，低回嗟叹；对昌邑王钟爱有加，将李延年提升为协律都尉，对其弟李广利更是纵容关爱兼而有之，封其为将军。根据汉朝的祖制，皇亲无功不得封侯。为了兑现自己对李夫人的誓言，汉武帝一直寻找着能让李广利立战功的机会。

汉武帝元鼎四年（前113）秋，有个敦煌囚徒，在当地捕得一匹汗血宝马献给汉武帝。汉武帝得到此马后，欣喜若狂，称其为"天马"。为了得到这种宝马的种马，汉武帝派百余人的使团，带着一具用纯金制作的马到了"天马"的原产地大宛国的首府贰师城（今土库曼斯坦阿斯哈巴特城），但是，大宛国王不肯以大宛马换汉朝的金马。汉使归国途中金马在大宛国境内被劫，汉使被杀害。汉武帝大怒，作出武力夺取汗血宝马的决定。

公元前109年，汉武帝刘彻任命李广利为贰师将军，领6千羽林军，发各郡国囚徒恶少年共2万人发动了远征大宛的战争。由于出发前正值秋收，关东发生罕见的大蝗灾。集结到敦煌的大军没有充足的给养就踏上了征程。李广利率兵到达大宛边界的时候，已经是初冬时节。由于水土不服，粮食缺乏，一路跋涉大漠荒滩，饿死、病死、被沙漠吞没的不计其数，2万大军损失了一大半，马匹也伤亡殆尽。第一次征讨大宛并没有取得预想的效果。在大宛军队的反击下，汉军往东方溃败，大宛骑兵一路追杀，汉军尸横遍野。最后只剩下李广利等几百人逃回了敦煌。

汉武帝闻报后，大怒，他再令桑弘羊负责军需，调集20万军队出征西域，同时，调用10万匹军马，10万头牛和骆驼运输物资，还有50万只羊作为随军的肉食运往敦煌。这次战争，汉军虽然取得了胜利，但也损失惨重，从敦煌出军时，李广利大军一共6万人、战马3万匹，返回玉门关时，仅剩万余人，战马仅千匹。汉代学术大师刘向如此评价："贰师将军损五万之师，靡亿万之费，经四年之劳，而仅获骏马

三十四，虽斩宛王毋鼓（寡）之首，犹不足以复费。"李广利归国后，汉武帝特别高兴，大宴群臣，封李广利为海西侯。

但事情到此还没有结束，汉武帝征和三年，匈奴入侵五原、酒泉，掠杀边民。汉武帝大概嫌李广利上次的功劳还不够大，便命并没有什么军事才能的他出击匈奴。李广利率领7万大军从五原出发，向匈奴挺进。就在这时，京城长安发生了巫蛊之祸，李广利的家人也被牵扯了进去，李广利的妻儿们都被逮捕囚禁。刚开始他并没有想要投降匈奴，而是想立功赎罪，但是遭到军事挫败后，李广利斗志完全丧失，投降匈奴。7万汉家儿郎就这样全部葬送在李广利手中，加上前两次远征大宛，李广利一人前后共葬送了不下10万士兵的性命。

李广利投降后，不久被杀。李延年及弟弟李季，也因此被汉武帝处死。

汉武帝是一个顶天立地的巨人。然而，任何巨人都并非完美的圣人。因此，对汉武帝的评价也多有争议。比如多年征战，耗尽国家财力。汉武帝晚年时期，国家已到了百姓难以承受战争的地步，但汉武帝为讨伐匈奴，穷兵黩武。《盐铁论》中，以夏侯胜为代表的知识分子认为，汉武帝嗜好战争，致使"海内虚耗，户口减半"。文景之治积累的国库被战争耗空，盗贼蜂起，没有恩泽给百姓。

史学家司马迁因替战败投降的汉朝名将李广之子李陵说公道话而惹恼汉武帝，遭腐刑惩罚，险些丧命。由于个人恩怨，加之政治见解相左，其毕生所著的《史记》，对汉武帝多有指责批判，难免带有一定的个人感情偏见。有人质疑史记的客观性。其实，司马迁总体上是肯定汉武帝的，把他定位为有血性、有作为的君主，应该说还是较为公正的。

其实，汉武帝的人生充满了矛盾。在很多事情上表现出了他的两面性。他迷信、好色、自负、贪享受，爱民如子，同时又杀人如麻。他是一个痴情又多变的人，用情如用剑，用剑如用情，长门锁阿娇，与李夫人、卫子夫等哀怨的故事，流传至今。

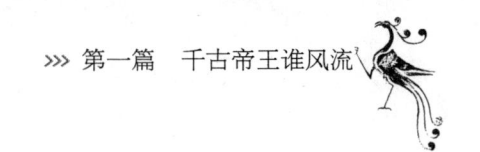

刘秀：忍耐力最好的皇帝

刘秀（前5年～公元57年），东汉王朝开国皇帝，庙号"世祖"，谥号"光武皇帝"，中国历史上著名的政治家、军事家。新莽末年，海内分崩，天下大乱，身为一介布衣却有前朝皇室血统的刘秀在家乡乘势起兵。公元25年，刘秀与更始政权公开决裂，于河北登基称帝，为表刘氏重兴之意，仍以"汉"为其国号，史称"东汉"。

经过长达十二年之久的统一战争，刘秀先后平灭了关东、陇右、西蜀等地的割据政权，结束了自新莽末年以来长达近二十年的军阀混战与割据局面。刘秀在位三十三年，大兴儒学、推崇气节，东汉一朝也被后世史家推崇为中国历史上"风化最美、儒学最盛"的时代。

纵观古代君王，能够将此"柔道"运用得挥洒自如之人，非汉光武帝刘秀莫属。他的故事，最精彩之处莫过于"以柔开国"的那段传奇，无怪乎后世有人称刘秀是"忍术最好的皇帝"。

话还要从西汉末年说起，是时王莽篡位，骄奢淫逸，民不聊生，很快就失去了民心。各路豪杰和农民起义军纷纷兴起，与王莽政权斗争。这些起义军的领袖很多都自称是刘汉宗室，以示自己起义的正义性，同时借由人们对汉室的思念吸引更多的人加入。这其中有真宗室，也有假宗室。

刘縯、刘秀兄弟二人参与领导的起义军，也打出匡复汉室的旗号，拥立族兄刘玄为帝，号更始帝。但是刘縯、刘秀兄弟威名日盛，越来越

受人爱戴，引起刘玄的不安，一些依附刘玄的将领们开始劝刘玄除掉刘縯、刘秀兄弟。

这时刘縯手下的一些人不服刘玄当皇帝，就公开拒绝刘玄的任命，有的人还说："本来起兵图大事的是伯升（刘縯字伯升）兄弟，现在的皇帝是干什么的？"于是刘玄就借封刘縯部将刘稷为抗威将军而不受之故，把刘稷及为他说情的刘縯杀掉了。

刘秀当时正在宛城，听到哥哥被杀，十分悲痛，大哭了一场，立即动身来到宛城，见了刘玄，并不多说话，只讲自己的过失。刘玄问起宛城的守城情况，刘秀归功于诸将，一点也不自夸自傲。回到住处，逢人吊问，也绝口不提哥哥被杀的事。既不穿孝，也照常吃饭，与平时一样，毫无改变。刘玄见他如此，反觉得有些惭愧，从此更加信任刘秀，并拜为破虏大将军，封武信侯。其实刘秀因为兄长被杀而万分悲痛，此后数年想起此事还经常流泪叹息。但他知道当时尚无力与平林、新市两股起义军的力量抗衡，所以隐忍不发。刘秀的这次隐忍，既保全了自己，又在起义军中赢得了同情和信赖，为他日后自立创造了一定条件。

公元23年9月，刘玄的军队相继攻下长安和洛阳。刘玄打算以洛阳为皇都，便命刘秀先行前往整饬吏制。刘秀到任，安排僚属，下达文书，从工作秩序到官吏的装束服饰，全恢复汉朝旧制。当时，关中一带的官员赶来迎接皇帝刘玄去长安，他们见到刘玄的将领们头上随便包一块布，没有武冠，有的甚至穿着女人衣裳，滑稽可笑，没有庄重威严的样子，但刘秀的僚属却是仪容整齐。一些老官员流着泪说："没想到今天又看到了汉朝官员的威仪！"他们纷纷对刘秀产生敬佩心理。

在当时全国独立称王的有十多个集团。王莽据有从洛阳到长安的地盘。更始帝及所属绿林，由今日之湖北西北通过河南西南向这一地区前进。山东之赤眉，也自青州、徐州向西觊觎同一地区。

刘玄定都洛阳以后，欲派一位亲近而又有能力的大臣去安抚河北一带。刘秀看到这是一个发展个人力量的大好机会，便托人劝说刘玄。刘玄同意了这个请求，刘秀就以更始政权大司马的身份前往河北，开始了扩张个人势力、建立东汉政权的活动。

不过，当时河北一带有王郎称帝。王郎原本是以占卜为生，但现在也假称自己是汉成帝的儿子，自立为汉帝，起兵攻取州郡，一时很有声势。刘秀初抵邯郸时实力尚弱，只能采取迂回战略，径向冀北定县蓟州各处，一路以劝降征伐等方式，集合几万人的兵力，于次年春夏之交，才回头拔邯郸诛王郎。这是用南北轴心作军事行动的方针，以边区的新兴力量问鼎中原，超过其他军事集团的战略。

后来刘秀集结兵力，经过数番激战，合围巨鹿，使敌人分兵，最后一举攻取了邯郸。

王郎战败被杀，结束了皇帝梦。刘秀查获了他的往来文件书信，发现里面有自己手下官员们写给王郎的上千封书信，内容很多是诋毁和诽谤刘秀的，甚至有出主意剿杀刘秀的。左右劝他严加追查，好一网打尽。刘秀未置可否。

一天，刘秀把官员们召集在一处，点起炉火，火光映照在士兵们的刀枪上，显得威严而肃穆。那些与王郎暗中往来的官员都惶恐得不敢抬头，脸色苍白，他们知道一旦追究起来，即使不被杀头，也会被关进深牢大狱。胆小的人开始瑟瑟发抖，胆大的也开始后悔没有早些逃走。

刘秀却是一副若无其事的样子，他让士兵把那些信都扔进火炉，看着书信燃烧成灰烬，然后说："现在大家可以安心了。"

官员们都拜伏在地上，庆幸自己逃过了一劫，同时也很感激刘秀放过他们。从此以后，再也没有人敢对刘秀有二心了。

就这样，刘秀以他的谋略和宽容收服了人心，实力渐渐增强，最后不仅灭掉刘玄为兄长报了仇，而且成为东汉的开国皇帝。

在前半生的戎马生涯中，刘秀要统率驾驭很多不容易领导的人物，而都能够补短截长，互相牵制，除了他的宗室身份、谨厚的声名和领导能力的天赋外，同时还在于他有着忍耐和宽容之心。

刘玄与刘秀兄弟反目之时，刘秀羽翼未丰，若是快意恩仇，直接与刘玄叫板，弄不好就是两败俱伤。非但报不了杀兄之仇，更有可能令他人乘虚而入，将自己兄弟辛苦建立起来的基业毁于一旦。所以，刘秀选择了主动认错，虽然这错并不在他。事实证明，刘秀的谋略是很成功的，刘玄非但没有加害于他，反而略感惭愧，并对他委以重任。这更为刘秀的崛起创造了条件。此后，刘秀一直表现得非常低调，进一步取得了刘玄的信任，最终"反客为主"灭掉了刘玄，报了杀兄之仇。

从历史资料中我们还可以看出，刘秀之所以能够获得成功，不仅仅因为他能"忍"，还在于他深谙"攻心之道"，能够将"人心"管理得服服帖帖。

所谓得人心者得天下，与其将人们赶到与自己为敌的一方，还不如对他们施以德行，以收为己用。正如古人所说："大德容下，大道容众。盖趋利而避害，此人心之常也，宜恕以安人心。"刘秀在这方面做得就很好，他"怀柔"兴汉，少杀多仁，不论是军事、政治还是外交等方面都治理得很好。

李世民：敌不亡我亡！

唐太宗李世民（599～649），唐朝第二位皇帝，在位23年，年号贞观。名字取意"济世安民"，陇西成纪人。唐太宗李世民不仅是著名的政治家、军事家，还是一位书法家和诗人。生于隋开皇十八年（599），早年随父亲李渊进军长安。他率部征战天下，为大唐统一立下

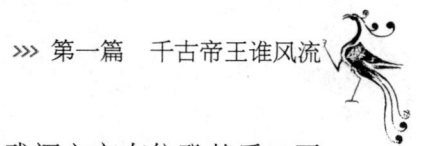

汗马功劳，被封为秦王、天策上将。626年玄武门之变夺位登基后，开创了著名的贞观之治。他虚心纳谏，厉行俭约，轻徭薄赋，使百姓休养生息，各民族融洽相处，国泰民安。

隋朝末年，天下大乱，李世民广交英雄豪杰，积极招兵买马，准备举兵反隋，夺取天下。他的密友、晋阳县令刘文静因受瓦岗军首领李密株连，被捕入狱。

李世民以探视为名，与他在狱中拟定了招募兵士、西入关中、创立帝业的起兵计划，并通过隋晋阳宫副监裴寂将这个计划转告给了李渊。李渊在晋阳起兵以后，李世民与其兄李建成分统左、右两军，并肩作战，于隋大业十三年十一月攻克长安。唐朝建立后，李世民以功被拜为尚书令、右武侯大将军，晋封秦王。李世民实为唐王朝之开国皇帝。武德元年（618）三月，盘踞金城（今甘肃兰州）人薛举、薛仁杲父子率部进犯关中，李世民奉命率兵征讨。将其击败。薛仁杲投降后被处死。

武德二年（619）十月，马邑（今山西朔县东北）人刘武周叛乱，率众南下，相继打败了李元吉、裴寂等唐将，几乎占领河东全境，关中震动。唐高祖准备放弃河东，退守潼关以西。李世民主动请缨，并率兵三万，东渡黄河，一举击败了刘武周的精锐部队宋金刚部，并收降了骁将尉迟敬德和寻相等。接着，李世民又麾军北进，终于在武德三年（620）四月歼灭了刘武周，收复了河东全境。

同年七月，李世民率兵挺进中原，势如破竹，相继收复了河南的多数郡县，将隋朝的残余势力王世充围困在洛阳孤城之中。接着，又果断地采取围城打援的作战策略，生擒了窦建德，迫降了王世充，相继平定了隋末以来两股势力最强的割据力量。

李世民在平定隋末民变领袖时，表现他出众的才能，使高祖在帝位继承人的问题上大伤脑筋。同时，在战争的过程中，李世民得到了一班能征善战、谋略过人的部下，如敬迟敬德、李靖、房玄龄等，这大大加强了秦王李世民与太子李建成争夺帝位的实力，终使两人的帝位之争进入白热化阶段。

于是，李建成和李元吉这两兄弟勾结起来，联合后宫一些嫔妃，在李渊面前大进谗言。再者，李世民确实有功高盖主之嫌，虽为李渊亲子，但帝王之家不同一般，高祖难免有些猜忌李世民，这令李世民一时如履薄冰。

一次，太子李建成邀李世民赴宴，暗在酒中下毒。李世民饮酒后，突感心痛如绞，随后口吐鲜血。他自知遭遇暗算，急忙回到秦王府，幸好解救及时，才不致毒发身亡。

公元626年，朝廷突然盛传突厥将要入侵，太子李建成力荐齐王李元吉领兵出征。李元吉趁机请求让尉迟恭、程知节、秦琼、段志玄随行，并挑选李世民手下的精兵充实军队，想借机夺取李世民属下的兵将。李建成和李元吉还密谋，等到出征之日，便在昆明池设宴，乘机刺杀李世民。不料太子宫中的率更丞王晊将这一计划泄漏给李世民。李世民知道事情紧急，立即入朝将太子的阴谋告诉了高祖："臣于兄弟无丝毫负之，今欲杀臣，似为世充、建德报仇。臣今枉死，永违君亲，魂归地下，实耻见诸贼！"高祖一时愕然，难以相信，只说："明当鞫问，汝宜早参。"即令通知太子、齐王明天早朝，由诸大臣公断曲直。然而，此时的李世民已经下定了决心要杀掉李建成、李元吉。

玄武门即长安宫城北门，地位重要，是唐朝中央禁卫部队屯守之所。负责门卫的将领是常何，此人是李建成的旧属，后被李世民所收买，这就为李世民的举事提供了极大便利。此外，守卫玄武门的其他一些将领如敬君弘、吕世衡等，也被李世民收买。应当说，在京师处于劣势的李世民，在玄武门将领处打主意，是很有远见的一招。

第二天一早，李世民带着尉迟敬德、长孙无忌等人埋伏在玄武门附近。玄武门是皇宫大门，是入宫必经之路，守卫玄武门的禁卫军统领常何，原来是李建成的心腹，此时已为李世民所收买，正欲帮助李世民展开行动。然而就在此时，后宫张婕妤探得了李世民的动机，立刻向李建成通报。李建成找李元吉商量，李元吉认为应暂避一下风头，托病不去上朝，观察一下形势再作打算。李建成认为只要布置好兵力，玄武门的守将又是自己人，还有嫔妃做内应，怕他何来？不妨进宫看看动静再说。

两人骑马进入玄武门，叫亲信侍卫在宫外等候。李建成和李元吉走到临湖殿，发现情况异常，李元吉对李建成说："殿下，今天气氛怎么这样肃杀，连一个侍卫都不见，我们还是回去吧！"于是，两人拨马便往回走。

其实，李世民带领亲信将领早已进宫，这时见二人要溜走，便从隐蔽处走了出来，喊道："殿下，别走！"李建成、李元吉料想不到李世民会在此时现身，而且全副武装，知道事情不妙，走得更快了。不一会儿便来到玄武门前，大喊："常何，快开门！"然而任凭他俩叫破嗓子，也无人答应。李元吉大骂："我们上当了，常何投靠了李世民。"说着，他弯弓搭箭射过城门，落在城外的草地上，在那里等候的亲随接到警报，立即驰马去东宫报信。

李建成也动起手来，他不问情由，一连向李世民射出三箭，因为心慌意乱，失去准头，皆未射中。李世民却早有准备，只一箭就把李建成射中落马，顿时气绝身亡。

李元吉急忙逃去，迎面碰上尉迟敬德，他回转马头逃跑，忽然一阵乱箭射来，他趁势滚下马鞍，想钻进附近的树林里躲藏，谁知李世民此时已绕过来堵住了他的退路。两人相见，立即扭打在一起。李元吉拼尽全身力气，压在李世民身上，要用双手去扼他的脖子。恰在这时尉迟敬德赶到，李元吉放开了李世民，撒腿就跑，被尉迟敬德一箭射死。

此时玄武门外已聚集了不少兵马。东宫接到警报后，大将冯诩、冯立和齐王府的薛万彻带领2000多名卫士攻打宫门，常何急命人抵住宫门，玄武门守将敬君弘、吕世衡出城作战，不幸战死。东宫、齐王府的人马又分兵去攻打秦王府，一场更大的战乱就要酿成。正在此时，尉迟敬德走上城楼，扔下两颗带血的人头，大声喊道："太子和齐王联合谋

反，奉皇上之命讨伐二贼，你们看，这就是他们的下场，你们要为谁卖命！"东宫和齐王府的人看见两颗人头果然是他们的主子，既然太子李建成和齐王李元吉已经被杀，除了作鸟兽散，他们还为谁卖命，于是局势旋即平定下来。事后李世民对他们不予追究，并把他们争取过来为秦王府效力。所以这次兄弟相残之事并没引起更大的战事。

当三兄弟打得你死我活时，李渊正带着大臣、妃嫔在太极宫中乘船游玩，此时尉迟敬德却一身豪气地前来"逼宫"："陛下，太子、齐王叛乱，已被秦王杀死，特派微臣前来为陛下保驾！"

李渊听到这个消息十分难过，一时无话，只赶紧吩咐船只靠岸，便问在侧的大臣裴寂："此事该如何收场？"

裴寂是个佞臣，忙推托说："这是陛下的家事。"萧瑀、陈叔达却趁机进言说："建成、元吉本不预义谋，又无功于天下，妒秦王功高望重，共为奸谋。今秦王已讨而诛之，秦王功盖宇宙，率土归心，陛下若处以元良，委之周事，无复事矣！"

李渊见大势已定，便顺势说："善，此吾之夙心也。"此时，宿卫及秦王府兵与东宫、齐王府兵的战斗尚未全部结束，李渊便写了"手敕"，命令所有的军队一律听秦王的处置。

玄武门之变就这样以李世民的成功而告结束。

李渊随即改立秦王为太子，并敕令军国庶事，无论大小悉要其处决。8月，高祖李渊退位为太上皇，传位于李世民，是为唐太宗。

作为一代圣君，李世民留给世人最大的诟病，恐怕就是发动玄武门兵变，诛杀弟兄一事吧。但设身处地地想一想，倘若李世民不先发制人，诛建成、元吉于玄武门，那么他日引颈受戮的必然是自己。

据史料记载，李世民频受太子、齐王迫害，手无兵权。若发动兵变，其实质是以秦王府区区一千余人对抗东宫数万人，力量非常悬殊。倘若李世民不是被逼得走投无路，是断不会冒此大险的。

再者，李世民是十分顾及道德评论的，否则，他就不必在后来编

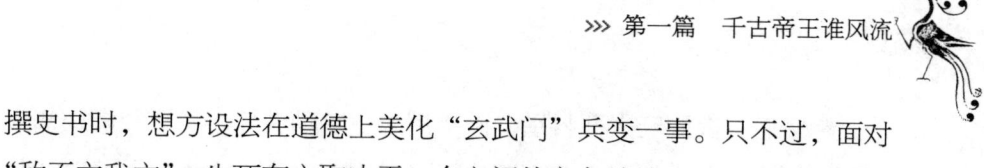

撰史书时，想方设法在道德上美化"玄武门"兵变一事。只不过，面对"敌不亡我亡"、生死存亡取决于一念之间的高危处境，他已无暇顾及后世的评论。因为一旦在这场政治斗争中落败，李世民丧失的将不仅仅是权柄，还有性命，那是秦王府上下近千人的性命，这他不能不顾及。

更何况，顾及道德评论无外乎是为身后留下美名，但在当时的环境下，成者王侯败者贼，他若失败，一切恶名都会被冠在头上，而李世民留在历史上的记录必将是一个野心勃勃、内心阴暗的失败者面目。对于这一点，相信李世民也是心知肚明的。

所以李世民深知，若不流血，就无法彻底击败李建成，若不先发制人，就无法保住自己以及秦王府诸人的性命。是故，他出手了，而且一出手便是杀招。也正是由于他的这份果断与谋略，才保全了全家人的性命，同时也将大唐王朝推向了一个前所未有的高度。

武则天：空前绝后女霸主

武则天，本名武媚娘，称帝后改为武曌。祖籍初唐并州文水（今山西文水县）。她生于唐高祖武德七年（624）正月，卒于中宗神龙元年（705）十一月。出身庶族，生母是武士彟的续妻，陇右大士族、隋朝宰相、遂宁公杨达之女。武则天生性巧慧，多权术，由于高宗庸懦，武后参与朝政，与高宗并称"二圣"。高宗死后不久她即掌握国家大权，废黜中宗、睿宗。690年，自立为皇帝，改国号为周，成为中国历史上唯一一位女皇帝。

称帝后，武则天大开科举，破格用人；奖励农桑，发展经济；知人善任，容人纳谏。在她掌理朝政的近半个世纪，社会稳定，经济发展，为后来"开元盛世"打下了基础。

与此同时，武则天大封武氏诸王，重用酷吏，严刑峻法，冤狱丛生，受到历史的谴责。705年，宰相张柬之乘武则天年老病危，拥立中宗复位，尊武氏为"则天大圣皇帝"。同年冬，武氏死，享年82岁，遗诏"去帝号，称则天大圣皇后"。李白把武则天列为唐朝"七圣"之一。

武则天自幼聪慧敏俐，极善表达，胆识超人。其父亲深感她是可造人才，遂教她读书识字，使她通晓事理。史载，武则天十三四岁时，已是博览群书，博闻强识，诗词歌赋也都有了一定基础，而且长于书法，字态卓尔不群。

唐太宗贞观十年公元纪年，太宗的皇后长孙氏病逝，第二年，14岁的武则天以长相俊美，入选宫中，受封"才人"。入宫之后，武则天行事干练，善解人意，再加上姿色娇艳，颇得太宗欢心，遂赐号"媚娘"。时日既久，太宗又发现她学识尚好，且懂礼仪，便把她从侍穿衣者的行列，调入御书房侍候文墨。这一变动使武则天开始接触皇家公文，了解一些宫廷大事，并能读到许多不易得见的书籍典章，这让她眼界顿阔，日渐通晓官场政治和权术。但可能由于性格倔强，不善施展女人的温柔手段，武则天并不甚受太宗的宠爱。因此，进宫12年她也没有为太宗生育一男半女，才人的地位也没有得到提升。

贞观二十三年公元纪年，太宗去世，按照惯例，没有生育过的嫔妃们要出家做尼姑，生育过的则要打入冷宫，为死去的皇帝守寡。武则天被发送长安感业寺削发为尼。然而，武则天的转机来自于太宗的儿子李治，即后来的高宗。太宗九子李治唐高宗即位后，因早先与武则天暗通款曲，对她极有兴趣，遂经常往来于感业寺，并于两三年后重召武则天入宫，晋封为"昭仪"，进号宸妃。

武则天再次入宫也和宫中的斗争有关，当时的王皇后为了和萧淑妃争宠，鼓动高宗接武则天进宫，她还自己是做主让武则天先蓄发，然后再入宫。王皇后没有想到自己是在引狼入室。入宫后，武则天很感激王皇后的照顾。她对王皇后非常尊敬，侍奉得也很周到，这使高宗也很高兴。武则天的嫔妃地位被升到了昭仪。

此时，高宗只宠爱武则天一人。她前后生下4男2女，而高宗总共才有12个子女，后边的6个都是武则天所生。武则天的性格决定了她不甘居人之下，她的目标是皇后。等到地位稳固之后，她便开始别有心机地去活动。武则天首先联合王皇后打击萧淑妃，等高宗把萧淑妃废为庶人后，武则天便开始对王皇后痛下杀手。武则天生下的第二胎是个女孩，非常可爱，王皇后也很喜欢且经常去看望。一次，王皇后因回避高宗探视这个女儿，知趣地先行离开。武则天为了皇后之位，竟利用这个机会对亲生女儿下了毒手。她趁王皇后刚走，就将女儿掐死，然后盖好被子，伪装好。高宗来了，她假装笑脸相迎。等再看到女儿时，武则天痛哭失声。高宗听说刚才王皇后来过，而王皇后也一直未曾生育，大怒之下认定这必是王皇后所为，下决心要废掉她。

极受高宗宠幸的武则天，在内宫的斗争中稳操胜券，并日促高宗立己为后。然而，在封建社会中，皇后的废立乃国之大事，须与重臣们商定。当高宗把废皇后王氏，立武则天为皇后的打算向褚遂良、长孙无忌等元老重臣说明后，立即遭到他们强烈的反对。他们认为武氏出身卑微，不宜为后。但是，高宗的主张也得到武则天的同谋许敬忠以及李义府、徐世勋等一些朝中要员的支持。在他们的帮助下，永徽六年（655），高宗正式立武则天为皇后。自此，皇家内宫大权全部落入武氏之手。然而，武则天还是没有放过王皇后、萧淑妃，最终将二人各责打了一百杖，然后残忍地砍去双脚，泡在酒瓮里活活折磨死。

武则天的毒辣性格和权力欲望同她的出身有很大关系。她出生在唐初新贵显宦之家，显赫的权势，豪奢的生活，滋养了她无限的权力欲。然而，初唐极重士族的门阀之风盛行，而武氏庶族的门第又使她饱受流俗的

轻视,而不甘埋没。这一特殊的境遇,强烈地刺激着青年时代的武则天,使她狂热地去追逐和攫取最高权力,以达唯我是从的欲望,以致冷酷而不择手段地去报复一切。这一点不但在她漫漫皇后路上有所显现,在此后她参政乃至"南面称孤"的一系列政治斗争中,表现得尤为突出。

显庆五年(660),高宗李治因患风眩,目不能视,遂下诏委托武后协理政事。自此,武则天从参政步入执政,"黜陟生杀,决于其口,天子拱手而已",人虽在幕后,却遥控了朝廷实权。后来,高宗后悔,图谋收回大权,并密令中书侍郎上官仪草诏废后。岂料机事不密,"谋泄不果",武后心狠手辣,先下手为强,立将上官仪处死。高宗之举,功亏一篑,反使武后更为警觉。由于武后处理政务有章有法,不似高宗久悬不决,甚为群臣敬服。高宗虽厌其独断专行,许多国家大事又不能不倚重她。这样,就使武后逐渐从幕后走向前台,竟与高宗同临紫金殿,一起接受群臣朝拜。上元元年(674),高宗号天皇,武后号天后,天下人谓之"二圣"。自此,高宗形同虚设,一国权柄,尽在武后掌握之中。

从上元元年(674),武则天以"天后"之尊开始执政,至天授元年(690)正式称帝的16年中,武氏为当皇帝做了长时间的大量准备,采取了多种有力有效的措施。

首先,在王位的继承上,高宗本想禅位于长子李弘。武后则不念母子之情,将李弘毒死,立次子李贤为太子。李贤被高宗委以临国之任后,处理政务颇为精干,武后便废李贤为庶人,立三子李显为太子。弘道元年(683),高宗卒,中宗李显刚刚即位,武后便以皇太后名义临朝称制。一年后便废掉中宗,改封庐陵王,立四子李旦为帝,是为睿宗。李显、李旦都是昏庸无能之辈,在皇帝位上也是傀儡,处处受制于武后。

其次,她修改《贞观氏族志》为《姓氏录》,从传统上、舆论上打击和削弱一贯反对自己的士族官僚集团,扶植和依靠新兴的庶族地主阶级。这就使士族官僚不再有人仕做官的优越条件,也不能因出身高贵而为所欲为。而对庶族出身的官员,也不再因门第贫贱而受耻受辱于人。

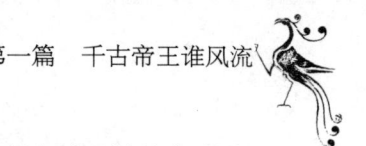

修成的《姓氏录》再也看不到士族贵族的特权，原来连《氏族志》都不能列入的武氏，在《姓氏录》中，却被定为姓氏的第一等。

第三，她变更官名，改东都洛阳为神都，为自己登位称帝、建立新秩序迈出重要的一步。武则天首先将东都洛阳改称为神都，准备将来作都城用。她还对唐朝文武百官的名称进行了变动：尚书省改成文昌台，左右仆射改为左、右垂相，门下省改为鸾台，侍中改为纳言，中书省改为凤阁，这明显地体现了女性特征，所以原来的宰相名称"同中书门下平章事"也改成了"同凤阁鸾台三品"。尚书省下属的六部也改了名称：吏部改成天官，户部成了地官，礼部是春官，兵部是夏官，刑部是秋官，工部是冬官。御史台分成了左肃政和右肃政两台，由左台负责监察朝廷，右台负责纠察地方郡县。武后的这些新政措施，很快遭到皇族李氏和许多士族官僚的反对。柳州刺史，唐初元勋徐世勣之后徐敬业，召十数万兵马率先于扬州发难，名动一时的《讨武曌檄》遍撒域中。宗室琅琊王李冲在博州，越王李贞在豫州也相继反武，举兵讨伐。武后对此毫不手软，坚决镇压，在她的直接指挥下，这些叛乱很快被平定，徐敬业、李冲、李贞等主要发难者，或死于战场，或被捕杀，无一幸免。

公元690年，武则天认为亲临帝位的条件成熟，先借佛僧法明之口，广造舆论："武后为弥勒佛转生，当代唐为天子。"接着又一手导演了以唐睿宗为首的六万臣民上表劝进，请改国号的壮举。至此，水到渠成，在"上尊天示"、"顺从众议"的"万岁"声中，于公元690年的重阳节，即九月九日，年近古稀的武则天改元天授，正式建立了大周王朝，自称"圣神皇帝"。同时，将睿宗李旦降为皇嗣，皇太子李成器也降为皇太孙。武则天尊周武王姬发为始祖文皇帝，尊父亲为孝明高皇帝，侄子武承嗣等人也有封赏。

称帝后，为了稳固自己的统治，打击敌对势力，武则天不惜任用酷吏残酷镇压朝廷中胸怀异志、图谋不轨的人。当时有名的酷吏有索元礼、周兴、来俊臣、王弘义、丘神勣等，这些人善于罗织罪名，屡次兴

33

大狱。武则天当时还在景丽门设立推事院，百姓称之为"新开门"，来俊臣任院主，掌管审理重大的案件。百姓都称：凡是被告入新开门的人，一百人中，难得一二人能保全性命。

来俊臣审问犯人，往往想出各种新奇的法子，令被审问者求生不能，求死不得。他还造了十号大枷，一名定百脉，二名喘不得，三名突地哮，四名著即承，五名失魂胆，六名实同反，七名反是实，八名死猪愁，九名求即死，十名求破家。十号大枷另配上铁笼头，犯人被枷压着，被铁笼闷着，即刻便死。每次有新罪犯带到的时候，只要让他在刑具前走一遍，犯人就会魂飞胆散，没有不含冤屈招的。

武则天为了巩固自己的权位、打击异己，还采纳侍御史鱼承晔儿子鱼保家的建议，在朝堂上设铜隧、铜匦共四个，分别涂上了青、丹、白、黑四种颜色，分列于朝堂之上。其中的青随叫作"招恩"，放在东面；丹颐称"招谏"，放在南面；白巨叫"神随"，放在西边；黑哑叫"通玄"，放在北边。这些铜陋有专人守候，专门负责接受全国的告密信，而且，对于进京告密的人，武则天还给予特殊的优待，她命令沿途各地州县必须认真照顾告密者，按照五品官待遇接待。对于告密的人，不分等级，一律接见，"使至行在，虽农夫樵人皆得召见"，如果经查情况属实就给予奖励，即使不真也不加追究。这样一来，告密的人整天络绎不绝。凡是被告的人，就交与酷吏审理，冤死的人不计其数。武则天在位期间，利用酷吏共杀李唐宗室数百人，大臣数百家，刺史郎将以下更是不可胜数。中宗即位之后，处理这些酷吏的时候列举了27名之多。

武则天一方面任用酷吏，另一方面也比较重视收揽民心，当酷吏滥杀无辜的行为引起天下公愤的时候，武则天就会适当地诛杀一些酷吏来缓和紧张的形势。她称帝的第二年就杀了索元礼，流放周兴到岭南，后又杀了来俊臣。来俊臣死的时候，其仇家争咬他尸体的肉。武则天看到**群情激愤**，即下诏书，历数来俊臣的罪恶，并且加以灭族罪，"以雪苍生之愤"，以显示自己的爱民之心。

其实酷吏只不过是武则天与李氏宗族进行斗争的时候所使用的工具而已，而酷吏政治也只是武则天的政治手段之一。一旦酷吏的使命完成，武则天便利用民愤，毫不留情地将这些"替罪羊"先后处死。虽然酷吏政治对武周政权的巩固起过一些作用，但其同样也搞得统治集团内部矛盾激化，人人自危，这必然影响国家的治理和生产的发展。

在个人生活方面，武则天比较腐化。她对先前皇帝有诸多后宫佳丽的事情耿耿于怀，认为既然男子做皇帝的时候可以有诸多的侍妾，那么现在自己做皇帝也就应该有诸多的男宠。所以武则天的男宠颇多，其中比较有名的有薛怀义、沈南、张易之、张昌宗等人。

按照史书的记载，唐高宗李治死的时候，武则天60岁。两年以后，开始宠幸薛怀义，从此至死20年间，武则天又先后宠幸太医沈南和张氏兄弟，此外再无记载。武则天男宠问题的记载大致如此，除此之外的传说多是流言。武则天也曾下令选天下美少年入宫，但被大臣谏止。

武则天虽然宠幸男宠，但是，并没有因此而影响对国家大事的裁决。清代著名史学家赵翼在《廿二史札记》中说："人主富有四海，妃嫔动千百，后既为女王，而所宠幸不过数人，固亦未足深怪，故后初不以为讳，而且不必讳也。"这应该算是比较公正的评论。

武则天一生功过参半。除任用酷吏，嗜好男宠外，她崇尚佛教，修建了大量的寺院、明堂，造天枢、铸九鼎，仅用铜铁就达200余万斤。她还耗费大量的人力物力开凿石窟（著名的龙门石窟就是那时候开凿的）。晚年的她好大喜功，生活奢靡，也耗费了大量的财资和劳力，这些都为后世所诟病。不过，这些错误和过失，毕竟是武则天政治生涯中的支流。作为中国历史上唯一的女皇帝，她能够排除万难，在其掌理朝政长达半个世纪的年代中，形成强有力的中央集权，社会安定，经济发展；上承"贞观之治"，下启"开元盛世"，革除时弊，发展生产；完善科举，破除门阀观念，不拘一格任用贤才，顺应历史发展潮流，其历史功绩，昭昭于世。

李隆基：少年也曾是豪杰

在唐朝历史上，李隆基是执政时间最长的一位皇帝。他在执政初期，锐意进取，以民为本，勤于政务，遂使政治、经济日趋繁盛，乃至达到中国封建王朝的鼎盛。但是到了晚年，他却愈发昏庸起来，不理朝政、追求奢华，还眷恋美色，宠信奸佞，最终引发"安史之乱"，于是唐朝就此衰落下去。

抛去历史功过不说，李隆基，这个传奇皇帝，足以称得上是中国历史上经历最为丰富的九五之尊。少年时的李隆基，便显露出个性刚毅、足智多谋的一面。而他从临淄郡王到平王再到太子，最后成为君临天下的帝王，只用了短短两三年的时间，更是令人为之惊叹。显然这一切均与他的才能、实力与魄力有着直接的关系。大唐经历了武氏易国、韦后乱唐之后，终于迎来了一个足以令其安定的人。

唐中宗李显的皇后韦氏，是一个专权放荡而又心狠手辣的女人。她自从登上后位，便想把过去受的苦都弥补过来，处处仿效武则天，一心要专权。中宗临朝，她就垂帘于后，参与政事。中宗原本性情就温和，又与韦后同甘共苦多年，对她十分信任，所以很多事情都放手让她处理。而韦后一旦掌权，便安插亲信，消除反对者。韦后在生活上也十分放荡，先后与武三思、和尚慧范等私通。

朝臣郎岌和燕钦融冒死上书，揭露韦后干乱国政，并控告安乐公主、武延秀、宗楚客等追随韦后图危社稷。中宗原本对安乐公主十分宠爱，因为安乐公主是他和韦后被贬为庶人时生下的女儿，从婴儿时期就跟着父母亲吃苦，所以他总觉得对不起这个小女儿，处处容忍她。可是这回中宗经过调查，认为情况属实，就有了废后的打算，并准备教训女儿一下。可是韦后和安乐公主竟然在中宗的食物中下毒，将这个温和的皇帝毒死了。

韦后在中宗死后，立她16岁的幼子李重茂为帝，自己以太后的身份临朝称制。宗楚客等劝韦后仿效武则天，革除唐命，谋害李重茂，另立新朝。已经被权力的欲望所深深迷惑的韦后深忌原来做过皇帝的小叔子相王李旦，便筹划先除掉李旦，再害死李重茂，以清洗政敌防止暴动。

相王李旦之子临淄王李隆基，目睹韦后的暴虐行径，痛心疾首。面对韦后的强权淫威，他毫不畏惧，暗地招募勇士、豪侠及羽林军中志同道合的人，策划着挽救唐王朝的命运，把皇权从韦后手中抢回来。兵部侍郎崔日用知道宗楚客等人的阴谋，就秘密派人通报李隆基，让他早作打算。

李隆基与姑母太平公主等人秘密筹划，决定兴兵靖逆，先发制人。李隆基愤怒地说："韦后干预朝政，淫秽宫廷，毒死中宗，临朝称制，现在又预谋杀害幼帝，清洗异己，实在是天下共愤，罪不容诛。"但是很多人都认为韦后大权在握，京城各门都有重兵把守，羽林军也在韦氏的掌握之中，万一机事不密，计划不周，就会招来杀身之祸。李隆基坚定地说："大唐国运，危在旦夕，我作为皇室宗孙，怎么能坐视不问呢？古今成大事者，都要有一点冒险精神，铤而走险或许能够成功；畏惧退缩，只能坐以待毙！"他的果决感动了许多追随者。

还有人说："这么大的事，应该先告诉相王，听听他的意见。"李隆基反对说："我们发动大事，目的在于报效国家，事成则福归相王，不成则以身殉国，也不会连累相王。现在告诉他，如果他同意，则有参与险事的嫌疑；不同意又会坏了我们的大事。"

一切准备妥当后，在中宗死后的第十八个晚上，李隆基与刘幽求等人穿着便装，来到禁苑中找钟绍京商议。但是钟绍京临时反悔，拒绝接待李隆基等人。眼看离约定的时间还差两个时辰，李隆基心知这要是走

漏了风声，大事就完了，他们那么多人的性命也就要结束了。于是，他派刘幽求带重金从后门进去，煽动钟妻许氏。许氏果然一口应承，对钟绍京劝说道："舍身救国，天必相助，况且你事先已经参与同谋，如今就是想不干也不成了，日后若是走漏风声，你一样会被韦氏所杀掉的。"

钟绍京被说动了，同意帮助李隆基。

入夜，李隆基率兵潜入禁苑，羽林军早已屯据玄武门。李隆基直捣羽林军总管韦播的寝处，杀了韦播，然后提着人头集合羽林军，慷慨宣称说："韦后毒死先帝，乱政篡权，危害大唐国运。现在奉相王之命，为先帝报仇，捕杀诸韦和一班逆臣，拥立相王以安天下！如有心怀两端，助逆为虐者，罪杀三族。事成之后论功行赏。报效国家、建功立业的时机到了，大家快随我来！"

这番话得到羽林军将士的响应和支持，李隆基率领众豪杰与羽林军总兵钟绍京带领的三百兵将，合兵一处，直趋韦后寝宫。韦后见乱，立即向飞骑营逃去。李隆基追上去，亲手诛杀了韦后。

其实，李隆基少年便胸怀大志，韦后乱唐，他早就有心诛之。但是，当时，双方的力量对比存在很大差距，韦后具有明显优势。

一、舆论优势。中宗一死，韦后便立其小儿子李重茂为帝，自己则躲在幕后操纵权柄。她所颁布的一切政令皆冠以李重茂的名义，谁若不服号令，就是不遵皇帝圣令。

二、军事优势。中宗一死，韦后立即加强警卫，她迅速调集府兵五万，并授权他们与禁军一同管制京城。同时，为了确保这些军队忠诚于自己，她又任命自己的亲眷为军队将领。

三、政治优势。在当时，宰相班子的成员基本都是韦后的拥护者与支持者。

对于当时的李隆基而言，要铲除集舆论、军事、政治优势于一身的韦后，恢复李氏地位，实在是非常困难。所以他一直隐忍不发，直到后来时机成熟，他才一鼓作气地率兵推翻了韦氏政权。

从中宗驾崩到平定韦氏，李隆基仅仅用了十八天，足见其人胸怀大略。

朱元璋：因人制策终成一代帝王

朱元璋有"乞丐皇帝"之称。他出生在一个贫苦的农民家庭，幼年时曾给人家放过牛，并结识了徐达、汤和、周德兴等人。公元1343年，濠州一场瘟疫，夺走了他大部分亲人的性命。为求生存，他被迫与仅存的二哥、大嫂、侄儿分开，各自逃生。后来，他来到了皇觉寺，做起行脚僧。

及至此时，朱元璋的人生可谓受尽苦难、颠沛流离，是时，谁又能想到这样一个落魄之人会君临天下呢？农民起义爆发后，朱元璋作出了影响其一生的抉择——投奔气势如虹的起义军，他从军队底层做起，逐渐建立起威信，拥有了个人军队，身边聚集了一群卓越的文臣武将（徐达、刘基、常遇春、李善长等）。此后，朱元璋南征北讨，一面与元朝军队作战、一面与各路豪杰逐鹿中原。其中，对朱元璋威胁最大的莫过于陈友谅和张士诚。但没有受过多少教育的朱元璋硬是凭着过人的谋略以及手下"能人"的辅佐，将敌对势力一一消灭，成就了大明江山的版图，成为中国历史上又一位出身卑微的开国皇帝。

提到朱元璋，可能很多人的第一印象是：这是个酷爱诛杀功臣的暴君。其实，抛开这点不说，朱元璋还是一个很有能力的皇帝的。在此，我们单从朱元璋应对张、陈二人的策略上，便可以领略到他过人的才智。

元朝末年，刘福通领导红巾军北伐，元军主力无法南顾，处于长江中下游的各路起义军都趁机扩张自己的地盘，从而逐步形成朱元璋、陈友谅、张士诚三大势力。经过红巾军起义的打击，元军主力已严重削弱。战争已由推翻元朝统治转为群雄逐鹿，争夺新的统治权。占据的地盘越大，则兵源、粮草就越丰裕。谁的实力雄厚，谁就有成为新王朝统治者的可能。

当初反元起义的红巾军演变至此，早已无"义"可言，在老百姓眼中，他们是一群争食的虎狼。谁的军队对百姓好一点，百姓就盼望他早日争赢，尽快结束这战祸的噩梦。

朱元璋正是顺应了这一历史潮流才完成帝业。

公元1356年3月，朱元璋攻占应天，占领两浙，建立并巩固了以应天为中心的江南根据地，兵精粮足，人才济济，实力大增，和周边其他割据政权的矛盾日益尖锐。

此时，其东北有张士诚，西面有陈友谅，东南有方国珍、陈友定。显然，如不尽快消除这些敌对势力，就无法继续发展进而统一全国。在众多割据势力中，张士诚最富，陈友谅最强。但张士诚狡而懦，陈友谅剽而轻。因此，许多将领都建议先除掉懦弱的张士诚再攻打陈友谅，唯独刘基（字伯温）却对此持不同意见。

刘伯温认为：凡是作战中，所说的防守，是了解自己的结果。知道自己没有作战获胜的可能，那么我军就应该稳固防守，等待敌军出现破绽的时候，再出击打败它，这样就没有不获胜的道理。兵法上说：知道作战不能获胜就应该全力防守。

战争中的"守"绝非单纯意义上的被动防守，守的目的在于等待进攻之敌出现疏漏，而后乘机一击，反客为主。孙子在《孙子兵法·军形篇》中写道："不可胜者，守也……善守者，藏于九地之下……故能自保而全胜也。"说的是硬打不能取胜时，就要防守严密。善于防守的人，隐蔽自己的兵力如同深藏于极深的地下，只有这样，既能够保全自己，而又能夺取胜利。战争中的攻守转换，瞬息万变，顺则攻，逆则守，关键在于能否取得最终的胜利。刘伯温总结出知彼则攻，知己则守，是把《孙子兵法》又向纵深推进了一步，把攻守上升到知战的境界之上，充分表现出守战在战争中的重要地位。这种攻守思想对朱元璋夺取天下起了很大的作用。

朱元璋认真听取了刘基的意见，与群臣冷静地分析了竞争对手的情况，制定对策。他们认为：陈友谅傲气十足，张士诚气量狭小；傲气十足的人好生事，气量狭小的人没有远大抱负。假如先攻张士诚，那么，张军就会顽强坚守，东面的陈友谅必然倾全国之兵，围攻过来，使自己处于腹背受敌的艰难境地。反之，先攻陈友谅，气量狭小、无大志向的张士诚肯定拥兵自保，静观其变。陈友谅孤立无援，必败无疑。陈友谅兵败，张士诚则成为囊中之物，唾手可得。

从这种分析出发，朱元璋首先与陈友谅在鄱阳湖摆开战场，张士诚果然袖手旁观。朱元璋以全力对付陈友谅，获得全胜。之后，朱元璋又发兵打败了张士诚，从此再也没有能与之抗衡的力量。朱元璋乘胜进军，向元统治中心大都进发，推翻元朝，建立明朝。

朱元璋出身贫苦，没什么"学历"，为生活所迫给人放过牛、要过饭、当过和尚，可谓穷困潦倒至极。就是这样的一个人，他凭什么能够君临天下？

从历史资料来看，朱元璋其人最为人称道的优点主要有两点：

第一，能够虚心纳谏。明朝建立以前，朱元璋对于下属还是比较"礼待"的。他重用刘基，又收拢了一帮善战武将，这些"能人"每有合理的建议提出，他多能够认真分析、虚心采纳。譬如，朱元璋率军打下徽州以后，老儒朱升的献策"高筑墙，广积粮，缓称王"，朱元璋便压制住自己称王的强烈欲望，命令军队自己动手生产，兴修水利，减轻农民负担，因而使得部队兵强粮足。这一点，也从侧面反映出他深谙怀柔策略，懂得因人制策，收服民心的高超智慧。

第二，因人制策，相机行事。这一点在上述的历史故事中已然有所体现。朱元璋深知陈友谅、张士诚的性格及其弱点，并能够根据二人的缺陷制定相应的作战策略。所以他才能抓住时机，将其各个击破，成就自己名载青史的宏图伟业。

纵观历史长河，历代兵家对因人制宜的研究最为到家。兵家所说，"怒而挠之"，"亲而离之"，"卑而骄之"就是一个证明："怒而挠之"，如果敌将性格暴躁，就故意挑逗、辱骂使之发怒，使之情绪受到扰乱不能理智地分析问题，盲目用兵，暴露破绽，进而相机歼灭；"亲而离之"，如果敌军上下亲密无间，情同手足，团结一心，那么，就要利用或制造矛盾，进行离间，使之离心离德，分崩离析，从组织上削弱敌人；"卑而骄之"，如果敌将力量强大，且骄傲轻敌，可以用恭维的言辞和丰厚的礼物示敌以弱，助长其骄傲情绪，等其弱点暴露以后，再出其不意地攻打他。

这就是所谓的"知己知彼"。知己知彼的目的，在于胜彼，战胜竞争对手。为此，在知己知彼的基础上，就要根据对手的特点，因势利导，相机行事，即因人制宜。这一点，朱元璋做得很好。

康熙：一代圣主也曾委曲求全

康熙皇帝爱新觉罗·玄烨是中国历史上赫赫有名的一代圣君。作为清廷入关的第二代君主，他八岁即继承皇位，从懵懂的少年到两鬓染霜的垂垂老者，康熙帝一生为入主中原不久的大清帝国殚精竭力。

康熙继位之初，内有权臣，外有藩乱，稍有差池，非但自己的性命不保，恐怕还会一朝葬送大清江山。对于康熙帝而言，他不仅要君临天下，还要守成治国，这副担子压在康熙帝身上，是何等地沉重！

不过，这一切困难并没有难倒他，他先用智谋除去权臣，再平定三藩及准噶尔叛乱，锐意改革，一言一行无不彰显出卓尔不凡的智慧。"修身、齐家、治国、平天下"这些君王雄霸天下的必备技能，无一不在他身上得到了完美的体现。

可以说，康熙帝爱新觉罗·玄烨是一个天才的谋略家，他以超群的智谋让人们永远记住了他，他用权与谋铸就了一个鼎盛时代，成就了一个震古烁今的帝号——康熙。

康熙继位初期，依顺治皇帝遗命，由索尼、苏克萨哈、遏必隆、鳌拜四人辅政，这便是清初四大辅政大臣。其中，尤以鳌拜最为骄横跋扈。**鳌拜**排在四辅政之末，但他野心很大，居功自傲，专横跋扈。老臣索尼一死，**鳌拜**便竭力拉拢遏必隆，威逼康熙处死劲敌苏克萨哈。苏克萨哈一死，**鳌拜**更是得意忘形，他独揽朝政，咆哮金殿，一再威逼康熙帝顺从自己的意愿。康熙十四岁亲政后，他不仅不还政于皇帝，反而结党营私，拉拢死党，图谋弑君自立。

胸怀大志的康熙岂能甘心受制于人，但他觉得自己根基未稳，准备还不充分，于是索性不问政事，整天与一帮哥们儿"游戏"，以造成自己昏庸无知的假象。其实康熙在暗中不断增强自己的才智和实力，以待时机清除身边的隐患。

有一次，康熙着便服同索额图一起去拜访鳌拜，**鳌拜**见皇帝突然来访，以为事情败露，伸手到炕上的被褥中摸出一把尖刀，被索额图一把抓住。直到这时，康熙仍装糊涂说："这没什么，想我满人自古以来就有刀不离身的习惯，有何奇怪？"康熙此举让鳌拜对他彻底放松戒备。

另一方面，康熙密召索额图进宫商量除鳌拜之事。索额图是索尼之子，此时是康熙的侍卫，因忠诚任事而颇受康熙信任。二人密谋之后，

康熙以陪伴自己娱乐为由，下令在八旗子弟中挑选十余名身强体壮的少年进宫，这十余人皆长得结结实实、头脑机灵、反应敏捷。康熙很是满意，下令这些少年每日练习并表演角斗、摔跤。每每鳌拜进宫奏事，康熙也不让他们回避，故意让鳌拜看见他与少年们在摔跤玩耍。鳌拜看在眼里，喜在心里：这康熙毕竟少年天性，喜好玩乐，胸无大志，荒废政事，假以时日自己必可以取而代之。

经过一段时间的谋划与培训，这些八旗子弟都成了康熙的心腹。康熙八年（1669）五月，某日，康熙单独召见鳌拜。鳌拜正春风得意之时，不疑有他，遂大摇大摆地跨进宫门。谁知，他脚跟还没站稳，突地从两侧跳出一群少年，一拥而上，将鳌拜按倒在地。权倾一时的鳌拜还没弄明白是怎么一回事，便已束手被擒了。

鳌拜被擒以后，康熙立即下诏由康亲王进行审讯。与此同时，鳌拜集团的其他成员亦纷纷被捕。最终，经康熙亲自核实，列出鳌拜罪状三十条，鳌拜一一招认。满朝文武皆上书要求处鳌拜以极刑。康熙念在鳌拜为朝廷效力多年，特给予宽大处理，免其死罪，改为终身监禁。至此，康熙终于做到了真正意义上的亲政，而被鳌拜陷害冤死的大臣亦恢复了名誉。

当时的鳌拜集团，实力非常雄厚，相比之下，康熙则显得颇为势单力薄。但康熙能够以计取胜，施展手腕将其一朝解决，铲除后患，使得清初政局迅速改观，为日后的康乾盛世奠定了基础。对于此事的处理，显示了初登政治舞台的康熙卓尔不凡的政治头脑与理政才能。

纵然如此，但鳌拜毕竟也不是等闲之辈，康熙何以如此顺利地将鳌拜及其党羽一锅端呢？

一、忍辱含垢，按兵不动。

鳌拜忤逆，僭越人臣之礼，屡次冒犯康熙，威逼康熙处死辅政大臣，这一切康熙都忍了下来。显然，他知道自己这时并不是鳌拜的对手，因而只有忍辱含垢，按兵不动，才能保全性命和皇位，等待机会的来临。

二、"不务正业"，迷惑对手。

康熙帝给鳌拜制造了一种假象——喜好玩乐，胸无大志，荒废政事，致使鳌拜放松了警惕，一步一步走进了康熙设置的陷阱。试想，倘若康熙甫一亲政便与鳌拜针锋相对，处处以硬碰硬，那么，他会不会是鳌拜的对手？如若如此，或许历史真的要改写了。

韬光养晦，以假示敌，这是康熙对付鳌拜的大谋略，也是我们所必须领悟的生存策略。对于一个志在成功的人而言，只要人生目标的大方向没有改变，有时候采取以退为进的策略，也不失为一种明智的选择。

雍正：夫唯不争，故天下莫能与争

可以这样说，雍正是一位十分复杂而矛盾的历史人物，他是勇于革新、勤于理政的杰出政治家，对康熙晚年的积弊进行改革整顿，一扫颓风，使吏治澄清、统治稳定、国库充盈、人民负担减轻。但他毕竟是封建皇帝，有着重大过失和种种局限，他的继位为帝，也存在很大疑点。这样说并不是要抹杀他的历史功绩，应该说封建统治者骨肉相残是经常发生的事情。封建社会中，即使一个英明的君主往往也要用阴谋手段和残酷斗争来夺取政权和巩固统治，汉武帝、唐太宗、武则天、努尔哈赤都有屠兄弟、杀儿子、逼父亲的行为，雍正也不例外。他作为一个最高统治者，勤于政务，洞察世情，以雷厉风行的姿态进行整顿改革。雍正统治的十三年是清朝统治的重要时期，承上启下，为以后乾隆时期的繁荣盛世打下了基础。

康熙六十一年（1722）十一月十三日戌刻，康熙驾崩于畅春园。按雍正自己写成的《大义觉迷录》所言，康熙临终时将遗言宣付负责禁卫的隆科多，由隆科多传口谕，令雍正入继大统。据《上谕内阁》记载，三日后即十六日，胤禛公布了所谓遗诏，且只宣读了满文本。无论如何，从中可以证明一件事：即现存的所有"康熙遗诏"，至少都是在十一月十六日后再行作成，在十三日康熙帝驾崩时，只有口谕而已。因此，这份三体文字合璧的辽诏，恐怕更晚于现存汉文诏书与满汉合璧诏书，据此定案说服力有限。

所谓改诏说大致有二，其一较为流行，即"传位十四子"改"传位于四子"或"传位第四子"；其二为"传位于胤禵（十四子名）"改为"传位于胤禛"。两种说法都曾引起学界辩驳，这份辽诏出现，很多人也从三种文字的写法来论证改诏为不可能。但实际上，无论诏书是以汉文、满汉文还是满蒙汉文写就，改诏说从逻辑与事实两方面本身都难以说通。改诏一事风险极大，任何高明的写手，都难保不留下痕迹，容易欲盖弥彰、弄巧成拙。而且如果冒着风险改诏，必须具备两大前提。第一，康熙曾公开表明自己已拟好遗诏，并宣布于某处保存。第二，诏书当于皇帝驾崩之时当众取出宣读。否则，根据前文所论遗诏的性质，改诏不如重新制作一份诏书便利。康熙是于出猎途中突发疾病，至畅春园休息而突然驾崩，而任何史籍中都不曾言明已有遗诏。退一步讲，就算史籍在雍正即位后都经过修改消除了痕迹，也很难想象康熙出猎会随身携带遗诏。而三日后才发布诏书，不难看出雍正有时间、有条件制作诏书。故而改诏一说，本来就于情于理难以成立。因此辽诏至多证明雍正没有改诏，依然无法成为判断雍正皇帝即位情况的关键证据。

不过一直以来，人们对雍正皇帝褒贬不一，有人认为他弑父夺位、残害兄弟，阴险、残暴、狡诈到了极点，有人则认为他勤于政业，体恤民情，是一位难得的有道之君，若没有他便难有后来的乾隆盛世。且不论历史评价如何，可以肯定的是，雍正的情商是极高的。在清初社会矛盾错综复杂的环境中，他能够巧妙地周旋于父子兄弟之间，不但保得了自身周全，又不动声色、不露痕迹地逐一击败对手，最终赢得了天下，足见其卓尔不凡的一面。

就当时的情况来说，对于皇位的竞争是异常惨烈的。以皇长子胤禔为首的"大千岁党"、以皇太子胤礽为首的"太子党"、以八阿哥胤禩为首的"八爷党"均对皇储之位虎视眈眈。胤禛最初只是"太子党"中的一员，与皇十三子胤祥共为胤礽的左膀右臂。论势力，他不及广交朝臣的皇八子胤禩，论受宠程度，他因"喜怒不定"，且其母亲乌雅氏德妃生他时只是一名宫女，远不及子凭母贵、集万千宠爱于一身的太子胤礽。那么，胤禛又何以在险滩密布、步步暗礁的储位之争中保住自己，最终脱颖而出、君临天下呢？其原因就在于，胤禛深谙韬晦之道，深藏争权之心，以不争为争、以退为进，最终得到了康熙皇帝的青睐，得以得偿所愿，继承大统。

康熙十四年（1675），清朝在全国的统治很不稳定，康熙为巩固清朝政权，安定人心，改变清朝不立储君的惯例，把他的第二个儿子胤礽立为皇太子。

作为皇太子的胤礽，为保住自己的地位，他希望康熙帝能早日归天，自己尽快登上皇帝的宝座。为此，他与正黄旗侍卫内大臣索额图结成党羽，进行了种种抢班夺权的活动。这些都被康熙帝发现，康熙下旨杀了索额图。没想到胤礽更加猖狂，不得已，康熙帝于康熙四十七年（1708）九月，废除胤礽的皇太子头衔。

皇子们见太子已废，争夺皇储的斗争更加激烈。他们通过各种渠道探听康熙的意图，打发皇亲国戚到康熙面前为自己评功摆好，搞得康熙"昼夜戒慎不宁"。没有办法，康熙帝在废掉太子后的第二年三月又复立胤礽为皇太子，好让诸皇子死了争夺太子的野心。

在皇太子废立过程中，诸皇子们使出浑身解数，最成功的是皇四子

胤禛。在诸皇子的明争暗斗中，胤禛采用的就是不争而争之策。

皇太子被废之后，胤禛并未像其他众皇子一样，落井下石，而是采取维护旧太子地位的态度，对胤礽表示关切，仗义直陈，努力疏通皇帝和旧太子的感情。他明白康熙希望他们兄弟情同手足，不愿意看到皇子们反目成仇。

对康熙的身体，胤禛也最为关心体贴。康熙因胤礽不争气和皇子们争夺储位，一怒之下生了重病。只有胤禛和胤祉二人前来力劝康熙就医，又请求由他们来择医护理。此举也深得康熙的好感。

诸皇子中夺位最卖力的是胤禩。胤禛同胤禩也保持着某种联系，其实他心里不愿意胤禩得势，但行动上绝不表现出来，表面上看胤禩当太子，他既不反对也不支持，让人感觉他置身事外一般。

对其他皇兄，胤禛也在康熙面前多说好话，或在需要时给予支持，康熙评价他是"为诸阿哥陈奏之事甚多"。

在众皇子为争夺皇太子之位闹得不可开交时，胤禛却似乎置身于局外，没有明火执仗地参与其中，而且还替众兄弟仗义执言，这些都被康熙看在眼中，因此特传谕旨表彰：

前拘禁胤礽时，并无一人为之陈奏，唯四阿哥性量过人，深知大义，屡在朕前为胤礽保奏，似此居心行事，真是伟人。

胤禛在这场诸皇子争夺皇太子位的竞争中，不显山、不露水，以不争之争的斗争策略取得了成功。一方面胤禛赢得了康熙的信任，抬高了自己的地位，密切了和康熙的私人感情。康熙一高兴，把离畅春园很近的园苑赐给了胤禛，这就是后世享有盛名的圆明园。康熙秋猎热河，建避暑山庄，将其近侧的狮子园也赏给胤禛。

另一方面，胤禛在争夺储位的诸皇子之争中，使其他皇子们认为他实力不够，对他不以为意，不集中力量对付他，使他有机会发展自己的势力。此后，笼络了年羹尧、邬思道、戴铎等一班谋士武将，实力大增。

结果，康熙在病重之际，把权力交给了胤禛，胤禛后来居上，脱颖而出成为雍正皇帝。

雍正的不争，并不是什么也不争，而是弃其小者，争其大者；弃其近者，争其远者。所以，不争是相对的，争则是绝对的。所谓"不争"，是指小处不争，小名不争，小利不争；倘若是大处、大名、大利，也许就另当别论了。

从"九王夺嗣"这一历史事件中，我们大致可以看出雍正在"不争而争"的过程中，主要运用了以下策略：

一、克制自己。

康熙评价雍正"喜怒无常，脾气暴躁"，显然，这不是赞扬之词，而是父亲对于儿子的一种批评。雍正知道，若想得到父亲的进一步信任，首先就要改掉自己的毛病。于是，他一直克制自己，"潜心礼佛"，从而使康熙对他有了极大的改观。

二、反其道行之。

太子首度被废，众阿哥纷纷落井下石，唯有他反其道而行之，努力疏通太子与康熙的感情。于是，康熙对他颇为赞赏——唯四阿哥性量过人，深知大义，屡在朕前为胤礽保奏，似此居心行事，真是伟人。

三、示敌以弱。

雍正一直给对手一个假象——自己起初只是太子的一名拥护者，而后不过是一个旁观者，因为实力相差悬殊，根本无法参与皇储之位的争夺，从而使对手放松对他的警惕。而另一方面，他则在暗中培植自己的党羽，十三阿哥、隆科多、年羹尧、戴铎都在雍正登基的过程中，起着举足轻重的作用。

有人以诗描绘农家插秧时的情景——"手把青秧插满田，低头便见水中天；身心清净方为道，退步原来是向前。"剖其深意，这俨然是对雍正"以退为进"这一策略的妙笔诠释。

"不争"似乎有悖进化规律，然而其背后有更深层的道理。"争与不

争"的辩证法，透露着一个天机：不争而争、无为而无不为、不争而善胜，乃是人类社会进化的公理。表面谦退、与世无争，实则静观其变，以静制动，这正是雍正的过人之处。

第二篇
皇家女人荣与辱

　　皇家的后宫永远有说不完的故事,皇家的女人顶着荣耀与屈辱,她们之中有人被称为"红颜祸水",遭受千古骂名;有人权倾天下,甚至可以改变一个朝代的命运;亦有人母仪天下,承载着当世及后世的敬仰。走近后宫的那些女人,你会发现,她们的人生就像一部情节跌宕的电视剧。

妹喜:"裂帛"声声撕毁一代王朝

妹喜,又作末(mò)喜,是夏朝第十七位君主履癸的王妃。妹非"妹妹"之"妹"。有诗称赞妹喜的美丽:"有施妹喜,眉目清兮。妆霓彩衣,袅娜飞兮。晶莹雨露,人之怜兮。"

古人对美色品头论足的不少,感情上趋之若鹜,正如孔圣人所说:"吾未见好德如好色者也。"但在理智上却又避之犹恐不及,大有"贪吃又怕烫嘴"的矛盾心理。何以如此?因为古人的女性观中,有"祸水"之说。女子,特别是美女,乃祸水也。究其渊源,大概是孔夫子的"唯小人与女子难养也",女人只配与小人相提并论,其德、其能、其言、其行,自然就是属于下等的了,不会成人之美,只会成人之恶。

"祸水"一词,最早出现在《飞燕外传》中,但如果为中国历史上祸国乱政的"祸水"们按顺序排名造册的话,这排在第一位的大概便是夏桀之后妹喜。

夏朝是中国奴隶制社会的形成时期,也是帝王从禅让制变为世袭制的第一个朝代。夏朝从公元前21世纪到公元前16世纪,共有17个王。可是,当夏朝五百年的江山传到夏桀手中时,夏桀却荒淫残暴,终于导致国灭身亡的下场。

传说中的夏桀是个大力士,能空手拉直铁钩。此外,他还有过人的智慧和胆识,曾经潜入水中征服蛟龙,并且赤手空拳与老虎搏斗。可惜的是,他将聪明才智都用在了暴虐和享乐上,因而成为夏朝的亡国之君，臭名远扬。

他为政残暴，对内横征暴敛，对外滥施征伐，勒索小邦。他即位后的第33年，发兵征伐有施氏（今山东省滕州市）。有施氏是个弱国，根本不是夏桀的对手。有施氏只能竭力求和，献上许多金银珠宝，并特地选出国内的头号美人送给夏桀，她就是妹喜。夏桀一见到妹喜美貌无双，于是心花怒放，当即撤兵。

夏桀得到妹喜，如获至宝，对她宠爱无比，再也顾不上朝政了。他觉得以前的所有宫室，都不配妹喜居住。于是，他大量招募民夫，修建高大的宫室，算得上是那个时代的"摩天大楼"了，它高得好像要倒下来，所以名为倾宫。宫里有琼室瑶台，象牙嵌的走廊，白玉雕的床榻，一切奢华无比，只恐不合妹喜的心意。妹喜来自小邦穷国，从未享用过如此奢华的物品，岂有不欢喜之理？她摸准了夏桀的脉门，只要她提出来，夏桀是什么要求都会应允的，于是她时时想出新花样，一味撺掇他浪费财力。

倾宫落成那天，宫里大摆宴席，不少舞女在酒席宴前跳舞助兴。夏桀满以为妹喜会笑逐颜开，十分开心，可是扭头一看，妹喜好像并不畅快，他忙问其中原委。妹喜说："今天本是大喜之日，可是那些舞女容貌平平，服装杂乱，实在叫人扫兴。依我看，倒不如挑些年轻貌美的少女，穿了五彩绣花的衣服，舞起来方才好看，并且要有三千人同时歌舞才能显出太平盛世！"夏桀听了，当即传旨派曹触龙按户去挑年轻貌美的少女来充当舞女，命于辛派百姓刺绣舞衣，预备给舞女穿，限期交纳。这曹触龙、于辛都是善于献媚取宠的小人，得到这样的美差，就趁势作恶，大肆搜刮。选齐三千美女后，派了乐工教练歌舞，又待了一个月，曹触龙奏报三千舞女已训练完毕。夏桀忙命送进倾宫。

夏桀和妹喜坐在倾宫楼上，倚着栏杆，往下看去，只见一队队舞女分别穿着五彩绣衣，鱼贯走进宫门。先行的百名少女一色大红绣衣，翠蓝的飘带，头上梳着双髻，插着凤凰玉钗，缓缓走来。这一百名过后，

后面跟进的是娇黄绣衣,系着朱红飘带的一百名少女,再后面又是身着翠绿舞衣的一百名少女,络绎不绝地涌进。后面的队伍水红色、细桃色、杏黄色、雪白色、天蓝色、浓绿色,真是重重叠叠,五彩缤纷,霎时分花拂柳,挤满了整个花园。个个都是脸似芙蓉,腰如杨柳,按着服色齐齐整整地排列着,就好像织成的五色锦毯一般,纹丝不乱。这场面把夏桀和妹喜乐得真不知如何是好。忽然一声鼓响,随着悦耳的音乐,三千美女个个回转纤腰,舞了起来。一时红飞绿舞,翠动珠摇,各种颜色的舞队错综变化,互相穿插纠缠,犹如千万只彩蝶纷飞竞舞,忽东忽西,真是令人目不暇接,眼花缭乱。

当舞曲终了时,夏桀传令赐美女每人一杯美酒。左右宫奴奉命,连忙执瓶捧杯,赐给各舞女美酒。

因为中断时间较长,妹喜有些不耐烦了,便说:"现在舞女三千,要是一个一个赐酒赐食,恐怕太阳偏西也轮不完,弄得歌舞也看不成。我倒有个主意,挖一个酒池,周围用肉堆成假山,并且悬挂肉片为林,让这些舞女们自己享用,不比这般耽搁时间强得多吗?"夏桀一听大喜,说道:"你真是聪明盖世,会想出这等高招。"当即把任务落实给曹、于二位奸臣。

曹、于二位奸臣不敢怠慢,他们先挖掘了一个又长又大的池子,将泥土堆在池旁,成了一座小山,山上种了树林。池底铺满鹅卵石,然后灌满美酒作为池水。山上先用绿色的帛铺好,作为草地,把熟肉做成肉脯挂在树上,好像累累果实,又造了一叶轻巧的小舟,以备夏桀和妹喜乘坐。

"酒池肉林"的浩大工程很快就完工了。夏桀和妹喜一见酒池肉林造得如此精致,而且酒香四溢,肉香扑鼻,满心欢喜。从此以后,夏桀每天便拥着妹喜,乘坐龙船在池中泛舟。三千美女围在酒池的四周,歌舞不休。舞蹈间歇时,击鼓一声,诸美女纷纷走向池边,低头像牛喝水一般地饮酒,接着又去肉林摘肉吃,嬉笑喧闹声不绝于耳。有些舞女由

于太过疲劳，在听到鼓声、俯身到池边喝酒时，不慎跌入池中溺死。见到这种情形，夏桀和妹喜两人便相视而笑。他们在船上左顾右盼，好像进入众香国中，万花竞秀，目不暇接，不觉流连忘返，歌了又舞，舞了又歌。

久而久之，美女的舞衣沾上酒痕肉渍，不免污旧，便令再做新的。

有一天，妹喜又突发奇想，她告诉夏桀说："撕绢的声音清脆悦耳，我很想听听。"夏桀一听，立刻命令老百姓每天进贡一百匹帛，叫力气大的宫女——撕裂，而妹喜则斜卧在椅上，闭着眼睛悠然地欣赏那"撕裂"声的刺激。

夏桀每天挥霍无度，使原来充盈的国库逐渐空虚。他为了弥补这些亏空，便不断地征讨四方，肆意掠夺百姓的财富，弄得怨声载道，民不聊生。太史前令终古、大臣关龙逢等忠臣苦苦劝谏，可是夏桀哪里听得进良言相劝。终古无奈，投奔了商汤，而关龙逢却被夏桀杀死。

后来，商汤在伊尹谋划下，起兵伐夏桀。商汤先攻灭了夏桀的党羽韦国、顾国，击败了昆吾国，然后直逼夏的重镇鸣条（今山西省安邑县西）。夏桀得到消息，带兵赶到鸣条。两军交战，夏桀登上附近的小山顶观战，忽然天降大雨，夏桀急忙从山顶上奔下来避雨。夏军将士本来对夏桀就恨之入骨，趁着大雨，纷纷逃散。夏桀见大势已去，只得仓皇逃入城中。商军在后紧追，夏桀又匆忙携带妹喜和珍宝，登上一艘小船，渡江逃到南巢（今安徽省巢县）。后又被商汤追上俘获，放逐在卧牛山。

夏桀和妹喜养尊处优惯了，在这荒僻山乡，无人服侍，自己又不会劳作，终于活活饿死在卧牛山。也有的说死于亭山（今安徽省和县西北历阳山）。还有的史书说，他们二人并没有被商兵俘虏，而是逃匿于南巢，最后病死。

物质享受上的沉沦，让妹喜背负红颜祸水的骂名而遗臭万年，爱与交易的交织，使她成为第一个"献物"颠覆了中国历史上第一个王朝。

女人亡国史的漫长历程，由此拉开帷幕。

　　史书上对妹喜的故事讲得很少，现有的记载也多是负面的说辞。同样作为"献物"，她远没有西施幸运，没有那么多的文人墨客为她撰写人生。西施，以美丽、善良、爱国的光辉形象流芳百世；而妹喜，却是用酒池肉林等极端的方式，纵情声色恣意享受，骂名累累，不可饶恕。

　　"裂帛"声声撕裂了一代王朝。在荒淫沉沦中，妹喜，自然成为一个永远被钉在耻辱柱上的亡国女人。

妇好：中国最早的女政治家和军事家

　　妇好，名好，"妇"为亲属称谓。铜器铭文中又称她为"后母辛"（因为她的庙号称辛，即乙辛周祭卜辞中所称的姚辛）。她生活于公元前12世纪前半叶武丁重整商王朝时期，是商王武丁60多位妻子中的一位，且为三个法定配偶之一。作为武丁统治集团的重要成员，她主持过祭祀与朗读祭文，也曾被封于外地，担负守土、从征的重任，她为"殷国大治"立下赫赫战功，是我国最早的女政治家和军事家。

　　妇好曾多次率兵征伐土方、羌方、人方、巴方等国。在一次征伐羌方的战争中，她统领了13000人的庞大队伍，是迄今所见商代对外征伐中用兵最多的一次。在对巴方作战中，妇好率领军队布阵设伏，断巴方军退路，待武丁自东面击溃巴方军，将其驱入伏地，予以歼灭。这是中国战争史上记载的最早伏击战。在"国之大事，在祀与戎"的商代，妇好经常受命主持祭天、祭先祖、祭神泉等各类祭典，又任占卜之官，为武丁统治集团的重要成员。

她曾率兵镇压奴隶反抗斗争，深受武丁宠幸，被封于外地，担负守土、从征的重任。妇好死于武丁晚年。武丁为她建有独葬的巨大墓穴，而且有拜祭的隆礼。这在商朝时期非常少见。

公元前12世纪时，正是中国殷商时期。由于频繁的战乱，商王朝留给今人的痕迹已经非常稀少，但是就在这些为数不多的遗物中，却有相当一部分属于一位特殊的女人。她的名字叫"妇好"，是公元前12世纪上半叶商王武丁之妻。

武丁见于史料的"诸妇"多达60多位，其中只有3人拥有王后的名分，妇好是第一位。在现存于世的甲骨文献中，"妇好"的名字频频出现，仅在安阳殷墟某甲骨穴中出土的一万余片甲骨中，她的名字就出现过200多次！而且武丁在这些占卜中向上天祈告的内容，包括妇好征战、生育、疾病、去世甚至祭奠等各个生活侧面的状况，这足见武丁对妇好用情之深。

妇好并不姓妇，她的父姓是一个亚形中画兑形的标志。当她嫁给武丁成为王妻之后，武丁给了她相当丰厚的封土和士民，在她的封地上，她得到了"好"的氏名，尊称为"妇好"，或者"后妇好"。妇好的庙号为"辛"，商王朝的后人们尊称她为"母辛""姚辛""后母辛"。她嫁给武丁之前，是商王国下属或周边部落的母系部族的首领或公主，具有非同一般的出身和见识。妇好十分聪慧，也有着异乎寻常的勇气和气魄。她臂力过人，其所用的一件兵器重达9公斤，足见她的身体强壮；而该兵器为大斧，更可见她的骁勇。商王朝武功最盛的君王武丁是她的丈夫，而武丁时代的赫赫武功中，有着妇好相当一部分的功劳。

妇好和武丁是一对志同道合的夫妻。起初，武丁对妇好领兵作战的能力不是非常了解，这年夏天，北方边境发生外敌入侵，派去征讨的将领久久不能解决问题，妇好便主动请缨，要求率兵前往助战。武丁对妻子的要求非常犹豫，考虑很久之后，还是通过占卜才决定让王后

出征。妇好一到前线，调度指挥有方，而且身先士卒，很快就击败敌人，取得了胜利。武丁从此对妻子刮目相看，封妇好为商王朝的统帅，让她指挥作战。从此以后，妇好率领军队征讨作战，前后击败了北土方、南夷国、南巴方，以及鬼方等20多个小国，为商王朝开疆拓土立下了不朽战功。其中，在对羌方一役中，武丁将商王朝一半以上的兵力（13000余人）都交给了她，而妇好一役毕全功，解决了多年以来商王朝西北边境的战乱骚扰，取得了最后也是最大的胜利，并且使敌人归附商王朝。这场自卫战的胜利，是武丁时期出兵规模最大的一次，同时也是一场奠定中国文明历史进程的决战。史学家认为，妇好此战的意义，不亚于传说中的黄帝与蚩尤之战，其对于殷商王朝乃至于整个中华历史，都具有伟大的划时代意义。

在攻打巴方国（今湖北西南部）的时候，武丁和妇好一起领军，并且分工合作——妇好在西南方设下埋伏之阵，武丁则率领各路侯伯从东面发动攻势，最终将敌人赶入妇好的铁桶阵中，大获全胜。

除了率军作战，妇好还掌握着商王朝的祭祀占卜之典。她经常主持这类典礼，是名副其实的神职人员——最高祭司。在妇好立下赫赫功绩之后，武丁给她划分了封地。妇好在自己的封地上，主持封地范围内的一切事务，拥有田地的收入和奴隶仆人。她还向丈夫武丁交纳一定的贡品，一切都按照国王和诸侯的礼仪来办理，绝不因私废公。妇好的封地一定是商王朝最富庶的地方之一，因为在她的封地上，她拥有自己独立的嫡系部队3000余人（在那个年代，普通小国的全部兵力也不一定能够达到这个数目）。为了管理自己的封地，妇好经常离开王宫，到封地去生活。由于经济独立，妇好能够为自己铸造大批量的青铜制品，现存于世的妇好偶方鼎就是其中之一。

由于难产或战争等原因，妇好33岁就死去了，她为武丁留下了一个儿子，名叫孝己，女儿不详。虽然相对于那个时代，她的寿命已经不算短，但是相对于她享年长达59岁的丈夫武丁，却过于短暂。她的不幸去世，使武丁非常痛心，武丁将她安葬在自己处理军政大事的宫室旁边，让自己随时都能看到妻子，日夜守护她。即使如此，武丁仍然觉得自己守护的力量不够，不足以深达幽冥。于是，他率领儿孙们为妇好举行了一次又一次大规模的祭祀，并且为妇好举行了多次冥婚，将她的幽魂先后许配给了三位先商王：武丁的六世祖祖乙、十一世祖大甲、十三世祖成汤。在最后将妇好的幽魂许配给成汤之后，武丁终于放下了心，认为有三位伟大的先人共同照看，妇好在阴间能够得到安全和关怀。

从历史记载可以发现，妇好去世多年之后，武丁仍然对她念念不忘。按照国家制度，武丁在妇好去世后又册立了新的王后。然而，这位王后虚有其名，武丁眼中心底，仍然只有妇好一人，对新王后视若无睹。不久，这位王后就在抑郁中离开了人世。于是第三位王后又应运而生……

每当国家有战事，武丁都要亲率子孙大臣，为妇好举行大规模的祭祀，请她的在天之灵保佑自己能够旗开得胜。妇好以她的文治武功赢得了武丁和后世的景仰与尊重。

20世纪，安阳小屯村的殷墟被陆续发掘，然而几位曾定居安阳的商王大墓已成了11座空陵，在三千年的历史中早被盗得空空如也。但谁也没有想到，保存完好如初的却是妇好墓。

墓位于丙组基址西南，是1928年以来殷墟宫殿宗庙区最重要的考古发现之一，也是殷墟科学发掘以来发现的唯一保存完整的商代王室成员墓葬。该墓南北长5.6米，东西宽4米，深7.5米，墓上建有被甲骨卜辞称为"母辛宗"的享堂。墓中出土了4面铜镜，还有4枚铜钱以及130件青铜兵器。除了以一对司母辛大方鼎为主器的200余件青铜礼器，还有15种共156件酒器，以及来自新疆等地的玉器佩饰755件，来自海南甚至更远处的海贝7000多枚，各色宝石制品47件，以及各种陶器、石器、海螺等。除此之外，还有为妇好殉葬的16名殉人、6条殉狗。

如此丰厚的陪葬品，不仅体现了武丁对妻子的敬爱之情，更体现了

妇好生前丰富多彩的生活。她不但是一位将领，能征善战且善饮，也是一位尊贵的贵妇人，爱美而且擅于修饰，更是一位拥有独立经济能力的贵族领主，拥有庞大的奴隶群。

妲己：酷刑的发明者

妲己，商末人，因她是苏部落（河南省温县）酋长的女儿，今人也称苏妲己。作为战利品被商纣王带回朝歌并受到宠爱。传说在妲己的蛊惑下，商纣王修建鹿台，设置酒池肉林，施暴政于民，终于被周推翻。中国历史的进程由此被改变。蛊惑商纣王杀比干，剖其心。

后来，周武王起兵伐纣，砍下了纣王和妲己的头颅，悬挂在白旗之下。

事实上，殷商是中国历史上极为强盛的时期，而纣王本人原本也才思敏捷，武力超凡。但是，他的宠妃妲己不仅荒淫狐媚，而且性情残忍。在商纣王统治期间，妲己怂恿纣王设计出种种令人触目惊心的残酷刑罚，并陪同纣王肆意杀人取乐，纵情声色。纣王竟对她言听计从，宠爱有加。在鲜血的刺激下，他们欲望的阀门越抬越高。

据《史记·殷本纪》记载，纣王花费了七年时间打造高层建筑鹿台供其享乐。一天，纣王与妲己在鹿台上欢宴，3000 六宫妃嫔聚集在鹿台之下。纣王命令她们脱去裙衫，赤身露体地唱歌跳舞，而自己与妲己则在台上纵酒大笑。已故姜后宫中的嫔女 72 人，掩住脸流泪，不肯裸体歌舞。妲己说："这是姜后以前身边的宫女，怨恨大王杀了姜后，听说私下打算作乱，以谋杀大王！妾开始不相信，现在看她们竟敢违抗大王的命令，看来谋反的传闻不假，应当对她们施以严刑，好使其他人不敢起谋逆之心！"纣王问："什么才称得上是严刑呢？"妲己说："依小妾之见，可以在摘星楼前，在地上挖一个方圆数百步、深五丈的大坑，然后将蛇蝎蜂蚕之类丢进穴中，将这些宫女投入坑穴，被百虫噬咬，这叫作虿盆之刑。"纣王大悦，立即照妲己的话挖了一个虿盆，将这72名宫女一齐投入坑中，一时间坑下传出揪心的悲哀号哭。纣王大笑："要不是爱妃的妙计，不能灭此叛妾！"

太子殷郊听到这件事，忙去鹿台进谏纣王说："法令是为有罪之人而设的，现在众妾并没有谋逆之罪，却加以极惨的刑罚，这都是妲己蛊惑圣聪，致使天下百姓知道父王是无道之君。请斩妲己，以正朝纲！"妲己说："太子与众妾同谋，妄图诋毁小妾，请大王做主。"纣王当即喝令侍卫锤死殷郊，比干慌忙劝阻说："太子是国家的根本，不可随意加刑。"纣王这才没有杀死太子，但依旧把他贬谪到了荒远的地方。

梅伯觐见纣王说："姜皇后没有过错却被处死，太子无罪过而被贬谪。请大王召回太子，复立东宫，臣愿代死！"妲己逸言道："梅伯是太子一党，因此才狼狈为奸。"纣王问："那怎么对付这些人？"妲己说："群臣轻侮大王的尊严，都是因为刑罚轻薄的原因。依妾之见，可铸一个空心的铜柱，里面烧火，外涂油脂，让犯人裸体抱柱，将其皮肉灼烂，肋骨粉碎，如此他们才知道畏惧，朝中也不再有奸党了！"纣王立刻依言竖立铜柱，将梅伯的衣服剥光，绑在铜柱上，顷刻间梅伯就被烧得肉焦骨碎，化为灰烬。这就是炮烙之刑。妲己又说："可以再制一个铜斗，也加火在里面。罪轻而不至于处死的，就让他们手持熨斗，手足焦烂，这样可以区别法律的轻重。"妲己听到"犯人"的惨叫，就像听到刺激感官的音乐一样发笑。纣王为了博得妲己一笑，滥用重刑。于是纣王立铜柱、铜斗各数十，置于殿前，凡"有罪"的大臣，即加此刑。

纣王对待那些诸侯王也十分残忍。当时有不少诸侯不满于纣的暴虐，那些奸佞之臣就把这种情况反映到纣王那里。纣王为了加强统治，就任命了三公，分别是西伯侯、九侯和鄂侯，让他们管领诸侯。九侯一向对纣的做法恨之入骨，虽然领受了这个监视别人的任务，但心里很不高兴。他有个漂亮的女儿，女儿看到父亲整天愁眉不展，就向父亲打听原因，当知道父亲的心病后，她说："父亲别急，女儿可以帮助您解除烦恼，我有办法去劝解纣，让他改变目前这种不得人心的做法。"九侯同意了。

九侯女儿来到京城，她的容貌使得纣王一见倾心。但是九侯的女儿天生不是风流谄媚之人，她不能满足纣的淫乐要求，因此她的劝解，纣王根本不听。一天，纣王终于生气把她杀掉了。九侯知道这一情况后，心如刀绞，就求见纣王。因为知道自己早晚也会死在这暴君的手下，九侯在纣面前大胆陈言道："你这个昏庸的君王，现在国家老百姓都被你逼到了死亡的边缘，我的女儿完全是为了社稷来劝解你，你反而杀了她……"九侯的话还没有说完，纣王就命令手下把他拖出去杀了。鄂侯看到纣竟然杀了为国家作出重大贡献的老臣，不禁老泪纵横，跪到地下说道："君王，九侯所说的话并没有错，你怎么就为了这点小事而杀了有功的老臣？"纣王听完，勃然大怒，说道："难道你们还想串通起来造反吗？给我推出去斩了！"这样又杀了鄂侯。然而纣王还不解气，他命人将九侯和鄂侯剁成肉泥，做成肉饼，派人送到各个诸侯国，并传言道："以后再有谁违抗，就与两侯同论。"诸侯们个个噤若寒蝉，再也不敢向纣进言。

纣王与妲己见群臣畏刑不谏，更加恣意妄为，旦夕荒淫欢宴。他们继续在摘星楼举行盛大的宴会，每次宴会饮者多至3000人。一次，妲己道："这样玩时间长了没意思，不妨在台下挖两个坑穴。一个注酒为池，一个悬肉为林，令各嫔妃戏于酒池肉林，互相扑打，胜者浸死在酒池中，败者投至虿盆内。"纣王大笑，依其言而行，每天宫女因此被折磨致死者不计其数。

纣王好酒淫乐，寸步不离妲己，妲己所称赞的就以之为贵，妲己所憎恶的就加以诛灭。纣王又在朝歌与邯郸之间纵横数千里内,每隔五里建一所离宫,每隔十里建一个别馆,与妲己同乘逍遥车,白天在车上欢谑,夜里张灯结彩,管弦歌韵,作长夜之饮。时值隆冬的一天,他们正在摘星楼上欢宴,发现岸边有几个人将要渡河,两三个老年人挽裤脚站在水中,但一些年轻人却迟迟不敢下水。纣王问妲己:"河水虽然冰寒,但老人尚且不畏,年轻人却那么怕冷,这是怎么回事儿?"妲己回答:"妾听说人生一世,得父精母血,方得成胎。若父母在年轻时生子,那时他们身体强健,生下的孩子气脉充足,髓满其胫,即使到了暮年,耐寒傲冷。假如父老母衰时才得子,那他们的孩子气脉衰微,髓不满胫,不到中年,便怯冷怕寒。"纣王极为惊讶:"竟然有这种事?"妲己说:"大王不信的话,就将这些一起渡河的人,砍断他们的胫骨看一看便知。"纣王就命人将过河的几个人活捉到楼下,一人一斧砍去双腿,果然老年的那些人髓满,年少的却骨空。纣王大笑说:"爱妾料事如神!"妲己说:"妾不但能辨老幼的强壮,即使妇女怀孕是男是女,妾一看就知道!"纣王不信,妲己说:"大王不信妾的话,可以搜取城中的孕妇验证。"纣王立刻令兵士捉数十个孕妇,集中在楼下。妲己一一指着说,哪一个怀的是男胎,哪一个怀的是女胎。纣王令人剖开孕妇的肚子视之,果真像妲己说的那样。

纣王淫乱日甚一日,他的庶兄微子不忍坐视国家灭亡,苦劝纣王而不得,只好逃离都城,隐居民间。纣的叔父箕子对纣的暴政早有不满,便装成疯子,混在奴隶之中。纣王发现后,命武士将其囚禁起来。纣的叔父比干眼见微子逃隐、箕子佯狂为奴,非常伤感,又觉得他们未能尽到人臣责任。他认为人主有过错而不劝谏,就是不忠;怕死而不敢进谏,就是不勇。于是他以死相争,接连三日苦苦劝谏纣王,不肯离开一步。他劝谏纣王说:"不修先王的典法,而用妇人之言,大祸不远了。"纣王恼羞成怒,要杀比干。妲己说:"妾听说圣人的心有七窍,比干自诩为圣人,剖开比干的心看看如何?"于是纣王就将比干活活杀死并剖开他的心,看他的心是否真有七窍。众朝臣见纣对自己的亲人都如此残

暴,更加恐惧。于是商王朝中两个管理祭祀的乐官——太师疵和少师疆抱了宗庙中祭祀时使用的乐器逃出商都,投奔了周。自此,朝廷上忠良的大臣几乎荡然无存。

商纣王修建鹿台,设置酒池肉林,施暴政于民众和臣子,终于被周推翻。尽管妲己对商纣王的暴政和商朝的灭亡也许不应负主要责任,但是妲己的蛊惑在客观上所起的作用不能低估,而她也因自己的性别而承受了道德极刑。《列女传》记载说,周族的首领武王起兵讨伐,纣眼见大势已去,就登上一座名为"凛台"的官方建筑,穿上价值昂贵的玉衣点火自焚而终。周武王下令砍下了纣和妲己的头颅,悬挂在白旗之下,宣称这个女人是惑乱和败亡殷商的祸端。

与妹喜的荒诞不同,妲己心如蛇蝎,更为凶暴残忍。她发明酷刑,残害忠良,祸国殃民,使得殷朝末年的政治,更加夸张地再现夏朝末年的腐败图景。不过,把一个国家的灭亡完全归咎到一个女人头上是不公平的。国家灭亡,究其缘由,应首推国君的治国不力。也许纣王到死的那一刻也不明白,究竟是谁让他的国家灭亡。他的残暴加上妲己的毒辣,硬是使铁桶般的江山毁在了自己的手中。

褒姒:美人一笑倾人国

褒姒,西周末年人,陕西汉中人,公元前779年,被褒国作为谢罪的贡物献给周幽王,随即受到幽王的宠爱。为了赢得褒姒的欢心,周幽王不但废掉了原来的王后改立褒姒为后,还上演了"烽火戏诸侯"的闹剧，种下了西周灭亡的苦果。

周宣王驾崩后，他的儿子宫涅即位，是为周幽王。幽王为人性情暴躁，待人刻薄寡恩，而且荒于国政，耽于享乐。刚一即位，他即打发人四处寻找美女。尹球、虢石父、祭公三个奸佞小人逸邪欺君。幽王拜尹球为大夫，虢石父为上卿，祭公为司徒。三人皆谄媚阿谀之人，贪位慕禄之辈，唯王所欲，逢迎不暇。褒姒就是在这种情况下被送入宫中的。

有一年，三川守臣表称三川地震。幽王笑说："山川地震是常事，何必动表告诉寡人？"伯阳父对赵叔带说："以前伊洛竭而夏亡，河竭而商亡，现在周如夏商的末季啊！"赵叔带骇然问："何以见之？"伯阳父说："源塞必然川竭，川竭必然山崩，山崩是预兆，周室天下不出二十年当亡！"这年冬，岐山又崩，赵叔带上表说："山崩地震，是国家不祥之兆，望大王抚恤下民，广开贤路，以弭天变，以使社稷无危。"虢石父却说："山崩地震，大王所谓天道之常，有什么不祥？叔带是迂腐的读书人，不知天道，望陛下详之！"幽王听信虢石父之言罢免了赵叔带。右谏议大夫褒晌劝谏道："不可罢赵叔带的官职，否则会阻塞谏诤之路。"幽王大怒，就把褒晌关进监狱。

褒晌在监狱里一关就是三年。褒家的人千方百计要把褒晌救出来，他们想了许多法子都没有奏效，最后褒晌的儿子洪德说："我听说天子荒淫，耽于女色。现在褒城中姐家女儿十分清丽，家贫无资，若以百金买下这个女子，进贡给朝廷，一定可以赎回父亲。"他母亲同意了，他们家就以百金，买下此女子，教会她唱歌跳舞，把她打扮起来，献给了幽王，替褒晌赎罪。

这女子年方14岁，目秀眉清，唇红齿白，发挽乌云，指排削玉，有如花似玉之容，倾国倾城之貌。幽王见美人仪容娇媚，光艳照人，因是褒地所进，就赐名褒姒，充入后宫。群臣都谏阻说："色倾人国，自古都有。夏因妺喜而亡，商因妲己而丧。陛下宜鉴前朝得失，不可接受此美人。"尹球、虢石父却说："种田的多收了几捆禾麦，尚且重婚，大

王以天子之尊，受一宫人，你们怎么就那么多废话？"幽王也大怒："有再谏受美人者斩！"自此，幽王与褒姒坐则腿迭腿，立则肩并肩，饮则交杯，食则同器。他一连十日不上朝，与褒姒朝夕饮宴。

皇后申氏逐渐失宠。一天幽王与褒姒在翠华宫，申后忽然来了，褒姒正与幽王谈笑自乐，没有起身迎接，申后心中虽有幽怨却口不敢言，回宫后忧容不展。申后自从那天见到褒姒的天姿国色后，就明白自己已年近四十，再也无法以美色和褒姒争一日长短了，唯有终日长吁短叹，郁郁寡欢。太子宜臼看见母亲忧闷，连忙跪问原因。申后说："你父王宠爱褒姒，不分尊卑，前几天在翠华宫，见我来了，她仍饮酒自乐，全不退避。将来此婢得势，我母子一定没有容身之处了！"太子说："这事好办，改天与数十宫人游御苑赏花时，如果褒姒一同过来，我令宫人将此贱婢乱打一顿。待她禀告父王，父王不听则已，若有什么事，孩儿必杀之。"

太子果然按照自己说的将褒姒打了一顿，褒姒对幽王垂泪说："申皇后无故令宫人痛打小妾！"幽王变色："皇后怎么敢如此无礼！"虢石父、尹球说："臣闻皇后失德，嫉妒之心太甚。"幽王大怒，下诏废皇后，册立褒姒为正宫。太子宜臼愤恨不平，要杀虢石父。虢石父逃走，来见幽王。幽王大怒，命尹球追捕太子。幽王将申后囚禁在冷宫，并废掉太子宜臼。这引起了朝中大臣的共愤，告老归田者很多。

褒姒天性忧郁，整日紧锁眉黛，终日闷闷不乐，周幽王为博其开颜一笑费尽心思。但千方百计，褒姒却始终不肯展颜一笑。幽王召乐工鸣钟击鼓，调竹弹丝，宫人歌舞进临，褒姒全无悦色。幽王问："卿不好音乐，不知所好何事？"褒姒说："妾无所好。曾记得昔日手裂彩绢，爱听绢裂的声音。"幽王说："何不早说呢？"幽王即命司库每日进彩绢百匹，使有力的宫女撕裂，以取悦褒姒。褒姒虽爱听裂绢的声音，却依旧不见笑脸。幽王问："卿为何不笑？"褒姒说："妾平生不会笑。"幽王私下与虢石父说："你若有什么办法让褒后笑一笑，就赏你千金！"虢石父就献计说:"先王曾在城外每五里置一烽火台,用来防备敌兵。如有敌兵来则举烽火为号,沿路相招天下诸侯带兵勤王,假如诸侯来了却没有敌兵,皇后必然会笑!"

幽王遂与褒姒驾幸骊山,在骊宫夜宴,到处灯火辉煌,笙歌曼舞。周幽王向褒姒解释烽火台的用处,告诉她这是传报战争消息的建筑。那时候,从边疆到国都,每隔一定距离就修一个高土台,派士兵日夜驻守。当敌人侵犯边境的时候,烽火台上的驻兵立刻点燃烽火,向相邻的烽火台报警。这样一路传递下去,边境发生的情况很快就能传到京城。而一旦国都受到威胁,骊山的烽火台也点燃烽火,向附属周朝的诸侯国传递消息,诸侯国就会立刻派兵来援助。褒姒听了周幽王的话后,不相信在这样一个高土堆上点把火,就能召来千里之外的救兵。为了讨得褒姒的欢心,周幽王立即下令,让士兵点燃烽火。群臣都来劝谏说:"烽火台用来备缓急,必须取信于诸侯,现在无故而点烽火,是戏弄诸侯!以后倘有不测,将用什么东西来让诸侯救急呢?"幽王不听,遂点燃了烽火,与褒姒在望边楼欢宴。

烽火在一个接一个的烽火台上燃起来,刹那间火焰直冲霄汉,像一条蜿蜒的巨龙一样,不断地一股一股喷出火柱,向黑暗的远处奔腾而去。各地的诸侯乍见焰火冲天,以为国都受到进攻,纷纷率领军队前来救援。没多久,列国诸侯皆领兵至,一路烟尘滚滚,来了却没发现敌寇的踪影,只见周幽王正和褒姒在高台上饮酒作乐,才知道自己被国王愚弄了。诸侯们不敢发脾气,只能悻悻地率领军队返回。褒姒凭栏远眺,见各路军马擎火炬漫山遍野奔跑的狼狈样,觉得很好玩,不禁嫣然一笑。周幽王一见宠爱的妃子终于笑了,心里痛快极了。等诸侯王都退走了以后,周幽王又让士兵再点燃烽火,诸侯们又急匆匆地带着军队赶来了。周幽王和褒姒一见诸侯们又上当了,在烽火台上一起哈哈大笑。幽王说:"爱妃一笑,百媚俱生,此皆虢石父的功劳!"遂以千金赏虢石父。"千金买笑"的典故就出自这里。就这样,周幽王反复点烽火,戏

弄诸侯。最后，当烽火再点燃时，已经没有一位诸侯再上当了。

前来救援的诸侯中有位申侯，他在回去的路上就上表责备幽王弃皇后、废太子、宠褒姒、戏诸侯四事。虢石父奏报说："申侯打算与太子宜臼谋反，因此故意揭露大王的过失。"幽王说："那怎么办呢？"虢石父说："赶快发兵讨伐他，免生后患！"于是幽王发兵讨申。申侯大惊："国小兵微，何以挡敌？"大夫吕章说："申国近邻犬戎、西夷，主公赶快写信给犬戎，请求他们出兵讨伐无道的幽王，这样就一定可以免掉申国的灾祸！"申侯便写信给犬戎。犬戎于是发兵五万，杀奔京师，将周朝都城围得水泄不通。幽王见此情景，大惊失色，对虢石父说："速点烽火以搬诸侯的救兵！"幽王点烽火数日，烽火台上白天冒着浓烟，夜里火光烛天，诸侯之兵却没有一个来的。因为前几次被烽火所戏弄，诸侯以为幽王又想戏弄他们来博取美人一笑，所以都不当回事儿。不久，镐京陷落。幽王逃奔临漳。犬戎人在城中放火焚烧宫室，掳掠库内财物。幽王最终在骊山脚下遭追兵杀害，而褒姒则被犬戎军队逮捕，带往他们自己的部落，重新沦为奴隶，从此下落不明。

犬戎人在城中大肆掳掠长达数月之久。幽王的行为得到悲惨的报应，而"狼来了"的寓言，也有了一个闻名的翻版。这个爱美人的故事早已超出了"个人行为"，为了博美人一笑，竟以江山社稷的保护伞——军队为代价，最终只能留下千古骂名。《诗经·小雅》说："赫赫宗周，褒姒灭之。"还有句古话，"一笑倾城，二笑倾国"，只有无道昏君才能有这样的荒唐之举，而薄命红颜则在由男性书写的历史上成为祸国殃民的罪人。

愚顽的周幽王，他无所不能的权力在褒姒这位美人那里遭到了致命的挫败。他有什么资本和能力，可以博得美人一笑？当烽火被点燃，周幽王终于成功地赢得了褒姒那倾国一笑，而同时西周也在这个荒唐的天大玩笑中、在褒姒那无比妖艳的倾国一笑中灭亡。

难道褒姒真的有这么大的能耐，用一个短暂的笑容颠覆了西周？与妹喜、妲己不同，史书上并没有强调她的"纵情声色"，那她为什么也被牢牢锁定为亡国妖女？穿过数千年的历史迷雾，我们仿佛看到这位奇迹般的"酷"女那神秘微笑。貌似强大的权力帝国，在轻轻一笑中灰飞烟灭，而这，正是对其外强中干的威严的极大嘲讽。从这个角度来看，在以男权为主所书写的历史中，褒姒这位不苟言笑的美女，千百年来被咒骂和贬损，也就不难理解。

吕雉：心狠手辣霸天下

吕雉字娥姁，又称吕后，汉高祖刘邦的妻子，秦朝时单父县（今山东单县）人。她先后掌权达16年，是中国历史上三大女性统治者的第一个。吕后足智多谋，性格残忍，她帮助刘邦清除了许多异姓王；她拉拢大臣，保住儿子刘盈的太子地位，并且残忍地迫害刘邦的宠姬。吕后在惠帝死后，临朝称制，封诸侄为王，滥用亲信掌权，把持朝政。不过在吕后称制的八年中，人民生活比较安定，社会经济也得以恢复。

诛杀异姓诸侯王是汉初历史上的一件大事，它和吕后关系颇深。汉高祖刘邦在争夺天下的时候，曾经分封了八个异姓诸侯王：韩王信，赵王张耳，齐王韩信（后改为楚王），梁王彭越，淮南王英布，燕王臧荼，燕王卢绾，长沙王吴芮。在八王之中，韩信的功劳和威望最高。鉴于此，刘邦对他最不放心，时刻都想把他除掉。汉高祖六年（前201），刘邦以"人告公反"为借口，把韩信从楚王降为淮阴侯。面对再度被夺爵削地，韩信内心非常不愉快。汉高祖十一年（前196），他与陈豨两人

准备里应外合，发动一场政变。但当一切安排妥当之后，不料竟被人告发，刘邦亲自率部队前去攻打陈豨。此时，守在都城的韩信便准备组织并联合一批宫廷苦役、劳工，攻打吕后和太子。在十万火急的情况下，吕后找萧何商量对策。萧何献策让吕后编造一个理由，谎称刘邦已把陈豨打败，要求韩信等人都到宫里参加庆贺，然后趁此时机抓捕韩信。吕后听从了萧何的计策，果然顺利将韩信抓捕。由于高祖曾与韩信有约"三不杀"，即见天不杀，见地不杀，见铁器不杀。吕后在不违背刘邦约定的前提下，把韩信用布兜起来，用竹签刺死，杀他个不见天，不见地，不见铁器。《史记》记载，汉高祖听到韩信被吕氏杀死后的心情是"且喜且哀之"，这句话道出了背后的隐情，刘邦自己愿背负杀戮功臣之名，而妻子却十分了解他心中的疙瘩，自然不免思潮起伏，感慨万千。

据史书记载，诛杀彭越也得力于吕后。彭越是梁王，在平定陈豨叛乱的时候，由于彭越出兵稍慢，刘邦就很不满意。之后，刘邦找了一个借口，把他贬为庶人，发配到四川。彭越走到"郑"地时，正好遇到从长安到洛阳来的吕后。彭越非常委屈，希望吕后代为求情，请求刘邦从轻处罚，发配其到自己家乡。吕后假装同意，将彭越骗到了洛阳。随后，吕后立刻面见刘邦，告诫说彭越这种人绝不能放，放了必是后患。在吕后的鼓噪下，彭越也被诛杀。

史书上说："吕后为人刚毅，佐高祖定天下，所诛大臣多吕后力。"即是说汉初铲除异姓诸侯王的运动中，吕后所参与的不止韩信与彭越的诛杀，还有很多人遭其迫害。汉初是中央集权和地方割据势力斗争十分激烈的一个时期，此时地方势力的强大势必要威胁到中央集权。

所以，吕后协助刘邦消灭这些诸侯王，说明她是一个非常有政治头脑的女人。

汉高祖刘邦在杀马立誓："非刘氏而王者，天下共击之"之后，病情逐渐恶化，吕后为其找了很有名气的医生。但是，高祖却不愿接受治疗，他认为自己已经不行了，即使是神医下凡，也治不好他的病。于是，他迅速着手安排后事。吕后早有野心，见高祖就要命归西天，便问："陛下百年之后，如果丞相萧何也死了，谁能接替他？"刘邦想了想说："曹参可以。"吕后又接着问："曹参以后谁可接替呢？"刘邦说："王陵能接替，不过他这个人忠厚正直却有些愚笨，可以让陈平来协助他。陈平很有智谋，但他不能够独当一面。周勃这个人虽说没多少文化，但他办事稳重，为人厚道，将来安定刘家天下的必定是他，可以让他做太尉。"不久，刘邦去世。

刘邦一死，为争夺权力，吕后开始四处活动起来。她偷偷地和自己的亲信审食其商量，企图杀害功臣。她对审食其说："朝廷中的大将，当年和高祖一样，都是平民百姓，后来对着皇帝称臣，现在又要他们来辅佐年轻的皇帝，他们怎么会甘心呢？我看不如把他们一个个除掉，也免得以后生出麻烦。"有人听到这个消息后，立即跑去告诉大将郦将。郦将对审食其说："我听说陛下已经驾崩4天了，你们却打算杀害功臣，这不是给天下制造危险吗？陈平和灌婴带着10万兵马驻守在荥阳，樊哙和周勃率领20万兵马在平定燕代，如果他们听说陛下已经去世，朝廷又想杀害他们，那他们联合起来造反不就坏事了吗？"审食其把这话转告吕后，吕后也觉得不能轻举妄动，就把太子刘盈立为皇帝，是为汉惠帝。

汉惠帝刚满17岁，天生软弱无能，身体又不太好，吕后自然掌握了朝中大权。此时，为巩固政权，报复仇敌，她准备对刘氏子孙痛下毒手。

由于争宠和册立太子等问题，吕后平日最忌恨深受高祖宠爱、疼爱的戚姬和刘如意。高祖刘邦死后，吕后命人剃光戚姬的头发，用铁链锁住她的双脚，又给她穿了一身破烂的衣服，关在一间潮湿阴暗、破烂不堪的屋子里。更有甚者，吕后还迫使戚姬一天到晚舂米，舂不到一定数量的米，就不给其食物。与此同时，吕后又把戚姬的儿子赵王刘如意从封地召到京城里，准备杀害他。汉惠帝听说母亲吕后把刘如意召来，知

道吕后想要下毒手,便赶紧派人把刘如意接到皇宫里,吃饭休息都跟他在一起。两人从小一起玩耍长大,惠帝对这个弟弟非常疼爱,所以就尽自己最大的力量保护他。吕后虽然气得咬牙切齿,但有好几个月都没有机会对刘如意下手。这一天,汉惠帝清早起来出去打猎,刘如意由于睡懒觉,没有跟着去。吕后终于找到了可乘之机,她派人送去毒酒,把刘如意害死了。汉惠帝打猎回来发现刘如意被毒死后,抱着这位少弟的尸体大哭了一场,之后只好让人埋掉了。刘如意死后,吕后让人砍掉戚夫人的手脚,挖掉眼珠,弄聋耳朵,又灌了哑药,将其叫作"人彘",放在厕所里面。过了不久,吕后又叫汉惠帝来看"人彘",惠帝认出这个没了手脚、又瞎又聋又哑的"人彘"是戚夫人后,悲伤得大哭了一场,病了一年多。他在病中对吕后说:"把人折磨成这个样子,这哪里是人的行为?我作为您的儿子,没有脸再治理这个国家了。"从此,他天天喝酒作乐,也不再管理国家大事,到他即位的第七年就在忧伤里死去了。

汉惠帝死后,吕后装模作样地哭了一场,但是眼里没有一滴眼泪。这时候,张良的儿子张辟疆看出了吕后假哭的秘密,就对丞相陈平说:"太后哭惠帝,却没有眼泪,因为她很怕你们这些功臣。如果你请太后的子侄掌握大权,太后就放心了,你们这些人就不会有危险了。"陈平听从了他的意见,吕后真的高兴了,再哭也有眼泪了。

汉惠帝的张皇后没有生儿子,吕后命人从宫中抱来一个美人生的婴儿作为皇位继承人,并把那个美人给杀了。这个婴儿当了皇帝,历史上称为少帝。与此同时,掌握朝中大权的吕后希望封吕家的人为王,但她又怕大臣们反对,于是就征求右丞王陵的意见。

王陵是个直心肠,他当时就表示反对,对吕后说:"不行!高祖在世的时候,曾经杀白马订盟约,规定不是刘家的人不得封王,没有功劳的人不得封侯,谁不遵守这个盟约,天下人共同讨伐他!如今您要封吕家的人为王,这是违背盟约的,我不能同意!"吕后听了这话,面现不悦。陈平和周勃见她神色有变，偷偷交换眼色后，互相微微点头，齐声说道："高祖皇帝平定天下，曾封子弟为王，今太后掌管朝政，分封吕氏子弟又有什么不可呢？"吕后听了这番话后，立即转怒为喜。

不久，吕后耍了个"明升实降"的政治手腕，免掉了王陵右丞相的职务，令他去做少帝的老师。王陵很生气，推说自己有病，告假回乡。这正中吕后的心意，她立即把左丞相陈平升为右丞相，把亲信审食其提升为左丞相。紧随其后，吕后又向大臣们放出口风，极力鼓吹自己的侄子吕台，希望大臣们出来保奏封吕台为王。自从王陵告病还乡，朝中正直的大臣也常托病在家，没有人再敢违背吕后的意思，因此，大臣们顺从了吕后的意见，为吕台请封，吕后把吕台封为吕王，把济南郡作为他的封国。不久，吕台死了，他的儿子吕嘉继为吕王。由于朝中无人直接公开反对，吕后越发放开手脚，又封了几个吕氏王侯，其中封吕产为梁王，吕禄为赵王，吕台的儿子吕通为燕王，此外还封了六个吕家的人做列侯。

由于吕太后的专权，吕氏子侄一个个被破格提拔，吕后恐怕刘吕两姓互相争斗，就想出了一个亲上加亲的主意。她把吕禄的女儿嫁给齐王刘肥的二儿子朱虚侯刘章，又让赵王刘友、梁王刘恢娶了吕氏女子为妻，希望可以使刘吕两姓相处无事。结果，刘友的妻子到长安告密，说刘友造反，吕后立即把刘友抓捕，活活地把他折磨死了。梁王刘恢也很快就自杀了。

待少帝渐渐长大，懂得一点儿人情世故后，听说张皇后不是他的母亲，吕后不是他的祖母，他的亲生母亲已经被害死了，就愤愤不平地说："太后怎能杀了我的母亲？我现在还小，将来长大了，一定要替我母亲报仇！"这话很快就传到吕后那里，她哪里能够容忍？于是，她把少帝偷偷杀害，又找一个名叫刘弘的小孩子来做皇帝，也称少帝。刘弘没有年号，不过是吕后手中的道具。到这时候，吕太后和她的侄子侄孙们，已经把刘氏的天下篡夺了。

由于吕后的专权和吕氏家族的过分膨胀严重损害了刘氏和元老派的利益，在吕后病笃并仍手握权柄时，刘家子孙和一班元老重臣已容不得她继续放肆，朱虚侯刘章和周勃、陈平等人联合起来先发制人，发动兵变。吕后不曾料想，她的兄弟、侄子吕禄、吕产等人虽手握重兵，却不堪一击，最终她在惊吓中黯然死去。

　　吕后个性刚毅阴狠、不甘雌伏。然而早年她并非如此，她为刘邦历尽艰辛，九死一生，还称得上是贤惠的女人。吕后最为后世诟病的缺点是妒心太重，私心太重，手段过于残酷，一心想以吕氏来替代刘氏千辛万苦得来的江山，终至败亡。吕后死后，薄姬的儿子代王刘恒被迎立为帝，即历史上有名的汉文帝，从此历史上有了"文景之治"的盛世。吕后独立掌政16年，虽然满手血腥，但是她也有一些为人称道的政绩，先是辅助高祖划谋定策，争夺天下，后来又减轻百姓负担，导正社会风气，废除许多繁苛的法令，尤以废除"三族罪"和"妖言令"为百姓所称道。《史记》和《汉书》都称赞她："高后女主，制政不出闺阁，而天下晏然，刑法罕用，罪人是希，民务稼穑，衣食滋殖。"

窦漪：影响两代天子的皇太后

　　窦太后（前20～前135）名漪，河北清河郡人，汉文帝妻，在武帝前期成为西汉的实际决策者，笃信黄老之学，也是中华帝国最后一位推崇"黄老思想"的统治者。在她的影响下，西汉政权继续实行"与民生息"、"无为而治"的政策，把汉王朝推上了强盛的高峰。去世后，与文帝合葬灞陵。

　　窦后从小失去母亲，秦朝末年战乱期间，父亲又不幸去世，留下窦后和一个哥哥、一个弟弟。哥哥叫窦建国，字长君；弟弟叫窦广国，字少君。三人孤苦伶仃，相依为命，艰难度日，生活十分悲惨。秦末汉初兵荒马乱，狼烟四起，百姓流离失所，民不聊生，窦氏与兄弟二人，几乎不能自存。一年初秋，家里的粮食全部吃光了，小窦漪一看没有米下锅了，突然"哇哇"大哭起来。大哥窦建国先是把妹妹的头揽在怀里，一番安慰，然后跑出家门，把地里原本可以长到比拳头还大，等到秋后才能成熟，现在才刚刚长到手指大小的红薯挖了回来。小窦漪一看，也跑到地里，把哥哥刚才拔出的红薯秧捡回家。红薯当干粮，秧子当菜，吃着吃着，同时大笑起来。几天的工夫，他们就把地里的红薯吃得精光。这可是成熟以后他们全家一年的口粮呀！

　　这时，朝廷在民间挑选宫女进宫，正好来到这个村，窦漪便去应选。挑选的官员看小窦漪虽然面黄肌瘦，但是透露着天资聪明的贵人之相，因此被选入汉宫。

　　汉初吕氏执政时期，窦漪被选入宫，做了一名普通的宫女。进宫之后，生活自然比以前好了很多，不仅有吃的，宫里还统一着装，发了衣服。窦漪认为，这和从前比，真是有天壤之别。日子一天天过去，窦漪原本以为会在长安宫中默默无闻地度过自己的一生。她没想到，这时吕氏挑选宫中的宫女赏赐给当时的诸侯王，各地的诸侯王每人可以得到五个宫女，窦漪的名字也在选送名册之列。因为窦漪的老家在河北清河，当时属于赵国，所以远离家乡的窦漪就特别想借这次机会被分到赵国，这样就可以离家近点。其实，离老家远近已经没有必要考虑，因为父母早亡，两个兄弟在她离家的同时，也一起逃荒到了外地。

　　可是，窦漪还是这么想，似乎离家近了就亲切，就安心。于是窦漪就央求主管分配的宦官，说："请你把我分配到赵国吧！"当时，负责分配的宦官也答应了。可是在分配时，负责此事的宦官就偏偏忘了窦漪的

嘱托，将窦漪的名字写到了分配去代国的名册中。

窦漪不愿意到代国，因为当时的代国邻近匈奴，在今天的山西，这样窦漪不是离家近了，而是离家更远了。然而，这一切已经决定，不可改变了。从那天起，窦漪痛哭流涕，以泪洗面，心里一万个不愿意，但还是在执行官吏强行逼迫下，心不甘、情不愿地踏上了去代国的道路。

窦漪等五名宫女分到代国后，只有窦漪得到代王刘恒的宠幸。没过多久，窦漪生了一个女儿刘嫖；此后文生了长子刘启，也就是后来的汉景帝；后又生了儿子刘武，就是后来的梁孝王。代王刘恒，也就是后来的汉文帝即位后，立刘启为太子。母凭子贵，窦姬也被立为皇后。

窦后干预朝政体现在她干涉景帝立储这件事上。梁王刘武是窦后的幼子，即汉景帝的弟弟。窦后非常疼爱刘武，认为刘武不仅谦德谨让，孝道为先，而且有雄才大略，以后能安邦定国，因此非常希望景帝能同意其百年之后由弟弟梁王继承皇位。

景帝即位头三年没有立太子，迫于母亲的愿望，一天宴饮时景帝对梁孝王说，我死后由你来继位，梁孝王表面辞谢，心里很高兴，窦太后当然更是喜欢。可是在座的太后堂侄窦婴说："天下者，高祖天下，父子相传，此汉之约也，上何以擅传梁王？"表示反对，把窦后气得不认他为亲戚，但他的话打动了景帝的心，景帝遂于公元前153年立儿子刘荣为皇太子，封另一个儿子刘彻（即后来的汉武帝）为胶东王。但在三年后，又把皇太子刘荣废了。窦后一见机会来了，又劝景帝立梁王为储。

一日，窦太后召宴景帝、梁孝王兄弟，太后说殷朝兄终弟及，周朝父子相继，道理是一样的，景帝千秋后，让梁孝王来继承。景帝只得答应，于宴会后向大臣袁盎征求意见，袁盎说："太后的意思还是立梁王为储，我认为大错特错。春秋时代宋国哥哥把王位传给弟弟，最终酿成内乱，我们要引以为戒呀！"景帝听了，却不能决断。袁盎就亲自拜见窦后，问窦太后，若梁孝王死了，再立谁？回答立景帝的儿子。袁盎说那样国家就会出乱子，太后这才没话可说，景帝遂立刘彻为太子。梁孝王也不敢再让太后为他说话，就归国了。

但他对此事没有死心。他派人刺杀反对立他的朝臣袁盎等人，没有成功，反而暴露了阴谋，引起景帝的怨恨。梁王十分害怕，通过姐姐馆陶公主向母后说情，取得窦太后、景帝的谅解，允许他入朝。他听从一个谋士的建议，入关后轻车简从，躲进馆陶公主的园子里。景帝派人出关迎接，只见车骑，而找不到梁孝王，事情传到宫内，窦太后急坏了，以为景帝把梁孝王暗杀了，大哭大闹，说皇帝杀了我儿子。景帝受此冤屈，又不知弟弟在哪里，也着实焦急和恐惧。但是梁孝王突然负荆至阙下请罪，太后、景帝见到了非常高兴，相对痛哭，和好了。但景帝对弟弟演出的这场闹剧不满意，感情上回不过来，不再像以前出入同辇了。待到后来梁孝王死，窦太后悲伤到了极点，不吃饭，说皇帝果然把我儿子杀了。景帝见母亲绝食，既难过又害怕，同姐姐馆陶公主商量，决定把梁国分为五国，给梁孝王的五个儿子，另给他五个女儿汤沐邑，窦太后这才高兴，恢复了饮食。

窦漪从一个贫苦无依的宫女，成为母仪天下的汉朝皇后、皇太后、太皇太后。纵观窦漪成功的背后，其主要得益于：

一、中国古代社会"子以母贵，母以子尊"的传统。窦后的绝对优势在于其他的妃子没有生子，只有她生下两儿一女。她一直恪守妇德，谦恭贤淑，失宠后地位也没动摇。

二、以"黄老"治国，排除儒术，干预政治，打击政敌，把政权牢牢掌握在自己的手里。

三、汉朝是个讲求忠孝的朝代，"汉家旧典，尊崇母氏"。汉代统治者十分注重"以孝治天下"，认为孝是做人之本，礼之始。

所以，无论儿子，还是孙子，都非常尊重她的政治主张和政治策略。

窦后的一生尊贵无比，汉朝朝廷内外无人敢违背她的意愿，窦后也

得以频频干涉政务。她的政治主张和政治策略是以"黄老"治国,与儿子汉景帝、孙子汉武帝的儒家思想发生冲突,但当时的儒术不得不屈尊"黄老"。汉朝建立以后,以前朝为戒,积极吸取秦灭亡的教训,推行"休养生息、黄老无为"的思想,这对促进汉初经济恢复、社会发展有重要作用。窦后是"黄老"思想的坚决贯彻落实者,也是继承发展者,她主张在清静无为的环境中恢复和发展经济。景帝和太子时期的刘彻,以及窦氏外戚在窦后活着时都不得不读"黄老"的书籍,窦后亲自找来"黄老"的大量书籍,让儿子汉景帝、孙子汉武帝以及外戚们通读。她有时要检查他们的读书情况,看他们是否读懂了,是否领悟了,是否理论联系实际了等。所以,汉初是在独尊"黄老"之术的政治高压下发展经济的。但是,当汉朝经历几十年的恢复和振兴,情况已经和汉初有所不同时,独尊黄老之术显然就不合时宜了。

有这么一件事,窦后喜好老子的书,爱不释手,经常彻夜通读。景帝时期,窦后把博士儒生辕固生找来,问他:"老子的思想博大精深,其书精辟,妙不可言,先生你认为如何?"辕固生知道窦后想让他赞扬老子的思想,但辕固生不屑一顾,颇为轻视地说:"此是家人言耳。"窦后听了大怒:"真是连猪都不如的腐儒。来人,把辕固生扔到野猪圈里喂野猪!"于是,命人将辕固生与野猪关在一起,想让野猪咬死辕固生。景帝知道了,立即让人拿锋利的兵器给他。辕固生也武艺高超,见野猪向他猛扑过来,他拿出利刃,一下子就刺中野猪的心脏,把野猪刺死。窦后见辕固生没有被野猪咬死,也没有办法,不再继续加害辕固生,只是罢免了辕固生的官职。

景帝时,因为窦太后好黄老,而阻碍了许多儒生的进仕之路,也扼杀了儒家的思想。汉景帝和汉武帝都是一代有名的政治家,都不满足于现状,都很想有所作为,通过改革发展社会经济。特别是在武帝统治初期,因为武帝信奉儒家,锐意进取,大胆改革,与尊崇"黄老"的祖母窦后曾经直接发生冲突。这种冲突关系到国家的前途和命运,最终还是

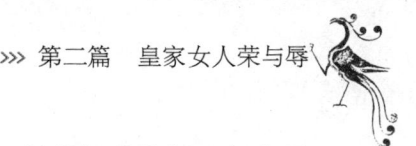

以窦后的胜利而告终。汉武帝一生，雄才大略，性格极为张扬。但在早年，却得不到大权在握的祖母的认可和支持，不得不屈服于祖母窦后的权威。窦后死后，汉武帝提出"罢黜百家，独尊儒术"的治国策略，汉武雄风的大旗才正式树起。

赵飞燕：一生宠辱两重天

赵飞燕，原名宜主，原为阳阿公主家的婢女，她舞艺精湛，后被汉成帝看中，召入宫中，封为婕妤，数年后被立为皇后。在赵飞燕的推荐下，其妹赵合德亦被立为昭仪，两姐妹专宠后宫，显赫一时。赵飞燕姐妹无子。汉平帝刘衎即位后不久被贬为庶人，最后被赐自杀。

唐代大诗人李白在应玄宗之诏创制"清平调三章"歌颂杨贵妃的艳美时，其中有"借问汉宫谁得似，可怜飞燕倚新妆"的绝句。可见赵飞燕的美，在李白心中占有绝对的地位。我国历代文人学士在吟诗作赋时多提到赵飞燕的名字，并且创作了不少以她为题材的小说、诗歌、绘画等文艺作品，如唐代诗人徐凝的《汉宫曲》写道："水色箫前流玉霜，赵家飞燕侍昭阳。掌中舞罢箫声绝，三十六宫秋夜长。"使她精美绝伦的舞蹈技艺，广为传诵和发扬。

赵飞燕的父亲，名冯万金，是一个对音乐颇有造诣的音乐家，他编制的乐曲十分优美动听，曾轰动一时。赵飞燕原名宜主，和妹妹赵合德是一对双胞胎。生长在这样一个音乐世家，姐妹俩从小受到了音乐熏陶，自然与歌舞容易结缘。但不幸的是，她们的双亲先后去世，家境也

彻底败落，姐妹双双只得流落长安以打草鞋和唱小曲为生。一次，她们在一家茶肆唱曲，被长安的赵临看中，觉得这是一对难得的好苗子，于是将她们收为养女。不久，赵飞燕姐妹被赵临送入阳阿公主府，开始学习歌舞。赵飞燕天赋极高，学得一手好琴艺，舞姿更是出众，一时名满长安。

汉成帝刘骜喜欢游乐，经常与富平侯张放出外寻欢作乐，他在阳阿公主家见到赵飞燕后，就召她入宫封为婕妤，极为宠爱。自此，汉成帝的心思全落到了赵飞燕身上，他稍一烦闷时，就召她歌舞承欢；因她腰肢纤细，体态轻盈，当她迎风而舞时，好像要乘风飞去一样，于是成帝赐名"飞燕"，意即春暖花开，迎风欲飞的春燕。成帝喜爱歌舞，为了欣赏飞燕的曼舞，汉宫中有个太液池，池中突起一块陆地，叫壕洲，洲上特建一高榭，高达四十尺。一次，赵飞燕穿着南越进贡的云芙紫裙，碧琼轻绢，在那高榭之上表演歌舞《归风送远之曲》，成帝兴奋地以文犀敲击玉瓶打拍子，著名器乐演奏家冯无方吹笙伴奏，飞燕越舞越飘飒，呈欲乘风归去之态。歌舞正酣，忽然起一阵大风，飞燕随风扬袖旋舞，像要乘风飞去，成帝急忙叫冯无方快拉住赵飞燕，担心她被风吹走。冯无方赶紧丢了手中的芦笙，急步上前用手死死抓住飞燕的裙子。一会儿，风停了，赵飞燕的裙子也被抓皱了。从此，宫中就流行一种折叠有皱的裙子，叫"留仙裙"（今天年轻女郎们所流行的波浪式的折叠裙乃是源于赵飞燕的创举）。通过这次歌舞，汉成帝怕大风把赵飞燕吹跑，特地为她大兴土木之工，耗巨资为她筑起一座华丽的"七宝避风台"居住。此外，汉成帝为了欣赏赵飞燕的舞蹈，还别具匠心地为她特制了一个水晶盘。一次，在招待外国使节的宴会上，他命宫人用手托盘，让飞燕在盘上歌舞。在一个小小的水晶盘里要盛一个人，还要在上面歌舞，这既需要有轻盈的身躯和娴熟的舞姿，又要有很强的控制力。赵飞燕以娴熟的舞技，精彩入微的表演，在那小水晶盘里载歌载舞，潇洒自如，把外宾们一个个看得惊呆了，他们一次又一次地鼓掌喝彩，汉成帝由此而更加宠爱于她。汉成帝刘骜因专宠赵飞燕而废黜许皇后，从此，立飞燕执掌昭阳，宠幸高于一切。

由于赵飞燕获宠，赵氏一门得以荣光。但赵氏人少族微，所以赵飞燕的后宫专宠并没有对朝政产生多大影响，同时，微贱的出身还为她能否得到专宠罩上了一层阴影。因此入宫不久，她就把妹妹赵合德推荐给汉成帝，以弥补家族势力的不足。赵合德入宫数日，就被封为婕妤，两姐妹轮流承欢侍宴。成帝一刻见不到赵氏姐妹，便心神不安。姐妹俩的话，成帝更是言听计从。原先被皇帝宠爱有加的许皇后与班婕妤，此时备受冷落。许皇后被废掉，班婕妤也侍奉皇太后去了。而赵飞燕则被册立为皇后，赵合德也被封为昭仪，两人并得宠幸，权倾后宫。

赵氏姐妹专宠10余年，久无子嗣，且始终没有生育的征兆。有记载说她们害怕别的嫔妃怀孕生子，威胁后位，就疯狂地摧残宫人。曹宫女生一男孩，竟被逼死，皇子也被扔出门外。许美人生一子，赵合德哭闹不已，逼迫成帝赐死母子。"生下者辄杀，堕胎无数。"当时民间就流传着"燕飞来，啄皇孙"的童谣。

这些案件在《汉书·外戚传》中有活灵活现的记述。但从情理推断，则可以判定它们都是王莽集团为置赵飞燕于死地而精心虚构的假案。因为它违背了一个最大的"理"，即皇室对子嗣的渴求。孟子说："不孝有三，无后为大。"一个家族的延续，是靠男性子嗣的出生。一个皇室的延续，就是靠皇帝生下皇子。如果汉成帝确实与许美人和曹宫女生下两个儿子，参考当时的后宫制度则可断定：一、这事无法保密。二、皇室一定对这两个孩子视若拱璧，不大可能听任赵飞燕姐妹轻而易举地将其谋杀。再说，既然汉成帝能与许美人、曹宫女生出儿子，何故与皇后和其他众多的嫔妃就生不出一个孩子？显然，不是众多的后妃没有生育能力，而是汉成帝没有生育能力。因此，所谓赵飞燕姐妹谋杀皇子案很可能是假案。

赵飞燕知道，要想永保皇后桂冠，须生下一子，继承帝业。因此她

焦灼地盼望着有个孩子。为了增加生育的机会，她常趁汉成帝夜宿赵合德处，淫乱宫廷，希望怀孕。赵合德听说后，认为姐姐的勾当一旦被皇上知道，必定人头落地。她曾经声泪俱下地劝告姐姐，无奈赵飞燕已经走火入魔，根本听不进去。

一天，汉成帝前往王太后处请安，并陪侍母后午膳，饭后有些疲累，就近想到东宫歇息片刻。午后入寂，宫女们正在廊下打盹。皇帝驾临，赵飞燕仓皇出迎，但见云鬟偏坠，发丝散乱，衣衫不整，满面春情。汉成帝又听寝屋内有一声沉闷的男子咳嗽声传出，刹那间便明白了一切，拂袖而去。这一时期，汉成帝虽然专宠赵合德，无暇顾及赵飞燕，但也绝不允许她红杏出墙。

从东宫出来，汉成帝满脸愤怒地来到昭阳宫。赵合德十分敏感，立刻明白是怎么一回事了，急忙跪在地下自责道："臣妾孤寒，无强近之爱，一旦得备后庭驱使之列，不意独承幸御，立于众人之上，恃宠邀爱，众谤来集，加以不识忌讳，冒触威怒，臣妾愿赐速死，以宽圣怀。"说罢泪流满面，叩头不已。在赵合德的求情下，汉成帝答应对赵飞燕的事不再追究，只是派人捉到了那男子并斩首。从此他恨透了赵飞燕，更不愿再踏进东宫半步。

虽然"自作孽，不可活"，赵飞燕胡作非为，已弄成不可收拾的局面，但是兔死狐悲，为了姐妹之情，赵合德一次又一次地想尽了各种办法，以期弥补皇上与姐姐之间的裂痕。恰好遇到赵飞燕24岁生日，东宫里有一个庆祝仪式，在赵合德的连哄带骗下，汉成帝终于暂时忘记前嫌，来到东宫。在赵合德的导演下，赵飞燕装模作样地跪下来，痛心疾首，声泪俱下地诉说了自己对皇上的想念，以及两人的旧情。

汉成帝念及旧日恩爱之情，不禁动了恻隐之心。一个月后赵飞燕上书成帝，说她怀孕了。汉成帝自从19岁即位以来，时光荏苒，倏忽间已经年逾不惑，还无子嗣。如今听说皇后有了身孕，着实大为兴奋，喜滋滋地批了一道圣旨，对赵飞燕表达了无限爱怜之意，叫她好好保重。

皇后怀孕是当朝最大的事情之一。宫人进进出出，忙前忙后。然而，到了十月临盆期，由太医上奏，说是"圣嗣不育，一生下来便夭折了"。汉成帝日夕盼望的喜讯成了泡影，失望之余也懒得再去东宫。然而，他哪里知道，赵飞燕根本就没有怀孕，这是为了继续争宠，瞒着妹妹所设的骗局。赵合德最终明白了是怎么一回事，对姐姐的这一行为十分愤怒，也十分惊惧。赵合德明白，这骗局一旦戳穿，必定死无葬身之地。赵合德狠狠地骂姐姐，使得赵飞燕猛然惊醒，懊悔交加，从此收敛形迹，过着一种自我流放式的幽居生活，不再招蜂引蝶，也不再贪恋荣华富贵了。

当时的朝政已被王氏外戚把持，汉成帝本有亲政的能力，但权力又夺不回来，内心很是痛苦无奈，于是就纵情声色来掩盖自己内心的悲哀。赵合德正值女性的鼎盛时期，需求益加强烈，因此不得不以春药来刺激皇上的欲念。绥和二年（前7）春天，因为欢娱过度，汉成帝竟然停止了呼吸。赵合德自觉羞愧不已，被王莽逼迫饮药自杀。之后不久，在王莽的暗中支持下，朝中群臣指责赵飞燕"失妇道，淫乱宫闱，不生育，断了皇室的后代"等，故皇太后赵飞燕被贬为孝成皇后，迁居到北宫，过了一个多月，又被废为庶人，被迫自杀身死。

赵飞燕姐妹出身卑微，她们的发达靠的是汉成帝的色令智昏。不过，成帝在世时虽然给了她们的外家以封侯的赏赐，但并未给她们任何实质性的权力，根本无法使她们形成盘根错节的权力网络，与王氏外戚集团相比实在不可同日而语。赵飞燕姐妹当年的盛气凌人、飞扬跋扈，靠的是成帝至高无上的权位。成帝一死，她们立即陷入孤立无援的困境。特别是，由于她们在成帝当国时不知检点，树敌太多，与其他外戚、嫔妃间积怨太多太深，及至成帝寿终正寝，宿敌们一齐出来向赵飞燕姐妹身上泼脏水，有些人趁机落井下石。众口铄金，使她们百口莫辩。

从某种意义讲，赵飞燕姐妹不自觉地担当了外戚王氏夺刘汉政权的

工具。就她们两人而言，入宫见妒，不得不采取自保的措施，属于人之常情，终其一生，并未干预朝政，也未谗害忠良。只有毒杀有孕宫妃，断绝皇嗣，才是她们不可饶恕的罪过。

独孤伽罗：逼得丈夫入寺门

文献皇后姓独孤，名伽罗。北周大司马独孤信之女，杨坚之妻。隋开皇元年（581），立为皇后。独孤皇后喜好读书，通达古今。其时多为文帝筹策，干预朝政，宫中称她为"二圣"。开皇二十年（600），与杨素等谋废太子杨勇为庶人，立晋王杨广为太子。独孤氏生性妒忌，不设三妃。卒谥文献。

北周武帝天和元年（566），14岁的独孤氏嫁给26岁的杨坚。夫妻二人感情融洽，"誓无异生之子"。杨坚共有五男五女，皆为独孤氏所生。

文帝和独孤氏对前朝政治的得失有很深切的体会，认为北周政权之所以没落，其主要的原因就在于浮夸不实。所以隋朝建立之后，隋文帝就开始改革官仪，并大力地整顿朝纲，一心想要建立一个圣明繁华的新朝。而独孤皇后作为隋文帝杨坚的贤内助，目光也同样深远，她明白后宫家事处理得是否得当，对隋文帝治理国家有重大的影响。因而，她当了皇后之后，并不安心于享受母仪天下的荣华富贵，却开始了自己严治后宫的计划。独孤氏的主要措施有：管住丈夫，管住儿子，管住大臣和管住妃子。

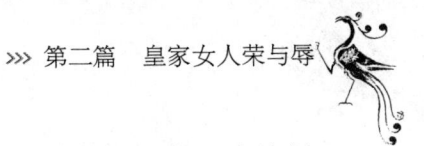

皇帝处于至高无上的地位，皇后不可能管住皇帝，也不应该管住皇帝。然而，独孤皇后却创造了历史奇迹——那就是用感情把丈夫"套牢"。

她十分注意保持与丈夫的感情。她深知必须以自己的柔情和体贴笼住丈夫，才能使他不致被其他女人所迷惑。于是，每当黎明钟鸣之际，独孤皇后就会叫醒沉睡中的隋文帝，小心翼翼地侍候丈夫洗漱穿戴，然后与他同坐一辇，一直把他送到朝阁。皇帝上朝，她则在殿下静静地等候，待散朝之后，又同辇返回内宫。这样的行动，她日复一日、不厌其烦地坚持着，使隋文帝从不敢怠慢朝政。

在内宫，她对丈夫的生活起居照顾得无微不至，皇帝每餐的食谱，每日的装束等事她都亲自过问，妥善安置，让文帝能毫不分心地专理朝政。每至深夜同寝的时候，她常在文帝耳旁回忆往事，细述夫妻的恩爱，用柔情蜜意来留住文帝的心。至于夫妻之间的事，只要隋文帝有所表示，她立即心领神会，积极响应，直至隋文帝心满意足。这千般温柔，万般体贴，赢得了文帝的心。

独孤氏和隋文帝的爱情有浪漫，但更多的是传统的美德。独孤皇后与隋文帝约定："此生永远相爱，海枯石烂，贞情不移，誓不愿有异生之子。"想到妻子与自己患难与共数十年，总是一心一意辅助自己，惠心可嘉，隋文帝心中一热，立即答应了皇后的誓约。事后，隋文帝还颇为自豪地对大臣夸耀道："朕旁无姬侍，五子同母，可谓真兄弟也！岂若前代，多诸内宠。"

其实，独孤皇后之所以限制文帝有异生之子，也是出于提防异母之子夺位争权的考虑。当然，当时隋文帝正在致力于国家大事，无心在后宫脂粉堆中取乐，而贤惠干练的妻子所推行的种种措施，正与他的朝政改革密切配合，他自然极力支持。

独孤皇后的这种性格和喜好，被她的次子晋王杨广所利用。杨广为夺嗣，先是伪装孝顺、俭朴，得到母亲独孤氏的欢心。而太子杨勇，身

边的女人很多，生活也奢侈浪费。独孤氏虽然贵为皇后，但归根结底总是女人，总难免从女性心理去看待国家大事。独孤氏不许文帝另找别的女人，推而广之，也不喜欢自己的儿子和朝中大臣宠幸妻子之外的女人。杨广利用母亲的这一特点，装出仅仅喜欢妻子萧氏，别无所爱的样子来。于是，杨广得到了母亲的支持，得到了宫中的强援。她对隋文帝说："广儿大孝，每听到我们派遣的使节到他的封地，他必定出城恭迎；每次谈到远离朝廷、父母，他都悲泣伤感；他的新婚王妃也可怜得很，广儿忙于政务根本无暇顾及她。哪里像勇儿与云氏，终日设宴取乐。勇儿真是亲近了小人啊！"她在抬高杨广的同时，贬低了杨勇。由于独孤皇后的枕边风，杨勇的太子地位变得岌岌可危了。

偏偏在这时，独孤皇后为太子杨勇娶的元妃去世，而偏妃却生下了小王子。本来元妃的死就让独孤皇后耿耿于怀，如今太子又违反了她所订下的规矩——"后庭有之，皆不育之，示无私宠。"因此，偏妃生子成了太子杨勇的罪孽，使皇后对他大为不满。晋王杨广由他的封地扬州入京晋见母后，心怀叵测的他在独孤皇后面前火上浇油，暗暗挑拨道："太子对儿存有异心，屡次派人刺杀为儿，让儿十分惊恐。"独孤皇后本是一个非常精明的人，本不可能轻信杨广的谗言，但因为她已对杨勇产生了很深的成见，所以不假思索地就听信了杨广的一面之词。怜爱和气愤的情绪一齐涌上她的心头，于是她坦白地对杨广说明了自己的心意："勇儿已不成器，抛开正室，专宠云氏，有我在，他尚且敢欺负你们兄弟，倘若他成天子之后，太子竟是庶出，你们兄弟还得向偏妃云氏俯首称臣，讨得生路啊！"

因此，在开皇二十年（600）十月，隋文帝在独孤皇后主张下，以太子"情溺宠爱，失于至理，仁孝无闻，昵近小人"的罪名将他废为庶人。一个月后，在独孤皇后的授意下，晋王杨广被立为太子。

高相国是隋国的开国元老，而且与独孤皇后娘家有深厚的交情，本是德高望重，但是皇后的制度也要对他生效。高相国的原配夫人去世之后，高相国伤心欲绝，曾忧伤地对独孤皇后说："瑟弦骤断，惟斋居诵经而已。"此言曾深受皇后的赞叹。谁知不久之后，相国府中锣鼓喧天，传出相国庆祝爱妾生子的消息。隋文帝祝贺相国晚年得子，独孤皇后却火冒三丈，认为高相国表里不一，表面上痛念亡妻，暗地里却宠爱小妾，竟致小妾生子。于是独孤皇后天天在枕边向文帝絮叨高相国的不是。隋文帝终于架不住皇后软硬兼施的请求，将当政20年、功绩显赫的高相国以"表里不一、不堪信任"之名，罢免其丞相之职，让他回乡养老去了。

独孤皇后为了保证隋朝长治久安，首先想到的就是帮助丈夫杜绝后宫内讧。她说服了隋文帝给自己以整治后宫的大权，开始了大力的治理。这些改革的措施包括：整理宫内体制，废除三妃六嫔之惯例；提倡简朴，禁止宫中女子浓妆华服，并对她们的言行举止都有严格的规定，不允许嫔妃随意亲近皇帝。整个后宫在独孤皇后的把持之下，凡事有制度规范，事事有章可循，形成了一种静谧肃穆的风格。

虽然文帝出于国政之需的考虑，对独孤皇后严治内宫的种种制度表示认可和服从，但随着国家政局的渐趋平静，隋文帝也开始对独孤皇后的清规戒律厌烦起来。同时，宫中的大臣、妃子及独孤氏的儿女虽然都表面上迎合，心里却都不服。当时的后宫，正有一种"山雨欲来风满楼"的气氛。

开皇二十一年（601）秋天，独孤皇后卧病中宫。隋文帝带了一个小太监散步来到宫中后花园纳凉，信步走到仁寿宫时，忽然听到长廊的尽头响起了清脆的歌声。此女是北周旧将尉迟迥的孙女，尉迟迥被消灭后，该女被收入宫中。尉迟女有美色，隋文帝一下子被她的灵秀活泼吸引住了。长年埋头于枯燥繁重的国事中，身边又时时守着一位严谨的妻子，文帝多少有些乏味，这时猛一见到活泼可人的美女，他久已泯灭的春心不禁开始复苏，当天夜里就留宿在仁寿宫。第二天清晨，隋文帝猛然惊醒，发觉天已大亮，过了平时上朝的时间，他不忘自己的责任，匆

匆起身赶往朝堂。尝到甜头后，刚刚下朝的文帝就又去私会尉迟女，不料到了昨日此门中，并没有见到尉迟女。文帝一问，才知道尉迟女已被独孤皇后乱棒打死。他顿觉伤心失意至极，心想：这皇后管得太宽了，我堂堂一朝天子竟然保护不了一个心爱的女子，真是太窝囊了！于是他拂袖而起，骑上一匹骏马，负气出走，跑到深山的一所寺庙中躲了起来。众大臣闻讯急忙寻到寺中，恳请隋文帝回宫，隋文帝感叹地说："朕贵为天子，而不得自由！"国不能一日无君，文帝在众人的央求下，无奈地随大臣返回宫中。

隋文帝盛怒之下，本想下诏废黜独孤皇后，但念及夫妻朝夕相处，患难与共，又想妻子之举也是为了辅助自己治国，出发点也是对的，就不了了之了。此后，独孤皇后也明显地有所收敛，不再过分干涉隋文帝的一举一动，却终日郁郁不乐，病死在自己的宫中。

独孤皇后一死，隋文帝虽然感到失去了一条得力的臂膀，但也没了约束，开始宠幸宣华、容华二位夫人。毕竟是六十几岁的人，时间不长，到仁寿四年（604）秋七月，文帝便病卧仁寿宫。躺在病榻上，他感慨万千地对左右道："假使皇后在，吾不及此！"有感念，有懊悔，更有辛酸，到这时他才真正领悟了贤明的独孤皇后的一片苦心。

独孤皇后对后宫严格治理，使隋文帝能够专心于政事，对隋文帝时期国家的强盛有很大的帮助。她追求一夫一妻的婚姻，要求夫妻互相忠诚于对方，致使隋朝后宫佳丽三千形同虚设，文帝"惟皇后当室，旁无私宠"。她不单是不许自己的丈夫纳妾，也不准朝中大臣们娶小老婆，是一位标准的一夫一妻婚姻制度的崇尚者，这在古代的历史中是不多见的。但是也正因为如此，独孤皇后在后人的眼中成了一个十足的"妒妇"。清朝的赵翼就曾经在自己的著作中写道："独狐皇后善妒，殃及臣子。"

长孙皇后：宫中无人不爱戴

长孙皇后（601～636），长安人，祖先为北魏拓跋氏，隋朝骁卫将军长孙晟的女儿，唐太宗李世民的正妻。她一生恪守妇道，贤良恭俭，协助唐太宗开创李唐江山和"贞观之治"，成就千古一帝的伟业。

长孙皇后13岁时嫁给李世民，悉心侍奉公婆，相夫教子，深得丈夫和公婆的欢心。立为皇后之后，仍然尽心侍奉高祖，礼让后宫嫔妃，贤良恭俭，护法爱国。

贞观八年（634），长孙皇后同唐太宗一起去九成宫避暑时，身染疾病，但她严词拒绝太子李承乾以大赦囚徒并将他们送入道观来为母后祈福祛疾的想法。

贞观十年（636），36岁的长孙皇后病重，临终留下遗嘱：依山而葬，不用造坟，也不用棺椁（套在棺材外面的大棺材），以木器瓦器俭薄送终。同时规劝太宗纳忠容谏，不受谗言，节制游乐打猎和役使百姓。

李世民少年有为，文武双全，21岁随父亲李渊在太原起兵，亲率大军攻下隋都长安，使李渊登上天子宝座。李渊称帝后，封李世民为秦王，负责节制关东兵马。数年之内，李世民就挥兵扫平了中原一带的割据势力，完成了大唐统一大业。在李世民征战南北期间，长孙王妃紧紧追随着丈夫四处奔波，照料他生活起居，使李世民在繁忙的战事之余能得到温柔的体贴和抚慰。

然而唐朝初年，太子李建成和李世民为争夺皇位，发生了激烈的争斗。贪酒好色的无能太子李建成一伙常在唐高祖李渊面前陷害李世民，企图借刀杀人。高祖听信了他们，疑忌甚至憎恶李世民。长孙氏"孝事高祖，谨承诸妃"，在险恶的形势下尽力排解高祖对李世民的嫌猜。另一方面，迫于无奈，在大舅子长孙无忌和谋臣房玄龄的力劝下，李世民终于痛下决心，发动"玄武门之变"除掉李建成，此时长孙氏又挺身而出，激励士气，促成了事变成功。

唐高祖武德九年（626）八月，李渊因年事已高而禅位给太子李世民，李世民就成了唐太宗。水涨船高，长孙王妃也随即被立为母仪天下的长孙皇后。做了至高无上的皇后，长孙氏并不因之而骄矜自傲，她一如既往地保持着贤良恭俭的美德。对于年老赋闲的太上皇李渊，她十分恭敬而细致地侍奉，每日早晚必去请安，时时提醒太上皇身旁的宫女怎样调节他的生活起居，像一个普通百姓的儿媳那样力尽孝道。对后宫的妃嫔，长孙皇后也非常宽容和顺，她并不一心争得专宠，反而常规劝李世民要公平地对待每一位妃嫔。她对妃嫔生的子女"慈爱逾于己生"，妃嫔害了病，她甚至把自己正在服用的药送去，因而"宫中无不爱戴"。

长孙皇后与唐太宗的长子李承乾自幼便被立为太子，由他的乳母遂安夫人总管太子东宫的日常用度。当时宫中实行节俭开支的制度，太子宫中也不例外，费用十分拮据。遂安夫人时常在长孙皇后面前嘀咕，说什么"太子贵为未来君王，理应受天下之供养，然而现在用度捉襟见肘，一应器物都很寒酸"，因而屡次要求增加费用。但长孙皇后并不因为是自己的爱子就网开一面，她说："身为储君，来日方长，所患者德不立而名不扬，何患器物之短缺与用度之不足啊！"她的公正与明智，再次深得宫中各类人物的敬佩。

因为长孙皇后的所作所为端直有道，唐太宗也就对她十分器重，回到后宫，常与她谈起一些军国大事及赏罚细节；长孙皇后虽然是一个很有见地的女人，但她不愿以自己特殊的身份干预国家大事，她有自己的一套处事原则，认为男女有别，应各司其职，因而她说："母鸡司晨，终非正道，妇人预闻政事，亦为不祥。"唐太宗却坚持要听她的看法，长孙皇后拗不过，说出了自己经过深思熟虑而得出的见解："居安思危，任贤纳谏而已，其他妾就不了解了。"她提出的是原则，而不愿用细枝末节的建议来束缚丈夫，她十分相信李世民手下的谋臣贤士。

长孙无忌是长孙皇后的哥哥，文武双全，早年即与李世民是至交，并辅佐李世民赢取天下，立下了卓著功勋，本应位居高官，但因为他的皇后妹妹，反而处处避嫌，以免给别人留下话柄。唐太宗原想让长孙无忌担任宰相，长孙皇后却奏称："妾既然已托身皇宫，位极至尊，实在不愿意兄弟再布列朝廷，以成一家之象，汉代吕后之行可作前车之鉴。万望圣明，不要以妾兄为宰相！"唐太宗不想听从，他觉得让长孙无忌任宰相凭的是他的功勋与才干，完全可以"任人不避亲疏，唯才是用"。而长孙无忌也很顾及妹妹的想法，不愿意位极人臣。万不得已，唐太宗只好让他做开府仪同三司，位置高而实际不掌管政事，长孙无忌仍要推辞，理由是："臣为外戚，任臣为高官，恐天下人说陛下为私。"唐太宗正色道："朕任官择人。唯才是用，如果无才虽亲不用，襄邑王神符是例子；如果有才，虽仇不避，魏征是例子。今日之举，并非私亲也。"长孙无忌这才答应下来。由此可见，他们兄妹两人都是清廉无私的高洁之人。

关于任贤纳谏，唐太宗深受其益，因而也执行得尤为彻底，他常对左右说："人要看到自己的容貌，必须借助于明镜；君王要知道自己的过失，必须依靠直言的谏臣。"

唐太宗的谏议大夫魏征是一个敢于犯颜直谏的耿介之士。魏征常对唐太宗一些不当的行为和政策直截了当地当面指出，并力劝他改正，唐太宗对他颇为敬畏，常称他是"忠谏之臣"。但有时在一些小事上魏征也不放过，让唐太宗常觉得面子上过不去。一次，唐太宗兴致突发，带了一大群护卫近臣，要到郊外狩猎。正待出宫门时，迎面遇上了魏征，魏征

问明了情况,当即对唐太宗进言道:"眼下时值仲春,万物萌生,禽兽哺幼,不宜狩猎,还请陛下返宫。"唐太宗当时兴趣正浓,心想:"我一个富拥天下的堂堂天子,好不容易抽时间出去消遣一次,就是打些哺幼的禽兽又怎么样呢?"于是请魏征让到一旁,自己仍坚持这一次出猎。魏征却不肯妥协,站在路中央坚决拦住唐太宗出宫的去路,唐太宗怒不可遏,下马气冲冲地返回宫中,左右的人见了都替魏征捏一把汗。

唐太宗回宫见到了长孙皇后,犹愤愤难平地说:"一定要杀掉魏征这个老顽固,才能一泄我心头之恨!"长孙皇后柔声问明了缘由,也不说什么,只悄悄地回到内室穿上礼服,然后面容庄重地来到唐太宗面前,叩首即拜,口中直称:"恭祝陛下!"她这一举动弄得唐太宗满头雾水,不知她葫芦里卖的什么药,因而吃惊地问:"何事如此慎重?"长孙皇后一本正经地回答:"妾闻主明才有臣直,今魏征直谏,由此可见陛下圣明,妾故恭祝陛下。"唐太宗听了心中一怔,觉得皇后说的甚是在理,于是满天阴云随之而消,魏征也就得以保住了地位和性命。由此可见,长孙皇后不但气度宽宏,而且还有过人的机智。

还有一件事情,长孙皇后依然力挺魏征。长乐公主是唐太宗与长孙皇后的掌上明珠,从小养尊处优,是一个娇贵的金枝玉叶。将出嫁时,她向父母撒娇提出,所备嫁妆要比永嘉公主加倍。永嘉公主是唐太宗的姐姐,正逢唐初百业待兴之际出嫁,嫁妆因而比较简朴;长乐公主出嫁时已值贞观盛世,国力强盛,要求增添些嫁妆本不过分。但魏征听说了此事,上朝时谏道:"长乐公主之嫁妆若过于永嘉公主,于情于理皆不合,长幼有序,规制有定,还望陛下不要授人话柄!"唐太宗本来对这番话不以为然。时代不同,情况有变,未必就非要死守陈规。回宫后,唐太宗随口把魏征的话告诉了长孙皇后,长孙皇后却对此十分重视,她称赞道:"常闻陛下礼重魏征,殊未知其故;今闻其谏言,实乃引礼义抑人主之私情,乃知真社稷之臣也。妾与陛下结发为夫妇,情深义重,仍恐陛下高位,每言必先察陛下颜色,不敢轻易冒犯;魏征以人臣之疏远，能抗言如此，实为难得，陛下不可不从啊。"于是，在长孙皇后的操持下，长乐公主带着不太丰厚的嫁妆出嫁了。

长孙皇后不仅是口头上称赞魏征，而且还派中使赐给魏征绢四百匹、钱四百缗，并传口讯说："闻公正直，如今见之，故以相赏；公宜常秉此心，不要转移。"魏征得到长孙皇后的支持和鼓励，更加尽忠尽力，经常在朝廷上犯颜直谏，丝毫不怕得罪皇帝和重臣。也正因为有他这样一位赤胆忠心的谏臣，才使唐太宗避免了许多过失，成为一位圣明君王，说到底，这中间实际上有长孙皇后的一份大功劳。

贞观八年，长孙皇后随唐太宗巡幸九成宫，回京路上受了风寒，又引动了旧日病疾，病情日渐加重。太子李承乾请求以大赦囚徒并将他们送入道观来为母后祈福祛疾，群臣感念皇后盛德都随声附和，就连耿直的魏征也没有提出异议。但长孙皇后自己坚决反对，她说："生死有命，富贵在天，非人力所能左右。若修福可以延寿，吾向来不做恶事；若行善无效，那么求福何用？赦免囚徒是国家大事，道观也是清静之地，不必因为我而搅扰，何必因我一妇人，而乱天下之法度！"她深明大义，终生不为自己而影响国事，众人听了都感动得落下了眼泪。唐太宗也只好依照她的意思而作罢。

长孙皇后的病拖了两年时间，终于在贞观十年（636）盛暑中崩逝于立政殿，享年36岁。她弥留之际尚殷殷嘱咐唐太宗纳忠容谏，不受逸言，不要让外戚位居显要，并请求死后薄葬，一切从简。唐太宗非常悲痛，感到从此"失一良佐"。他也没有完全遵照长孙皇后的意思办理后事，下令建筑了气势十分雄伟宏大的昭陵，并在墓园中特意修了一座楼台，以便皇后的英魂随时凭高远眺。这位圣明的皇帝想以这种方式来表达自己对贤妻的敬慕和怀念。长孙皇后以她贤淑的品性和无私的行为，不仅赢得了唐太宗及宫内外知情人士的敬仰，而且为后世树立了贤妻良后的典范，到了高宗时，为她上尊号"文心顺圣皇后"。

大唐王朝，与"盛世"同时浮现在世人脑海中的，恐怕莫过于牡

丹。牡丹又被称为花中之王，贞观一朝，能称得上牡丹之名的女人，莫过于唐太宗李世民的结发妻子文德皇后长孙氏。与牡丹的芬芳相似，长孙氏能够最后登上人间巅峰并流芳百世，是历经磨难砥砺之后的结果。像她的丈夫成为诸帝王中的佼佼者那样，在她的映照下其他女人都变得黯淡无光，她毫无疑问地成为群芳中的王者。这一切，不但使她成为世人景仰的绝顶贤淑的人物，更使得她早已远去的身影格外引人遐思。

杨玉环：不伦之恋引发的悲剧

杨玉环（719～756），号太真，蜀州司户杨玄琰的女儿。唐玄宗李隆基的贵妃，世称杨贵妃。她使李隆基逐渐对政事产生倦怠，以致开元盛世后发生"安史之乱"。天宝十五年（756），唐玄宗携杨贵妃出逃西蜀，行至马嵬坡时，六军不发，唐玄宗下诏将杨贵妃缢死，时年38岁。

杨玉环天生姿质丰艳，擅长歌舞，通晓音律。唐玄宗开元二十二年（734），16岁的杨玉环被纳为唐玄宗第十八子寿王李瑁的王妃。737年，玄宗一向宠爱的武惠妃去世，后宫里的数千宫娥，无一能使玄宗感到满意。这时，高力士为了讨玄宗的欢心，向玄宗推荐了寿王妃杨玉环。740年，58岁的李隆基召其进温泉宫（后改为华清宫），杨玉环回眸一笑，百媚尽生。玄宗作出了重大决定，他决计要用这个女人来慰藉日益黯淡的晚年。为掩人耳目，李隆基先是让杨玉环到观里削发为道，赐号"太真"，以改变她原有的儿媳身份。之后，745年，他又为儿子寿王另娶了大臣韦昭训的女儿为王妃，借此作为对儿子的情色补偿。经过一番细心的后宫政治运作，李隆基横刀夺爱，成功地占有了他的儿媳。这场皇帝的迟暮之恋，长达16年之久。

为了表达对杨玉环的宠爱，李隆基在745年册封杨玉环为贵妃，同时追赠她已死去的父亲为太尉和齐国公，又擢升她的叔叔为光禄卿，她的两个堂兄分别担任鸿胪卿和侍御史，她的兄弟杨国忠为右相兼文部尚书。玄宗甚至将杨家三个姐妹分别封为韩、虢、秦三国夫人，准其可以自由出入宫廷，所得到的恩宠震动天下。当她们奉命入朝面圣时，就连公主们都不敢现身。各地官员纷纷献金巴结，杨家的权势炙手可热。

杨玉环每次跟玄宗骑马出游，都由太监高力士亲自牵辔执鞭。因她爱吃荔枝，玄宗甚至下令派专人由岭南运送，数千里的路程，往往能在尚未变质之前就送达京师。亲兄杨国忠、堂兄杨铦和杨氏三姐妹，五家的府邸被建造在一个地块上，模仿宫廷建制而互相衔接，极尽豪华奢靡之能事。玄宗所得的各方贡物与奇珍异宝，都会分赐他们各家，送礼的使者络绎不绝，竟然在路上排起了长队。每年夏历十月，玄宗前往华清宫度假，杨氏家族的车骑则成了队列庞大的随从，每家一队，每队一种服色。当各家队伍会聚起来时，犹如万朵鲜花一起怒放，骊山脚下到处花团锦簇，游行队伍一路上遗落的首饰和绣鞋不计其数，脂粉的香气一直传到几十里地外。

杨国忠大权在握，声威高涨，但却有着世人非议的污点。他与亲妹妹虢国夫人通奸乱伦，达到惊世骇俗的地步。每次去见皇帝，两人一路上并驾齐驱，也不用帷帐遮蔽，毫不掩饰其放肆亲昵的状态，以致世人都知道了这个秘密。后党势力支配整个朝纲，再如上口蜜腹剑的李林甫为相，奸人当道，国政昏暗，民众的怨言犹如沸腾的江河，但李隆基本人对此却置若罔闻。

天宝九年（750），杨玉环大大得罪了玄宗，被生气的玄宗赶出了后宫。杨国忠指使人去对玄宗说："不听话的女人的确该死，但应在宫中处刑，不必让她到外面受辱。"玄宗于是派太监张韬光传令赐死他昔日

的宠妃。杨玉环深知玄宗的弱点，表情悲伤地回答道："妾身罪该万死，但除了皮肤和毛发之外，都是圣上所赐，今天死了，却无以回报。"说罢剪下一束秀发让太监转呈玄宗说："就用它做诀别的信物好了。"玄宗手捧太监送来的秀发，惊骇、伤痛、周身战栗，百感交集，马上召杨玉环入宫，与之重归于好。杨氏兄妹的政治默契，令人惊叹。而每一次危机化解之后，玄宗和贵妃的感情都会加深一层，杨玉环会更得宠，她的家人会得到更高的地位。正所谓磕磕绊绊到百年。

杨玉环如何使玄宗如此迷恋于她的呢？是她的天生丽质，肌肤白皙如"凝脂"，是她的"回眸一笑百媚生"的迷人媚态，还是她的羽衣霓裳，能歌善舞？

针对杨玉环受宠的原因，大致可以分为四种观点。

第一种观点：美貌。人们都说杨玉环姿容出众，不仅体态丰盈，肌肤细腻，且面似桃花，这对于耽于声色的玄宗，具有强烈的吸引力。由于白居易在《长恨歌》中的大肆渲染，杨玉环被确认为中国四大美人之一。这个崇高的地位，几乎无人可以动摇。但白居易生于772年，距杨玉环被杀有16年之久，从未亲眼见过杨氏。他的描述，只是文人的浪漫想象。

第二种观点：李隆基本人喜好艺术。玄宗自幼喜爱音乐，素质高，会作曲，能舞蹈，不少弟子曾在梨园受过他的训练。而杨玉环身材好，体态美，又擅长旋律快速的西域舞蹈，加之杨玉环是个琵琶名手。古书记载，有一次，玄宗提议用内地的乐器配合西域传来的五种乐器开一场演奏会，当时玄宗兴致勃勃，手持羯鼓，杨玉环弹奏琵琶，轻歌曼舞，昼夜不息。对于玄宗而言，当然精于音律的杨玉环就显得格外有魅力。但此前受宠的梅妃和念奴等人，无一不是兼擅乐器的歌舞高手，但李隆基独独偏爱杨玉环。

第三种观点：杨玉环机警聪颖，善解人意。她委曲求全的极端例子，就是在被赐死时都毫无怨言。但史书记载的那些后宫佳丽，多聪明可人，更有像梅妃那样的才女，文辞优雅，在整个宫廷都十分罕见。李隆基仅仅因此而偏爱杨玉环，实在不足以令人信服。

第四种观点：玄宗会迷恋上杨玉环，固然有杨的一些魅力在起作用，而更主要的应是当时社会环境与皇家小家庭的变化在起决定作用。时值唐朝进入全盛时期，当朝皇帝的骄奢心难免会代替为政心。玄宗对政治逐渐失去兴趣，在宰相与宦官的迎合下很快就厌倦政事，后来玄宗就任由李林甫等专权擅政，自己落得清闲，这样就有了时间纵欲享乐了。相较之下，这种观点更合情理。

祸害社稷，逝后留香

安禄山是边防的一位混血将领，其所属的杂牌部队加入边防军后得以迅速升迁。公元743年后，他任三个地方节度使，总揽境内诸事。玄宗十分宠信他。安禄山进京朝见，玄宗命杨玉环的姐妹与他结拜兄妹。杨玉环为了笼络安禄山，将这个比自己大20来岁的人认作儿子，在宫中数度赐宴。安禄山得势也与杨玉环有很大的关系。

公元756年，一场声势浩大的动乱，致使繁盛的大唐王朝由此走向衰败，这便是历史上著名的"安史之乱"。公元756年7月14日，安禄山统领的叛军大举攻入长安，接到密报的唐玄宗连夜带领嫔妃以及宫廷禁军仓皇出逃。第二天，逃亡队伍到达陕西境内的马嵬坡。就在这时，拥护太子的左龙武大将军陈玄礼，以保卫社稷的名义诛杀了杨国忠，但哗变的士兵还是继续包围着玄宗的驿站。李隆基派高力士出去打探，得到的回答竟是："灾难的根源还在！"李隆基万般无奈，只能含泪与杨玉环诀别，高力士把她带到附近的佛堂，在梨树下将其缢死，经过陈玄礼验看后，用紫色坐垫裹了尸身，在路边匆匆掩埋。38岁的绝代美人从此香消玉殒。

第二年，平定了战乱的唐玄宗回到长安，让人改葬贵妃。《旧唐书》记载李隆基派人打开坟墓，发现"肌肤已坏"，但白居易却在《长恨歌》里否定了这个说法，他描述平叛后李隆基由四川返回长安，再度经过马嵬坡，重新检视埋葬爱妃的墓穴，并未发现她的尸骨（"马嵬坡下泥丛中，

不见玉颜空死处"），后又派方士四处寻找，没有任何结果。欧阳修所撰的《新唐书》也证实了这一结果，它记载李隆基派使者秘密移葬，却发现墓里只有杨玉环遗留的香囊，由此修正了《旧唐书》的史实错误。

杨玉环尸骨失踪案引发了世人的热烈猜测。但其依据只是白居易的《长恨歌》和陈鸿的《长恨传》，显得十分勉强。此后又有日本学者言之凿凿地声称，杨玉环由高力士和陈玄礼串谋私放，并派员护送其逃亡海上，抵达东瀛日本，安居于山口县大津郡油谷町久津，但也因缺乏证据而难以令人信服。

关于贵妃下落，现在越考证越多，但距离史实也许越来越远。粗略的史料和历代浪漫的文人墨章，给她身上罩上了越来越多的光圈，让我们了解得越多越看不清真相。但毋庸置疑的是，如果玄宗不贪色悖礼，抢自己的儿媳妇，杨玉环也许会一生平静，过一种悠闲的相夫教子的贵夫人生活，她也就不会为世人所知。然而，玄宗忘情夺爱，改变了她的生活。

安史之乱的后果是惨重的，战区的生灵涂炭，黄河两岸的臣民挖树皮掘草根充饥，用纸糊的衣服御寒，繁华盖世的洛阳成了一片焦土。经过这场巨变，唐王朝的强盛时期结束了，自此进入了不可挽回的衰落期。

▎马秀英：我后圣慈，化行家邦

历史上的贤皇后屈指可数，马秀英要算一个。但是贤惠的马秀英挡不住朱皇帝杀戮功臣的屠刀。

马秀英，明朝开国皇帝朱元璋的皇后。据史书记载：马氏秀英，宿州（今安徽宿县）人，祖上曾是当地富豪。父亲马公，仗义好施，家业日贫。母亲郑媪，生下马氏不久即去世了。马公无子，视秀英为掌上明珠。秀英自幼聪明，能诗会画，尤喜史书，性格亦颇倔强。按当时习俗，妇女皆缠足，秀英坚决不缠，人称"马大脚"。

秀英的父亲马公因为杀人避仇，逃亡他乡，临行时将爱女秀英托付给生死之交郭子兴，郭视同己出。后闻马公客死他方，益怜此女孤苦，加意抚养。子兴授以文字，夫人张氏则手把手教她针织刺绣。十几岁的秀英聪明无比，凡事一经指导，马上知晓。年近二十的马氏，出落得一副上好身材，模样端庄，神情秀逸，秾而不艳，美而不骄；还有一种幽婉的态度，无论何急事，她总举止从容，并没有疾言厉色，所以子兴夫妇很是钟爱。每思与她联一佳偶，使她终身有托，不负马公嘱托。

当时正值元朝末年，政治腐败，社会黑暗，阶级压迫和民族压迫使老百姓处于水深火热之中，又遇黄河大决口，连年黄河水横流，大规模的农民起义爆发了。1352年，郭子兴在濠州（今安徽凤阳）起兵响应韩山童、刘福通在颍州（今安徽阜阳）的起义。凑巧朱元璋投军，每战辄胜，很为郭子兴夫妇器重，所以张氏提议，子兴赞同，将义女许配给朱元璋。自从朱元璋做了主帅的女婿后，人们就改称他为"朱公子"。他在军中的地位亦大大提高。马秀英与朱元璋志同道合，感情深厚。马氏随朱元璋南征北战，忧勤相济，成了朱元璋的得力助手。

朱元璋借助农民起义的力量，迅速发展了自己的势力。公元1368年正月，朱元璋登基于应天府（今南京），国号大明，建元洪武，册封马氏为皇后，时年36岁。从此，马氏以皇后之尊留心政事，关心黎民，礼待臣下，与朱元璋同心同德巩固大明王朝。

马皇后为人富而不奢，贵而不骄，虽居高位，但仍保持节俭朴实的生活作风，总是严于律己，宽以待人，宫嫔敬服。

先是太祖起兵，战无虚日，后随军中，辄语元璋（太祖）以不嗜杀

人。册后以后,俭约如故,她亲自带领公主王妃刺绣纺织。自己以身作则,平时粗茶淡饭,缝补旧衣,制作新衣,样样不落。宫嫔们拟她为东汉时的明德皇后。

皇子朱植最幼,性情放荡不羁,长大后被封到开封做周王。马皇后对他极不放心,周王临行时,便派江贵妃随往监督,还把自己身上的纰衣脱下来交给江贵妃,并赐木杖一柄嘱咐:"周王有过错,就令他纰衣杖责。如敢违抗,驰报朝廷。"从此一见着慈母的纰衣,周王便生出敬畏之情,不敢胡作非为。以严为爱是马氏对待子女的原则。对宁国公主、安庆公主等人,马氏要求她们勤劳俭朴,不能无功受禄。对待朱元璋的义子宋文正、李文忠等,她细心照顾,视同己出。每逢灾岁,辄率宫中之人节衣淡食。太祖谓已发仓赈恤,不必怀忧,后谓赈恤不如预备,朱元璋甚以为然。

马皇后关心人民,体贴妃嫔,保护百姓臣下,功德传于宫内外。一日闲谈,马皇后问朱元璋:"老百姓都安居乐业了吗?"朱元璋说:"这不是你所当问的。"马后说:"陛下是天下之父,妾为天下之母,子女的安危,做父母的可以不问吗?"马皇后的对话,旨在劝朱元璋关心人民的疾苦,爱民如子。

一次朱元璋视察太学(国子监)回来,马皇后问他太学有多少学生,朱元璋答道有数千人。马皇后说:"数千太学生,可谓人才济济。可是太学生虽有生活补贴,他们的妻子儿女靠什么生活呢?"针对这种情况,马皇后征得朱元璋同意,征集了一笔钱粮,设置了20多个红仓,专门储粮供养太学生的妻子儿女,生徒颂德不已。这说明在用人方面,马皇后非常爱惜人才。马氏虽贵为皇后,每天都亲自操办朱元璋的膳食,连皇子皇孙的饭食穿戴,她也亲自过问,无微不至。妃嫔等劝她自重,她语妃嫔道:"事夫亲自馈食,从古到今,礼所宜然。且主人性厉,偶一失饪,何人敢当?不如我去当中,还可禁受。"史料记载,一次进羹微寒,太祖因服膳不满而发怒,"举碗击后,后急忙躲闪,耳畔

100

已被擦着，受了微伤，更泼了一身羹污。后热羹重进。从容易服，神色自若。妃嫔才深信后言，并服后德。宫人或被幸得孕，后倍加体恤，妃嫔等或忤上意，马后设法调停。"

根据《明史演义》记载，太祖尝自作诗云："百僚已睡朕未睡，百僚未起朕先起，不如江南富足翁，日高一丈犹拥被。"江南富家，无人可比沈秀，别号叫沈万三。太祖入金陵，欲修筑城垣，苦乏资财，与沈秀商议。沈秀愿与太祖分半筑城，太祖以同时筑就为约，沈秀允诺。两下里募集工役，日夜赶造，及彼此完工，沈秀所筑这边，比太祖早三日。太祖阳为抚慰，阴实妒忌。嗣沈秀筑苏州街，用茅山石为心。太祖说他擅掘山脉，拘置狱中，拟加死罪。马后闻知，替他求宥。太祖道："民富侔国，实是不祥。"马后道："国家立法，所以诛不法，非以诛不祥。民富侔国，民自不祥，于国法何与？"太祖不得不释放沈秀。又有一年元宵节，朱元璋便装外出，杂在人群中观灯，见一灯上写着："女子肩并肩，乘风荡舟去，忽然少一人，却向岸边往。"谜底是"好双大脚"。朱元璋认为是讽刺马皇后的，大发雷霆，要严惩"刁民"，如不查出具体人，全城百姓一律遭殃。马皇后闻后又进谏道："妾是大脚，自己不嫌，陛下不嫌，别人纵然是嫌，有什么相干呢？陛下不是说幸亏妾脚大，才能背着陛下逃出死地吗？何况天子为民之父母，子女们随便说自己的父母，并没有伤害父母之心，做父母的怎能大怒不止，要置子女于死地呢？"一席话说得朱元璋怒火全消，遂收回成命，使百姓免去了一场灾害。

有一次，有人报告参军郭景祥之子不孝，尝持槊犯景祥，太祖欲将他正法，马后得知后劝朱元璋道："妾闻景祥只有一子，独子易骄，但未必尽如人言，须查明属实，方可加刑。否则杀了一人，遽绝人后，转似有伤仁惠了。"于是朱元璋派人调查，果然冤枉。朱元璋叹道："若非后言，险些儿将郭家宗祀，把他斩断呢。"

朱元璋的养子李文忠守严州时，杨宪上书诬劾，朱元璋想召回给予

处罚，马皇后认为，严州是与敌交界的重地，将帅不宜轻易调动，而且李文忠一向忠实可靠，杨宪的话，怎能轻易相信呢？太祖向来敬重信赖马皇后，于是派人去严州调查，果然不实，文忠乃得免罪。春坊庶子李希贤，授诸王子经训，用毛笔管击伤王子的额头，太祖大怒，马皇后劝解道："譬如使人刺锦，只可任他剪裁，不应为子责师。"太祖乃罢。此外，隐护功臣，事多失传，就在宫里也不尽详。

据《马皇后遗传》载，马皇后病重期间，群臣请祷祀求良医，马皇后自知难以痊愈，坚决不肯。她对朱元璋说："生死有命，祷祀何益？世有良医，亦不能起死回生，倘服药不效，罪及医生，转增妾过。"朱元璋叹息不已。继问马皇后有无遗言，马皇后呜咽道："妾与陛下起布衣，赖陛下神圣，得为国母，志愿已足，尚有何言？不过妾死后，只愿陛下求贤纳谏，有始有终，愿子孙个个贤能，臣民安居乐业，江山万年不朽。"言毕溘然长逝，寿51岁，太祖、宫人恸哭失声，百官一律下泪，宫中尝作追忆歌道：

> 我后圣慈，化行家邦。抚我育我，怀德难忘。
> 怀德难忘，于万斯年，庇彼下泉，悠悠苍天。

孝庄皇后：力保大清百年周全

孝庄文皇后（1613～1688），姓博尔济吉特，名布木布泰，生于蒙古科尔沁贵族世家，是"黄金家族"成吉思汗的后裔。13岁嫁给后金四贝勒皇太极。皇太极称帝后,她被封为庄妃。顺治、康熙时,她被尊为皇太后、太皇太后。孝庄皇后先后辅佐了顺治、康熙两位幼主;一生为大清国呕心沥血,为调和清宫内部矛盾、稳定清初社会秩序、促进国家巩固和统一,做出了巨大贡献;无愧蒙古族杰出的女政治家和"清代国母"的称号。

天命十年(1625),博尔济吉特氏年仅13岁,嫁给清太宗皇太极为侧室福晋。

孝庄天质姿丽,性坚毅,喜读书,聪明能干,多有谋略。皇太极执政时,她就是得力助手,"赞助内政,既越有年""佐太宗文皇帝肇造培基"。她协助皇太极继承了努尔哈赤的事功,继续统一女真各部,连续对朝鲜及明朝用兵,稳固了皇太极的统治地位,为进入关内奠定了基础。

孝庄文皇后乃中宫孝端文皇后的亲侄女,东宫哀妃海兰珠之妹,三人同出于蒙古科尔沁部。天命十年(1625),13岁的她嫁给了年长自己20岁、后金国的四贝勒皇太极为侧福晋。最初,她与皇太极之间不乏恩爱。天聪三年(1628)至天聪七年(1632)短短4年间,她接连为皇太极生下三个女儿就是最好的证明。但自从姐姐海兰珠入宫后,她就不再有怀孕的消息。崇德元年(1636)册封后妃时,她位次列于最末,被封为次西宫侧福晋,称永福宫庄妃。但庄妃的肚子十分争气,崇德三年(1638)正月,就在哀妃所生之皇太子夭折的第二天,庄妃生下了皇九子福临,是为顺治皇帝。福临的诞生,使庄妃的命运出现了转机,甚至可以说,福临的降生将她推到了历史舞台的最前沿,使其后半生鞠躬尽瘁哺育皇子皇孙,不仅造就了顺治、康熙两代帝王由幼稚走向成熟的辉煌,自己也成为一代贤妃贤后而百世流芳。

崇德八年(1643)九月二十六日,登基大典再次在盛京皇宫的大政殿举行,第一个在此登基的是丈夫皇太极,而今天则是庄妃年仅6岁的儿子福临。福临登基,母亲庄妃发挥了很大的作用。皇太极崩逝后,由

于未及时确立皇位继承人,在满族贵族诸王兄弟之间,引起激烈的王位之争。那时,最有权势和实力的睿亲王多尔衮与肃亲王豪格都有夺取皇位的欲望,且旗鼓相当,相互不服,如不妥善解决,满族就有可能发生内讧与分裂。为此,孝庄在孝端皇后的支持下,利用多尔衮与豪格之间的权力之争,巧妙周旋,左右说服,使多尔衮与豪格势单力薄,难以服众,双方不得不达成妥协,提出由皇太极之九子、年方6岁的福临即位,并议定八旗军兵,由多尔衮与郑亲王济尔哈朗各掌其半,左右辅政,待福临年长后,立即归政。这一折中方案,既使福临继承了皇位,也避免了清政权因内争而导致分裂,对于入关前夜的清朝来说是至关重要的一招。当然,福临能够登基,还有其他重要因素,如一国之尊中宫皇后哲哲为维护母家科尔沁的利益而推举庄妃所生的福临;两位黄旗大臣态度转变,冒死鼎力相助等。但这都离不开庄妃不遗余力的政治努力。

顺治元年五月(1644年6月),多尔衮率清军进占北京,同年九月孝庄陪同顺治进入北京,福临作为清朝的开国皇帝定都北京。然而,多尔衮由于战功卓著,权势越来越大,根本不把年幼的顺治放在眼里,明目张胆地独揽大权,结党营私,排斥异己,谋占皇位之心不死,时刻威胁着顺治的地位。为此,孝庄又施展谋略,对多尔衮软硬兼施,既笼络,又控制。一方面尽量让其致力于清朝的统一大业,服从于顺治帝的统治,连续封其为摄政王、皇叔父摄政王,直至皇父摄政王,使之位高权重,满足其欲望;另一方面又设法压制其野心膨胀,利用各种力量不使其谋位之心得逞,直至顺治七年(1650),多尔衮病逝,顺治帝开始亲政。

顺治亲政时,也还是一个十三四岁的少年,孝庄既是母后,也是他强有力的保护者和导师。为尽快扫清明残余势力及各种抗清力量,她百般笼络一批有实力的汉族上层势力,设法使已归顺清朝的孔有德、吴三桂、耿精忠等效忠清朝,为他们封王晋爵。还将平南王孔有德的女儿孔四贞，育之宫中，以郡主视之，招为义女。又把皇太极的女儿和硕公主嫁给平西王吴三桂之子吴应熊，以联姻结亲手段，对其既拉拢，又控制。另外，由于明末清初的长期战乱，社会生产遭到严重破坏，大量灾民流离失所，社会极不安定。为此，孝庄在宫中一再提倡节俭，并多次将宫中节余银钱赈济灾民。这既有利于缓和社会矛盾，维护社会安定，也有利于巩固顺治的统治地位。清初的社会矛盾错综复杂，既有尖锐的满、汉民族间的矛盾，也有满族内部的权益均衡的冲突。在如此错综复杂、矛盾交织的形势下，清朝能较快地实现对全国的统治，原因固然是多方面的，而孝庄对顺治的辅佐则功不可没。

顺治帝是位少年天子、痴情帝君，而且性情极易冲动。终其一朝，孝庄文皇后始终以国事为重，识大体顾大局地妥善处理与儿子的矛盾关系。最为著名的，一是顺治帝的两次废后，二是顺治帝对董鄂妃的疯狂爱恋。孝庄文皇后对此都采取了明智的做法，废后无法挽回就加以补救，在顺治帝坚决摒弃的第一位皇后博尔济吉特氏（庄妃的亲侄女）被贬为静妃后，又紧接着在科尔沁部重选了一位同姓博尔济吉特氏的皇后（庄妃的侄孙女），以巩固与蒙古的联盟关系。对于后者，孝庄文皇后则加以容忍宽容，同意董鄂妃进宫，同意将其在短短的4个月中由妃品级一路直线提升为皇贵妃品级，让顺治帝的情感得以宣泄而不致影响到清政权稳定的大局，表现出孝庄文皇后在执掌国政方面所特有的宽广胸怀与远见卓识。

顺治十八年（1651）正月初七，24岁的顺治帝因出天花，英年早逝。悲痛中的孝庄文皇后只得把全部精力放到孙子玄烨身上。

顺治去世之后，在孝庄的主持下，宣布先帝遗诏，由年仅8岁的玄烨即位，是为康熙皇帝，而孝庄文皇后则从此被尊为太皇太后。康熙失父之哀刚刚过去，10岁时又失去了生身之母。孝庄本来就十分疼爱孙儿玄烨，眼看着爱孙先后失去父母，对之更加爱护关心，义无反顾地担当起了对他的抚育培养之责。正如玄烨日后所回忆："朕自幼龄学步能言

时，奉圣祖母慈训，凡饮食、动履、言语，皆有矩度。虽平居独处，亦教以未敢越轨，少不然即加督过，赖是以克有成。"可见，孝庄对玄烨的饮食起居，言行举止，都悉心照料，而且要求十分严格，完全按照帝王的标准训练这个爱孙。为使玄烨自幼就接受满族的文化教育，她又指示自己的侍女苏麻喇姑，既照料玄烨的生活，又教他说写满语、满文。同时又让其入书房，请名师讲读儒家的《四书》、《五经》，且"必使字字成诵，从不敢自欺"，培养他具有中国传统文化的深厚根基。在学习满汉文化的同时，孝庄还灌输给他"祖宗骑射开基，武备不可弛"的思想，让侍卫教授玄烨骑射本领，如同读书写字一样，日有课程，终使玄烨弓马娴熟，箭无虚发，深深理解"念祖宗以来，以武功定暴乱，文德致太平，岂宜一日不事讲习"，而发奋学习文韬武略，为日后亲政治国奠定扎实的基础。

由于康熙年幼即位，即由索尼、苏克萨哈、遏必隆、鳌拜四大臣辅政。孝庄也教导玄烨参加辅臣议政，学习执政经验，并经常向玄烨灌输"得众则得国"的治国思想，要求玄烨"宽裕慈仁，温良恭敬"，时刻谨慎，勤于朝政，以巩固其祖父和父亲留下的基业，逐渐使玄烨在政治上成熟起来。由于辅政四大臣中鳌拜思想顽固守旧，且独断专横，擅自弄权，康熙显然不满，终于在康熙八年，智擒鳌拜，结束了辅政时期，自此康熙正式亲政。在铲除权臣鳌拜的过程中，史书虽未明说这是在孝庄指导下完成的，但从在此期间康熙帝频繁出入太皇太后寝宫的记载中，不能不让人得出这是孝庄文皇后指点筹划的结果。

康熙亲政之后，有关军国大事，仍常常向孝庄请教商议，正像《清史稿·孝庄文皇后传》中所说："太后不预政，朝廷有黜陟，上多告而后行。"因此，孝庄在世时，康熙朝前期发生的许多重大事件，孝庄多参与谋划决策。如康熙十四年（1675），正当三藩作乱时，蒙古察哈尔部布尔尼乘机叛乱，严重威胁京师的安全，康熙十分忧虑。孝庄则适时向康熙推荐说："图海才能出众，宜任之"，康熙即诏图海"授以将印"，

领兵前往，很快平定布尔尼叛乱，使局势转危为安。这一切都说明孝庄文皇后不仅才干过人，而且眼力过人、胆识过人，只是不肆张扬、甘居幕后罢了。

身为一国之母，孝庄还以身作则，克己奉公地支持儿孙成就大业。顺治朝时，在国库发往灾区的赈济银款项中，就有孝庄文皇后宫中节省下来的上万两白银；到了康熙平定三藩之乱时，孝庄又先后两次拿出宫中银两、缎匹犒赏官兵，赢得了人们的尊敬。因此平定三藩后，康熙帝亲到太皇太后宫中报告胜利的喜讯，是有着恭贺祖母大功的意味的。

终孝庄文皇后一生，其拥有"太后不予政"的美名。康熙晚年曾深情回忆说："忆自弱龄，早失怙恃，趋承祖母膝下 30 余年，鞠养教诲，以致有成。设无祖母太皇太后，断不能有今日成立。"康熙对祖母也一往情深，他几乎每天上朝前、下朝后，都要到孝庄那里请示问安。当孝庄病重时，康熙精心侍奉，日夜不离。孝庄病逝后，康熙几乎痛不欲生。康熙之所以能成为一代有所作为的封建君主，与孝庄的精心培育、辅佐密不可分。

康熙二十六年（1687），孝庄文皇后病危。康熙帝五内俱焚，宁愿折己寿而为祖母添寿，亲自步行去天坛祈祷以示心诚。因时值寒冬，玄烨向苍天祈祷时流下的泪水竟冻在了脸上，可见祖孙情深似海。但此时孝庄文皇后毕竟年事已高，十二月廿十五日，历清初三朝更迭，为大清国殚精竭虑、鞠躬尽瘁了一生的孝庄文皇后，病逝于北京故宫的慈宁宫，享年 75 岁。在弥留之际，孝庄文皇后仍不忘国事，谆谆叮嘱皇孙不要过于悲伤，要以国事为重，丧事处理要从简，皇帝出了服丧期后就要听政，以免耽误了国家大事……孝庄文皇后的最后要求还是那么深明大义，怎能不赢得其后世子孙由衷的敬重呢？最后，孝庄文皇后被谥为"孝庄仁宣诚宪恭懿至德纯徽翊天启圣文皇后"，葬于清东陵（今河北省遵化）之昭西陵。

由于孝庄文皇后名气甚高，故关于她的传闻轶事也为数不少，诸

如耳熟能详的"庄妃劝畴""太后下嫁"等，不一而足。所谓"庄妃劝畴"，是说清太宗皇太极为得一率清入关的领路人洪承畴而使了美人计，美人计的主角就是庄妃。"庄妃劝畴"出自民间传说，其文学色彩浓而历史真实少。从当时的宫闱制度以及以后发生的史实看，这种可能性不大。正史记载是皇太极礼贤下士的诚心感动了洪承畴，才使得他肝脑涂地地报答大清。这种说法还比较可信，当然，利益的保障才是最核心的问题。

"太后下嫁"指的是身为皇太后的庄妃，为了保住儿子的皇位，嫁给了掌握实权的摄政王多尔衮。虽然史学界为此争论不休，但目前并没有确切的证据证明太后下嫁过。至于孝庄文皇后不与太宗文皇帝皇太极合葬而葬在清东陵的风水墙外被说成是太后下嫁的有力证据，是不了解情况所致。且不说布木布泰（孝庄文皇后的名字）谥号"文"，陵寝称"昭"，既是太宗的谥号，又是与清昭陵同一体系的理由；且不说正史中记载的孝庄文皇后生前有要葬在遵化的遗嘱在先，是因为她想卑不动尊，让太宗安寝，且十分留恋儿子福临和孙子玄烨。就从昭西陵自身说起，孝庄文皇后崩于康熙年间，此时其子顺治早已安葬在清东陵之孝陵，而孝陵是清东陵的主陵，其子孙帝后陵是以孝陵为中心而左昭右穆排列的，若将孝庄文皇后的昭西陵葬在清东陵的风水墙以内，在方位上必卑于其子，孝庄文皇后就成了为其子顺治帝看陵的了，这才是滑天下之大稽呢。这大概也是康熙帝几十年奉祖母于暂安奉殿的原因。而昭西陵位于清东陵之风水墙外，正是为了区别两者属于不同的帝陵体系，也只有这样才使孝庄文皇后之陵既不卑于顺治帝的孝陵，又别于以后诸位皇帝的祭陵。同时昭西陵的许多特点都说明其在清陵中地位是最尊的，如只有昭西陵的大殿是级别最高的庑殿顶，而其他皇帝陵的大殿均是歇山顶，两者相比，帝陵反而降了一格；只有昭西陵的风水墙是两重围墙，而其他皇帝陵的风水墙为单重；其他后陵与皇帝共同拥有一个神道碑亭，而孝庄文皇后的昭西陵则破例增建了神道碑亭……总之，孝庄文

皇后终清一世是备受历代皇帝尊崇的。

其实，今人大可不必为太后是否下嫁而争论不休，因为无论孝庄文皇后下嫁与否，都不能抹杀其在清朝历史上的地位与作用。一位丈夫新丧年仅30岁的宫闱女性，要斡旋于王公大臣中间，费尽心机地促成冲龄幼子得继大统。在教诲儿子施行仁政的同时，还要平息统治阶级内部各派势力的纷争，以保证大清的江山不致功败垂成。国事种种已足令孝庄文皇后心力交瘁，可屋漏偏逢连夜雨，顺治帝的早逝，使清朝产生了第二位冲龄幼帝，孝庄文皇后不得不再次挑起辅佐皇孙治理国家的重任。从某种意义上讲，康熙帝能除去鳌拜，重掌皇权，平定长达八年之久的三藩之乱，实是仰仗祖母孝庄文皇后身居幕后为其运筹帷幄、指点江山。作为生长在封建社会后宫中的女性，能做到上述这一切是不容易的，可孝庄文皇后做到了，而且做得成绩斐然。顺治、康熙两朝实行舒缓的统治政策，战乱逐渐平息，生产逐渐恢复，人民生活趋于安定，保持了大清一统江山的稳定发展。总之，作为一位历经清初三朝的杰出女性，孝庄文皇后是中国历史上非常著名的一代贤妃贤后。

慈禧：彻底将大清推向了深渊

慈禧，清文宗皇后叶赫那拉氏，满洲镶黄旗人，安徽徽宁池广太道惠征之女。同治即位后，慈禧与恭亲王等密谋诛杀肃顺，垂帘听政。光绪即位后，慈禧继续听政。光绪亲政后，因无实权，发动戊戌政变，被其挫败，将光绪囚于宫中。光绪三十四年（1908），光绪卒，次日，统

治中国长达近半个世纪的慈禧亦卒。

出生于官宦之家的慈禧，从小聪明伶俐，并且十分好学。她对于一般女孩子都不爱看的经史非常感兴趣，因此在学习经史方面花费了很多精力。据说她在16岁时，已经"五经成诵，通满文，廿四史亦皆浏览"。慈禧的书法造诣也很深，其不少作品仍然流传于世。

慈禧用美貌吸引咸丰帝的同时，更是挖空心思争宠于咸丰帝。随着诞育皇子载淳，慈禧在咸丰帝心中的位置大大提高，咸丰帝对她的信任程度也与日俱增。咸丰帝在后宫难得见到会舞文弄墨的妃子，见慈禧能写一手漂亮的毛笔字，有时竟然让她替自己批奏折，当然，批阅的内容由咸丰决定。慈禧在咸丰帝左右批奏折的同时，知道了朝廷的很多情况，对大臣们有了一个大致的了解。咸丰十年（1860）八月，英、法联军进逼北京，咸丰帝带着后妃和权臣肃顺等人，逃往热河行宫。第二年七月十六日，咸丰帝病逝热河。临终前，咸丰帝把权力交给"赞襄政务八大臣"和两宫皇太后，以求相互制衡。但是，八大臣和后妃的权力之争很快就进入了白热化阶段。

1861年11月2日，慈禧在以奕䜣为首的贵族、官僚和帝国主义的支持下发动北京政变，从载垣、端华、肃顺等8位赞襄政务王大臣手中夺取政权，以垂帘听政的名义登上了统治者的宝座。但是，巩固政权比夺取政权要困难得多。为了赢得统治阶级和人民群众的支持，她作出了一系列重大的决策。其中，最值得注意的是对政敌的处理和清理狱讼。

北京政变后，载垣、端华、肃顺被革去爵职，送交宗人府。经大学士、九卿、翰、詹、科、道会同定拟罪名，应照大逆律凌迟处死。慈禧将载垣、端华两位亲王改为赐令自尽，端华之弟肃顺改为斩立决。其余5人，原拟革职，发往新疆效力赎罪。其中景寿因是道光皇帝的女婿，咸丰帝的妹夫，慈禧对他的处分改为革职，仍留公爵并额驸品级，免其发遣。其他人除穆荫照原拟革职，发往军台效力赎罪外，匡源、杜翰、焦佑瀛均改为革职，免其发遣。

查办载垣、端华、肃顺党羽时，仅将尚书陈孚恩、侍郎刘现、黄宗汉、成琦、太仆寺卿德克津泰、候补京堂富绩6人革职。后来，从查抄肃顺家产中发现陈孚恩亲笔书信多封，并有暧昧不明之语。于是，朝廷查抄陈孚恩的家产，并照刑部所拟罪名，将陈孚恩发往新疆效力赎罪。但是，从查抄所得肃顺家产中发现的账目、书信来看，还涉及许多中央和地方官员，如果一一查办，势必株连甚众。为了表示自己"宽厚和平"，使这些官员放下包袱，慈禧谕令议政王、军机大臣，将此次查抄所得肃顺家产内的账目、书信"即在军机处公所公同监视焚毁，毋庸呈览"。总之，这一重大政变，处理得十分圆满。原8位顾命赞襄政务王大臣，处死3人，处分5人，与其关系密切的，处理了陈孚恩等6人，太监5人，共计19人。这与肃顺办理的戊午科场案动辄处分牵连数百人，不可同日而语。政变从发动到处理完毕，也只有一个月时间。时间之短促，也令人吃惊。以上事实说明，慈禧是有一定能力的。但是，另一方面，她又十分残忍。她依靠曾国藩的湘军，李鸿章的淮军，先后镇压了太平天国、捻军以及回民和苗民起义。1864年7月19日，湘军攻破太平天国首都天京（今南京）时，分段搜杀，三日之间，杀害太平军将士10余万人，"秦淮河尸首如麻"。所谓的"同治中兴"，是建立在对千百万起义人民残酷镇压的基础上的。

19世纪60至90年代，清王朝的一部分中央和地方官员主张学习西方近代的科学技术，训练新军，购买枪炮、军舰，发展中国的军事工业和民用工业，以达到富国强兵的目的。他们的代表人物在中央有奕䜣、文祥，在地方有曾国藩、李鸿章、左宗棠、张之洞。尽管他们的改革没有触及封建专制的政治制度和社会制度，但在顽固派看来，却是"用夷变夏"，违背了祖宗成法和圣贤古训。所以，洋务运动一开始，就遭到顽固派的坚决反对。在洋务派与顽固派的斗争中，慈禧虽然采取了平衡的策略，一方面，支持以奕䜣为首的洋务派；另一方面，又扶植顽固派以牵制洋务派。但是，洋务新政毕竟利于清王朝的统治。所以，在顽固

111

派气焰嚣张的时候，慈禧又站在洋务派一边予以压制。

1866年12月，奕䜣奏请在同文馆内添设分馆，招收科举出身的人员学习天文、数学。大学士倭仁亲自出马，上书慈禧，坚决反对。他认为，让科举出身的人向外国人学习天文、数学是斯文扫地。他声称，中国之大，不愁没有人才，只要多方访求，一定可以找到精通天文、数学的人，为什么一定向外国人学习呢！于是慈禧让他保举几名精通天文、数学的人才，并由他负责选定地方办一个天文数学馆与同文馆分馆互相砥砺，他这才承认实无可保之人。慈禧又让他到主持洋务的总理事务衙门行走。倭仁一向痛恨洋务，现在要他去办洋务，他感到这是对自己的侮辱，再三推辞，慈禧却不肯收回成命，弄得这位顽固派的代表人物十分难堪。他到上书房给同治帝讲课，有所感触，不禁流下了眼泪。倭仁最后以养病为理由，奏请开缺。经慈禧批准，免去他的一切职务。

由于慈禧的支持，洋务运动才得以冲破重重阻力向前发展，成为中国近代化的开端。中日甲午战争失败后，帝国主义掀起了瓜分中国的热潮，民族危机空前严重。在维新派的影响下，光绪锐意变法。变法和反变法的斗争非常激烈。1898年6月11日，慈禧面告光绪："前日御史杨深秀、学士徐致靖言国是未定，良是。今宜专讲西学，明白宣示。"于是，光绪发布了由翁同龢起草的《定国是诏》，把讲求西学、变法自强作为清王朝的国策，使维新运动取得了合法地位。但是，这次变法涉及了清王朝的政治体制，而慈禧的改革底线是祖宗之法不能变。随着变法的深入，慈禧和维新派的分歧越来越大。特别是康有为建议的仿先朝开愁勤殿，选举英才，并邀请东西洋专门政治家共议制度，将一切应革之事全盘筹算，然后施行，更是慈禧所不能接受的。当光绪向慈禧提出这一请求的时候，"太后不答，神色异常"。从慈禧的表情上，光绪感到变法已出现危机。为了使变法能进行下去，康有为、谭嗣同等密谋策划，争取正在天津小站练兵的袁世凯以所部新建陆军入京，包围颐和园，逼迫慈禧退出政治舞台。然而顽固派势力强大，袁世凯又是一个投机分子，根本不可能站在维新派一边，这场自上而下的改革失败了。谭嗣同等6人被杀害，康有为、梁启超逃亡国外，一些参与或支持变法的官员，受到了降级、革职、流放的处分。一切新政全被废除。

慈禧的一生，经历了从1840年至1900年帝国主义侵略中国的5次战争。第一次鸦片战争，她还是一个5岁的孩子。第二次鸦片战争，她已是咸丰皇帝的贵妃。以后的中法战争、中日甲午战争、八国联军入侵，她则是清王朝的最高决策者，从慈禧的主战与求和，可以看出慈禧与帝国主义关系的变化。

1860年9月21日，清军在八里桥之战中遭到失败，英法联军进逼北京，咸丰决定逃往热河避暑山庄。当咸丰即将出发的时候，懿贵妃极力谏阻，请求咸丰留在北京，继续抵抗。为此，她触怒咸丰，差一点引来杀身之祸。奕䜣与英法联军签订《北京条约》，懿贵妃深以为耻，劝咸丰废约再战。但因为咸丰病危，只好作罢。中法战争爆发后，主战派和主和派的斗争非常激烈。慈禧将清军的接连失利归罪于奕䜣的"因循委靡"，免去他的一切职务，其他4位军机大臣也全部罢免。但是，清政府内部的"和战之争"并未停止。1884年8月23日，法国军舰向福建水师发动突然袭击，福建水师全军覆没。慈禧谕令对法宣战，并将继续坚持和议的张荫桓等6位总理衙门大臣革职。1885年2月，法军攻占谅山，慈禧转向主和。镇南关的失守，使慈禧更丧失了对战争胜利的信心。她授权中国海关驻伦敦办事处的英国人金登干到巴黎与法国外交部秘密议和。1885年4月4日，授权金登干与法国政府签订《巴黎停战协定》。6月9日，又授权李鸿章，在天津与法国驻华公使巴德诺签订《中法新约》。光绪二十年（1894）十月初十，是慈禧的60岁生日，她准备在颐和园大规模地进行庆祝。除了在颐和园大兴土木之外，还在从紫禁城西华门至颐和园东宫门道路所经地分设60处景点，搭建各种形式的龙棚、经坛、戏台、牌楼和亭座。正当清政府紧锣密鼓筹备太后六旬庆典的时候，中日战争爆发了。中外舆论认为，中国必胜。光绪主战，慈

禧亦主战,"不准有弱语"。但是,当有人提出停止颐和园工程,停办景点,移作军费的时候,慈禧却非常生气,说"今天谁让我不高兴,我就要他一辈子不高兴"。后来,清军在朝鲜战场上接连失利,北洋水师在黄海之战中又遭受严重挫败。为了不影响自己的六旬庆典,慈禧希望外国出面干涉,尽快结束战争。她支持李鸿章避战求和的方针,以各种借口,打击以光绪为首的主战派。由于形势日益紧张,她不得不改变原来的计划,决定所有庆辰典礼,仍在宫中举行,颐和园受贺事宜,即行停办。在金州、大连相继陷落,旅顺万分危急的情况下,慈禧仍在紫禁城内的宁寿宫度过了她的60岁生日。

1895年2月7日,威海卫日舰及炮台夹攻刘公岛,北洋水师全军覆灭。1895年4月17日,李鸿章与日本代表伊藤博文签订了丧权辱国的《马关条约》。当义和团运动刚刚在山东兴起,开展"灭洋仇教"的反帝斗争的时候,慈禧是主剿的。她多次谕令地方督抚"实力剿捕,毋得养痈贻患"。由于义和团迅猛发展并进入北京,各国驻华公使在照会清政府强烈要求镇压义和团之后,又不顾清政府的反对,坚持调兵进京,在使馆官员的指挥下,肆意抓捕、驱赶、枪杀甚至炮击义和团及中国居民。统治集团内部,以载漪、刚毅、徐桐为代表的顽固派,主张招抚义和团,抗击列强。而奕䜣、王文韶、刘坤一、张之洞、袁世凯等中央和地方官员,则主张痛剿义和团,避免列强的武装侵略。因为"外国人欺我太甚",慈禧早已耿耿于怀,对顽固派的意见非常欣赏。同时,她看到一份所谓的"洋人照会",要勒令她归政,更是忍无可忍,决意宣战。就在这一天,八国联军已经攻占大沽口炮台了。6月21日,慈禧以光绪名义发布对各国宣战的诏书。但是,慈禧的决定遭到了刘坤一、张之洞等地方督抚的反对。他们联名电奏清廷,力主剿团乞和,并积极活动,与列强订立条约,实行"东南互保"。慈禧的决心开始动摇。她一方面要求各省将军督抚认真布置战守事宜,并继续利用义和团围攻使馆、抗击八国联军。另一方面,她令荣禄前往使馆慰问各国使臣,并于北御河桥竖立木牌，牌上大书"钦奉懿旨，保护使馆"。同时她又分别致国书于俄、英、日、德、美、法等国国家元首，请他们出面"排难解纷"，"挽回时局"，并且将两广总督李鸿章调任直隶总督兼北洋大臣，准备与列强谈判。但是，八国联军并没有停止进攻，8月14日进入北京。次日凌晨，慈禧带着光绪，在两千余名兵勇的护卫下仓皇出逃。她令奕䜣、李鸿章为全权大臣，与列强进行谈判，把战争的责任推到义和团身上，对义和团"痛加剿除"。经过几个月的反复交涉，除了参加侵略的俄、英、美、日、德、法、意、奥八国之外，又加上比利时、西班牙和荷兰共同拟定了议和大纲12条。12月22日，李鸿章从美国使馆抄得一份材料，立即电告军机处，转呈慈禧。慈禧看到没有将她列为祸首，也没有要她归政光绪，如获大赦。当天就电复奕䜣、李鸿章：大纲12条原则上照允，并发布上谕，要"量中华之物力，结与国之欢心"，为了尽快地达成和议，全部接受列强提出的条件。1901年9月7日，奕䜣、李鸿章代表清政府与11个帝国主义国家签订了空前屈辱的《辛丑条约》。慈禧完全屈服，清政府成了洋人的朝廷。

  历史对慈禧的负面评价远大于正面评价。慈禧太后素来以残忍狡诈和对权力的执着而闻名。先后起用湘军、淮军人物，是为了镇压太平天国，维护其统治，并非完全自愿破除满汉界限。在她执政的40多年中，以她为首的清政府签订了众多丧权辱国的不平等条约，如《马关条约》《辛丑条约》等。她于1861年发动政变夺取政权，处死原来控制政权的八位大臣中的三位。1881年，她毒死同有训政权的太后慈安（慈安的死是否是慈禧造成的历史上仍有争论）。1885年，在取得了对法的镇南关大捷后，她仍然让清政府向法国屈膝求和，让中国"不败而败"，法国"不胜而胜"。1894年中日甲午战争爆发时，她花费巨资甚至不惜动用海军军费兴建颐和园用以庆祝自己的60大寿。1895年，她大兴土木，重新修建自己的陵墓，整个工程长达13年之久，直到她死前才完工，耗资巨大，使重修的慈禧陵成为清代最豪华独特的一座皇家陵寝，也为自

己的陵寝乃至整个清东陵的被盗埋下了祸根。1898年,她彻底扼杀了"戊戌变法",囚禁光绪。由于听信庆亲王等人编造的洋人要迫其退位的谣言,将义和团引入北京,失去控制,继而宣布向所有西方国家宣战,引发八国联军入侵的惨祸,使中国的主权地位丧失殆尽。

第三篇
公侯将相生死录

　　君强臣弱，君弱臣强，这是不断演绎的活生生的历史剧。在历史的各个时期，都不时地出现了不同面目、特点的盖主之臣，充当着这些历史剧的主角。他们辅佐君王成就了千秋功业，但随之而来的，往往是君主的猜忌与忌惮，至于最终的命运如何，那就要看各人的心智了。

范蠡：急流勇退，泛舟五湖

范蠡，字少伯，春秋末期楚宛三户人（今河南省南阳市淅川县），政治家、军事家、经济学家，后人尊称"商圣"，乃中国儒商之鼻祖。越国著名谋臣，与文种俱为勾践股肱大臣，最终灭亡吴国。因为意识到勾践只可同患难，不可共富贵，毅然弃越奔齐，三聚三散，富甲天下。他年轻时，曾拜计然（又名辛文子）为师，研习治国、治军方策。公元前496年前后范蠡偕文种远赴吴越，因在吴国难展才华慨然离吴入越，辅助勾践二十余年，终于使勾践于公元前473年灭吴。范蠡以为大名之下，难以久居，遂乘舟泛湖而去。后至齐，父子戮力耕作，致产数十万。齐人闻其贤，使为相。范蠡辞而不受，后迁往陶地（今山东汶上县军屯乡南陶村一带）。经商积资巨万，世称"陶朱公"。

范蠡从政，是他人生的转折。他的行为举止放荡不羁，个性率真，深得道家风范，但他并非颓废，不是悲观主义者，在内心，范蠡还是有治国平天下的宏大志向的。他的思想特征，可称儒道互补或外道内儒。

公元前496年，吴王阖闾攻打越国，然而在檇李（浙江嘉兴）之战中大败，被击中脚趾，因伤势过重，不久死去。吴王阖闾临死，告其子夫差曰："必毋忘越！"

公元前494年，勾践听说吴国日夜演练士兵，准备向越国报仇，打算先发制人，再来个檇李大捷。范蠡力谏：天道要求我们盈满而不过分，气盛而不骄傲，辛劳而不自夸有功。勾践不听范蠡劝谏，执意出

兵。范蠡预料此战凶多吉少。

果然，越国遭遇会稽山大败。范蠡劝勾践答应吴国的任何条件以求保全性命，"卑辞厚礼以遗之，不许，而身与之市。"而吴王没有听伍子胥"今不灭越，后必悔之"的进言，罢兵而归。

按照吴越双方议和的条件，越国战败过了两年，越王勾践将要带着妻子到吴国当奴仆，他想带文种。范蠡愿随勾践同行，说："四封之内，百姓之事……蠡不如种也。四封之外，敌国之制，立断之事……种亦不如蠡也。"可以看出，范蠡对自己有清醒的认识，且具有敢于担当的高贵品格。

吴王夫差想劝范蠡离开勾践，到吴国帮助自己，而范蠡毫不动摇，坦然说道："臣闻亡国之臣，不敢语政，败军之将，不敢语勇。臣在越不忠不信，今越王不奉大王号令，用兵与大王相持，至令获罪，君臣俱降，蒙大王鸿恩，得君臣相保，愿得入备扫除，出给趋走，臣之愿也！"

在夫差病时，范蠡还示意勾践尝夫差之粪便，以迷惑夫差。这是范蠡导演、勾践出演的一出荒诞剧，演出成功对勾践的前途起了至关重要的作用。经过此事，吴王被深深地感动，对勾践动了恻隐之心。而在政治当中，掺入了个人私情，注定夫差的结局是悲惨的。

战争之后，越国国力几乎跌到谷底，且其在复兴之时，要慎之又慎，切不能让吴国有所察觉。范蠡建议勾践劝农桑，务积谷，不乱民功，不逆天时。先抓经济，继而亲民，稳定社会。施民所善，去民所恶。协调内部关系，内亲群臣，下义百姓。有人生病，勾践亲自去慰问。有人去世，就亲自去办丧事。对家里有变故的免除徭役。一系列的措施，使百姓得到安定。

为了提高军事力量，范蠡重建国都城。在建城的过程中，范蠡建了两座城，一座小城，一座大城。小城是建给吴国看的，而大城建得残缺不全，面对吴国的方向，不筑城墙。这样就迷惑了夫差。重视军队训练，提高士气，提高战斗力，组织了敢死队，给以最高金额奖励。为了

进一步迷惑夫差，范蠡又投其所好，派人送给他最喜好的东西，以讨夫差的欢心。还向夫差进献美女，消磨夫差的意志。

公元前476年，伐吴的条件终于成熟了，此时夫差倾全国之力，北上中原争霸，使国力严重消耗，后方空虚，只剩下老弱与太子留守。越国经过近20年的精心准备，国力强大，范蠡建议勾践立即兴兵伐吴。公元前473年，吴军全线崩溃，吴王夫差逃到姑苏台上固守，同时派出使者向勾践乞和，祈望勾践也能像20年前自己对他那样宽容，允许保留吴国社稷，而自己也会像当年的勾践一样倒过来为之服役。勾践动摇了，这时范蠡站出来，陈述利弊，平复了勾践动摇的心态。夫差自杀的时候，想念起伍子胥，认为自己愧对伍子胥，以至于造成如今的结果，遂蒙面自杀。

灭吴后，范蠡向勾践提出了自己隐退的想法。勾践极力挽留，并威胁他说，如果坚持要走的话，就会杀掉范蠡及其妻子。但范蠡并不动摇，决然地走了。

范蠡还告诫文种要知退，说高鸟已散，良弓将藏，狡兔已死，良犬就烹（飞鸟尽，良弓藏；狡兔死，走狗烹）。越王为人，可共患难，不可共富贵。然而文种不听。果然，后来勾践赐文种一剑："子教寡人伐吴七术，寡人用其三而败吴，其四在子，子为我从先王试之。"文种遂自杀。

范蠡辗转来到齐国，变姓名为鸱夷子皮，在海边结庐而居。父子戮力耕作，兼营副业，很快积累了数千万家产。范蠡仗义疏财，施善乡梓，他的贤明能干被齐人赏识，齐王把他请进国都临淄，拜为主持政务的相国。他喟然感叹："居官致于卿相，治家能致千金；对于一个白手起家的布衣来讲，已经到了极点。久受尊名，恐怕不是吉祥的征兆。"于是，三年后，他再次急流勇退，向齐王归还了相印，散尽家财给知交和老乡。

一身布衣，范蠡第三次迁徙至陶（今山东肥城陶山，或山东定陶），在这个居于"天下之中"(陶地东邻齐、鲁;西接秦、郑;北通晋、燕;南连楚、越)的最佳经商之地,操计然之术(根据时节、气候、民情、风俗等,人弃我取、人取我予,顺其自然、待机而动)以治产,没过几年,经商积资又成巨富,遂自号陶朱公,当地民众皆尊陶朱公为财神,乃我国道德经商——儒商之鼻祖。史学家司马迁称:"范蠡三迁皆有荣名。"史书中有语概括其平生:"与时逐而不责于人。"

范蠡取得成功的原因有如下几种:

注意选择经商环境,把握有利时机,遵循市场规律,做事有准备,不盲目。待时而动,得失均衡。范蠡关于把握时机的全面论述很有现代价值。他的待时原则实际上是要求经营者站在时机的面前,超时以待,就像以网张鱼须迎之方能猎获。

"知斗则修备,时用则知物,二者形则万货之情可得而观已。"知道要打仗,所以要从各方面做好准备,知道货物何时需用,才懂得货物的价值。只有把时和用这两者的关系搞清楚了,那么各种货物的供需情况和行情才能看得清楚。

抓住现时得时无怠,因为时不再来,天予不取,反为之灾。其三是从时而追。处于这种境况时要讲究一个"快"字,指出从时者,犹救火,追亡人。

销售理论,贵出贱取。贵出如粪土,当商品价格涨到最高点时,要果断出手。贵上极则反贱。贱取如珠玉,当商品价格跌落到最低点,要像珠玉一样买进,贱下极则反贵。

三八价格,农末俱利。范蠡以为"夫粜,二十病农,九十病末,末病则财不出,农病则草不辟矣。上不过八十,下不减三十,则农末俱利"。商人的利益受到损害,就不会经营粮食商品;农民的利益受到损害,就不会去发展农业生产。商人与农民同时受害,就会影响国家的财政收入。最好的办法就是由政府把粮食价格控制在八十和三十之间,这样农民和商人就可以同时获利。

积着理论。"积着之理,务完物,无息币。以物相贸易,腐败而食之货勿留,无敢居贵。"要合理地贮存商品,加速资金周转,保证货物质量。

薄利多销。范蠡主张逐十一之利,薄利多销,不求暴利,这种非常人性化的主张,符合中国传统道德中经商求诚信、求义的原则。

范蠡"富好行其德",是因为他认识到物聚必散,天道使然。《老子》有云:"圣人不积,既以为人己愈有,既以与人己愈多。"范蠡从人有盛衰、泰终必否的道理中隐约感觉到久受尊名,不祥的道理,可以说与老子的思想有异曲同工之妙。

毋庸置疑,范蠡是人生中的智者。他的选择虽有些无奈,但却为自己留下了永久的美丽。相对于那些不懂退避、硬充好汉的人而言,他才是英雄,因为他有勇气放下令人艳羡的光环,留给了世人一个睿智的微笑。

他深谙世事,洞悉君王心术。范蠡懂得,只有在敌国存在的环境中,君主心目中才有谋臣的价值,敌国破亡了,客观环境变化了,谋臣的价值就会自然丧失,一个没有价值的智谋之士必然被君主视作威胁统治的心头祸患。这一现象不是根源于某一君主的心术,而是君主专制制度下政治运动的一条规律。能够明察天人之道、隐居一方,以避免成为下一步政治斗争的牺牲品,越王另一功臣文种的最终遭遇从反面说明了范蠡这一选择的正确性。

他不恋名利,善于谋后。一个成熟的人应该知道恰当地表现自己。明人许相卿说:"富贵怕见花开。"此语殊有意味。言已开则谢,适可喜正可惧。做人要有一种自惕惕人的心智,得意时莫忘回头,着手处当留余步。此所谓"知足常足,终身不辱,知止常止,终身不耻"。宋人李若拙因仕海沉浮,作《五知先生传》,谓做人当知时、知难、知命、知退、知足,时人以为智见,反其道而行,结果必适得其反。范蠡不恋名利,弃官从商,为求避世,三散家财,最后得以终身;文种在名利面前有所犹疑，悔之晚矣，只落得个引剑自尽的下场。此二人，足以令中国历史臣宦者为戒。不过，痴人的不幸往往就在于"不识庐山真面目"。

商鞅：成也变法，败也变法

商鞅（约前395～前338），战国时期政治家、思想家，先秦法家代表人物。姬姓，卫氏。又称卫鞅、公孙鞅（卫鞅之"卫"即氏于国，商鞅之"商"即氏于居或氏于官，又"诸侯之子曰公子，诸侯之孙曰公孙，公孙之子以王父字为氏"。卫鞅之祖为卫国君，故又称公孙鞅）。商鞅应秦孝公求贤令入秦，说服秦孝公变法图强。孝公死后，受到秦贵族诬害以及秦惠文王的猜忌，车裂而死。其在秦执政二十余年，秦国大治，史称"商鞅变法"，并使秦国长期凌驾于山东六国之上，但最后他还是死于自己所立之法。

商鞅可以说是我国最早的、正式提出改革的人。与绝大多数改革家一样，他改革的目的是好的，而且结果也不错——秦国确实在他的治理下逐渐强大起来。但是，他过于心急，做法又未免有些刻薄，因而在大张旗鼓地运作一段时间以后，便引起了下至百姓、上至君臣的不满，不但新法未能继续推行，自己也走上了奈何桥。

商鞅原本在魏国宰相公叔痤手下任中庶子，帮助公叔痤掌管公族事务。

公叔痤很欣赏商鞅的才华，曾建议魏惠王用商鞅为相，但魏惠王瞧不起商鞅，便没有答应；公叔痤死前又向魏王建议，魏王仍没有起

用商鞅。

公叔痤死后，失去了靠山的商鞅便投奔到了秦国。通过宠臣景监的荐举，秦孝公多次同商鞅长谈，发现商鞅是个难得的治国奇才，便"以卫鞅为左庶长，卒定变法之令"。

秦孝公之所以看重商鞅，是因为当时新兴地主阶级认为封建生产关系已经登上政治舞台，社会正处于新兴的封建制取代奴隶制的大变革时期，商鞅变法正好适应了社会变革的需要。同时秦孝公也是一位奋发有为的君主，商鞅提出的一整套富国强兵的办法，也正好符合他的愿望。

商鞅变法的主要内容是：废除井田制，从法律上确认封建土地所有制，"为田开阡陌封疆，而赋税平"。商鞅特别重视农业生产，鼓励垦荒以扩大耕地面积；建立按农、按战功授予官爵的新体制，以确立封建等级制度；废除奴隶制的分封制，普遍实行法治，主张刑无等级。

商鞅变法的基本内容都是促使社会发展的进步措施，当然会受到许多守旧"巨室"的反对。变法之初，专程赶到国都来"言初令之不便者以千数"，甚至太子还带头犯法。为了使变法顺利实施，商鞅毫不留情，"刑其傅公子虔，黥其师公孙贾"，真正做到了"王子犯法与庶民同罪"。结果，新法实行十年，秦国便国富兵强，乡邑大治。最后，秦孝公成为战国霸主。

然而，商鞅面对着如此巨大成功，他的心情反而感到孤寂和迷惘，为什么会这样呢？他自己也弄不懂。于是，商鞅便去请教一个名叫赵良的隐士。他对赵良说，秦国原本和戎狄相似，我通过移风易俗加以教化，让人们父子有序，男女有别。这咸阳都城，也由我一手建造，如今冀阙高耸，宫室成区。我的功劳能不能赶上从前的百里奚呢？百里奚是秦穆公时的名臣，现在商鞅和百里奚比，当然颇有一点委屈的情绪。谁知赵良却直率地说："百里奚一得到信任，就劝秦穆公请蹇叔出来做国相，自己甘当副手；你却大权独揽，从来没有推荐过贤人。百里奚在位六七年，三次平定了晋国的内乱，又帮他们立了新君，天下人无不折服，老百姓安居乐业；而你呢，国人犯了轻罪，反而要施以重罚，简直把人民当成了奴隶。百里奚出门从不乘车，热天连个伞盖也不打，很随便地和大家交谈，根本不要大队警卫保护；而你每次出外都是车马几十辆，卫兵一大群，前呼后拥，老百姓吓得惟恐躲闪不及。你的身边还得跟着无数的贴身保镖，没有这些，你敢挪动半步吗？百里奚死后，全国百姓无不落泪，就好像死了亲生父亲一样，小孩子不再歌唱，舂米的也不再喊着号子干活，这是人们自觉自愿地敬重他；你却一味杀罚，就连太子的老师都被你割了鼻子。一旦主公去世，我担心有不少人要起来收拾你，你还指望做秦国的第二个百里奚，岂不可笑？为你着想，不如及早交出商、於之地，退隐山野，说不定还能终老林泉。不然的话，你的败亡将指日可待。"

果不其然，秦孝公死后，太子继位，是为秦惠文王，公子虔等人立即诬告"商君欲反"，并派人去逮捕商鞅。商鞅走投无路，最后只好回到自己的封地商邑，秦发兵攻打，商鞅被杀于渑池。秦惠文王连死后的商鞅也不放过，除了把商鞅五马分尸外，还诛灭其整个家族。

商鞅变法前期之所以能够成功，主要是他能抑制上层保守派的反抗，例如刑及太子的老师。试想，太子犯法尚且不容宽恕，老百姓当然只有遵照执行了。但这同时，也给商鞅埋下了致命的败因。"商君相秦十年，宗室贵戚多怨恨者。公子虔杜门不出已八年矣"。一旦有机可乘，上层保守派肯定会合而攻之。

商鞅本意也许是想从严治国，但做法未免太过苛刻了一些，我们且看看他颁布的几条主要国政：

一、定都咸阳，建县开荒兵役赏罚等。

二、连坐，一人犯罪，五家为保，十家连坐，也就是说一个人犯罪，其他九家都得检举，不检举的话，十家一同连坐，一同腰斩；告发者升爵一级。

三、出外住店等都要出示文书，否则不准收留。

事实上，这些国政除第一条外，其余两条均属暴政范畴，虽不论官民一视同仁，但确实过分了一些。

对于这些新政，老百姓自然众口不一，商鞅将议论新政者一一法办。在他看来，说好的就是奉承，该杀；说坏的就是在扰事，更该杀。商鞅还经常亲自查看囚犯，曾在一天之内连杀700余人。于是，他成了全民公敌。商鞅被处以极刑时，满朝文武无一为其求情，百姓争食其肉。

毫无疑问，商鞅对于秦国的发展壮大，有着莫大功劳，然而，却令全国上下对他恨之入骨，他一生的功过成败是不是能给我们一点警醒呢？

蒙恬：千年塞下此冤沉

蒙恬祖籍山东省蒙阴县，故里在蒙阴县城西南7.5公里处的边家城子村。据考证，"蒙"以蒙山为氏。先世为齐国人，战国时，祖父蒙骜投靠秦昭王，领军攻打韩、赵，累官至"上卿"。父亲蒙武也为秦将，曾任秦内史，与秦将王翦联手灭掉楚国。蒙恬出生于一个世代名将之家。深受家庭环境的熏陶，蒙恬自幼胸怀大志，立志征战沙场，报效国家。他天资聪颖，熟读兵书，逐渐具备了较高的军事素养。公元前221年，蒙恬被封为将军，攻齐，因破齐有功被拜为内史（秦朝京城的最高行政长官），其弟蒙毅也位至上卿。蒙氏兄弟深得秦始皇的尊宠，蒙恬担任外事，蒙毅常为内谋，当时号称"忠信"。其他诸将都不敢与

他们争宠。

蒙恬的祖先是齐国人。他的祖父蒙骜从齐国来到秦国侍奉秦昭王，官至上卿。秦庄襄王元年（前249），蒙骜作为秦国将领，伐韩，取成皋、荥阳，秦在此置三川郡（治所在今河南洛阳）。秦庄襄王二年，蒙骜又一气攻取了37座城池。秦始皇三年（前244）蒙骜攻韩，夺取了13城。秦始皇五年，他又率军攻打魏，取得了20城，秦在此置东郡。秦始皇七年（前240），蒙骜去世。

蒙骜的儿子叫蒙武，也就是蒙恬的父亲。蒙恬曾学狱法为狱官，并负责掌管有关文件和狱讼档案。蒙恬还有一个弟弟叫蒙毅，后来官至上卿，是秦始皇的得力助手，成为了秦朝的重臣。

秦始皇二十二年（前225），秦王派将军李信率兵20万攻打楚国，以蒙武为副将。李信攻平舆（今河南平舆县北），蒙武攻寝丘（今安徽临泉县），大败楚军。李信在攻破鄢（今河南鄢陵县）后，引兵向西与蒙武会师于城父邑（今河南宝丰县东），被楚军打败。

秦始皇二十三年（前224），蒙武以裨将随王翦领兵攻楚国，大败楚军，追至蕲南（今湖北蕲春西北），杀楚将项燕，得胜而归。秦始皇二十四年（前223），蒙武复出率兵攻打楚国，俘楚王负刍，平定楚地。二十五年（前222），蒙武率兵南征百越（今浙、闽、粤一带），越君投降，秦遂在此置会稽郡（治吴县，今江苏苏州市）。

在秦始皇统一中国的大业中，蒙恬的祖父蒙骜、父亲蒙武，都是秦国著名的将领。为秦国攻城略地，出生入死；为秦国疆土的开拓，为始皇统一中国，立下了汗马功劳。因此，秦始皇对蒙氏家族非常信任、器重。

公元前215年，秦始皇以蒙恬为帅，统领30万秦军北击匈奴。在黄河之滨，以步兵为主的秦军与匈奴骑兵展开了一场生死之战。蒙恬率领的军队以锐不可当的破竹之势，在黄河上游（今宁夏和内蒙古河套一带地区），击败匈奴各部大军，迫使匈奴望风而逃，远去大漠以北七百

里。汉代贾谊评价当时匈奴的状态说："不敢南下而牧马。"蒙恬仅一战就将彪悍勇猛的匈奴重创，使其溃不成军，四处狼奔。匈奴几十年不敢进汉地，蒙恬功至高也。蒙恬统率重兵坐镇上郡（今陕西榆林市境内），为加强河套地区的防线，在河套黄河以北（今内蒙古乌拉山一带），筑亭障，修城堡，作为黄河防线前哨阵地。经过这次战斗，给北方带来了十几年安定的社会环境，为河套地区的开发创造了条件。

蒙恬不仅打仗能够显示出他英勇威武的大将气概和不一般的战略、战术指挥才能，而且在治理边塞和巩固国防等方面也是一把好手。可英雄背后往往都隐藏着各色的小人，致使很多英雄经常不是战死在沙场，而是饮恨不能善终。蒙恬的死可以说是带着悲壮、无奈与叹惋。

蒙恬的弟弟蒙毅，深受秦始皇宠信，位至上卿（高级执政官）。蒙毅法治严明，从不袒护权贵，满朝文武，无人敢与之争锋。某日，内侍赵高犯有大罪，蒙毅依法判其死罪，除去他的官职，但却被秦始皇给赦免了。从此时起，蒙氏兄弟便成了赵高的心病。

公元前210年冬，秦始皇嬴政游会稽途中患病，派身边的蒙毅去祭祀山川祈福，不久秦始皇在沙丘病死，死讯被封锁。中车府令赵高想拥立公子胡亥，于是就同丞相李斯、公子胡亥暗中谋划政变，立胡亥为太子。因早先赵高犯法，蒙毅受命公正执法，引起赵高对蒙氏兄弟的怨恨，因此，黑手就首先伸向了蒙氏兄弟。

秦始皇死后，赵高担心扶苏继位，蒙恬得到重用，对自己不利，就扣压遗诏不发，与胡亥密谋篡夺帝位。他又威逼利诱，迫使李斯和他们合谋，假造遗诏。"遗诏"指责扶苏在外不能立功，反而怨恨父皇，便遣使者以捏造的罪名赐公子扶苏、蒙恬死。扶苏自杀，蒙恬内心疑虑，请求复诉。

使者把蒙恬交给了官吏，派李斯等人来代替蒙恬掌兵，囚禁蒙恬于阳周。胡亥杀死扶苏后，便想释放蒙恬。但赵高深恐蒙氏兄弟再次贵宠用事，对己不利，执意要除掉蒙氏兄弟便散布在立太子问题上，蒙毅曾在始皇面前毁谤胡亥，胡亥于是囚禁并杀死了蒙毅，又派人前往阳周去杀蒙恬。

使者对蒙恬说："你罪过太多，况且蒙毅当死，连坐于你。"蒙恬说："自我先人直到子孙，为秦国出生入死已有三代。我统领着30万大军，虽然身遭囚禁，可我的势力足以背叛。但我知道，我应守义而死。我之所以这样做是不敢辱没先人的教诲，不敢忘记先主的恩情。"

使者说："我只是受命来处死你，不敢把将军的话传报皇上。"蒙恬长叹道："我怎么得罪了上天？竟无罪而被处死？"沉默良久又说，"我的罪过本该受死，西起临洮，东到辽东筑长城，挖沟渠一万余里，这期间不可能没挖断地脉，这便是我的罪过呀！"于是吞药自杀。

蒙恬含恨死后，部下将士无不悲愤痛切，将其遗体葬于绥德城西大理河畔，数千万将士用战袍兜土成墓，状似山丘。其后，蒙恬部下将士和上郡黎民百姓便效仿其生前所用之笔，制作了许多毛笔。从此，毛笔的制作和使用逐渐流传全国。清人阎秉庚曾题诗曰："春草离离墓道侵，千年塞下此冤沉。生前造就千支笔，难写孤臣一片心。"

张良：决胜千里之外

张良（约前250～前186），字子房，汉族，传为汉初城父，今亳州市谯城区城父镇（人）。汉高祖刘邦的谋臣，秦末汉初时期杰出的军事家、政治家，汉王朝的开国元勋，"汉初三杰"（张良、韩信、萧何）之一。以出色的智谋，协助汉高祖刘邦在楚汉之争中最终夺得天下。待

大功告成之后，张良及时功成身退，避免了韩信、彭越等鸟尽弓藏的下场。张良去世后，谥为文成侯，此后世人也尊称他为谋圣。《史记》中有专门的一篇《留侯世家》，记录张良的生平。

张良出身于贵族世家，祖父开地，连任战国时韩国三朝的宰相。父亲张平，亦继任韩国两朝的宰相。至张良时代，韩国已逐渐衰落，亡失于秦。韩国的灭亡，使张良失去了继承父亲事业的机会，丧失了显赫荣耀的地位，故他心存亡国亡家之恨，并把这种仇恨集中于一点——反秦。

张良到东方拜见仓海君，共同制定谋杀行动计划。他散尽家资，找到一个大力士，为他打制一只重达120斤的大铁锤（约合60斤），然后差人打探秦始皇东巡行踪。按照君臣车辇规定，天子六驾，即秦始皇所乘车辇由六匹马拉车，其他大臣四匹马拉车，刺杀目标是六驾马车。

公元前218年，秦始皇东巡，张良很快得知，秦始皇的巡游车队即将到达阳武县（现在原阳县的东半部），于是张良偕大力士埋伏在到阳武县的必经之地——古博浪沙。不多时，远远看到三十六辆车队由西边向博浪沙处行走过来，前面鸣锣开道，紧跟着是马队清场，黑色旌旗仪仗队走在最前面，车队两边，大小官员前呼后拥。见此情景，张良与大力士确定是秦始皇的车队到达。但所有车辇全为四驾，分不清哪一辆是秦始皇的座辇，只看到车队最中间的那辆车最豪华。于是张良指挥大力士向该车击去。120斤的大铁锤一下将乘车者击毙倒地。张良趁乱钻入芦苇丛中，逃离现场。而张良找到的那个大力士却被秦军杀死。然而，被大力士击毙者并非秦始皇，秦始皇因多次遇刺，早有预防准备，所有车辇全部用四驾，时常换乘座辇，张良自然很难判断哪辆车中是秦始皇。秦始皇幸免于难，但秦始皇对此事十分恼怒，下令在全国缉捕刺客，但是大力士已经被杀，又不知道另一位刺客是谁，张良得以"逍遥法外"，后来不了了之。古博浪沙从此一举成名。

汉二年（前205）春，刘邦接连收降常山王张耳、河南王申阳、韩王昌、魏王豹和殷王昂五个诸侯，得兵56万。同年四月，刘邦乘项羽集中力量攻打田荣之机，率兵伐楚，直捣楚都彭城。攻占彭城后，刘邦被这轻而易举得到的胜利冲昏了头脑，不但没有采取恰当的政治、经济措施，安抚此地，赢取人心，反而恶习复发，得意忘形之余大肆搜集财宝、美女，整日置酒宴会，结果给项羽回军解救留下了时机。项羽闻知彭城失陷，立即亲率3万精兵，从小路火速赶回，急救彭城。刘邦数十万乌合之师难以协调指挥，连粮饷都筹备不齐，所以一经接战，便遭惨败，几乎全军覆没。至此，许多诸侯王又望风使舵，纷纷背汉向楚，刘邦丢下老父、妻子、儿女，只带张良等数十骑狼狈出逃，军事上再度遭受重大挫折，大好的形势复又逆转。

刘邦狼狈逃至下邑，惊魂未定，心灰意冷，万念俱灰。他沮丧地对群臣说："关东地区我不要了，谁能立功破楚，我就把关东平分给他。你们看谁行？"在此兵败危亡之际，又是张良匠心独运，为刘邦想出了一个利用矛盾、联兵破楚的策略。他说："九江王英布，是楚国的猛将，与项羽有隙；彭城之战，项羽令其相助，他却按兵不动。项羽对他颇为怨恨，多次派使者责之以罪；彭越因项羽分封诸侯时，没有受封，早对项羽怀有不满，而且田荣反楚时曾联络彭越造反，为此项羽曾令肖公角攻伐他，结果未成。这二人可以利用。另外，汉王手下的将领，只有韩信可以委托大事，独当一面。大王如果能用好这三个人，那么楚可破也。"这就是著名的"下邑之谋"。

刘邦听罢，认为这确是一个以弱制强的妙计，于是派舌辩名臣隋何前往九江，策反九江王英布；接着又遣使联络彭越；同时，再委派韩信率兵北击燕、赵等地，发展壮大汉军力量，迂回包抄楚军。

"下邑之谋"虽然不是全面的战略计划，但它构成了刘邦关于楚汉战略计划的重要内容。正是在张良的谋划下，一个内外联合共击项羽的军事联盟终于形成，扭转了楚汉战争的局势，使刘邦由战略防御转为战略进攻。事实证明了张良"下邑之谋"的深谋远虑，最后兵围垓下打败

项羽，主要依靠的正是这三支军事力量。

汉三年（前204）冬，楚军兵围汉王于荥阳，双方久战不决。楚军竭力截断汉军的粮食补给和军援通道。汉军粮草匮乏，渐渐难撑危局。汉王刘邦大为焦急，询问群臣有何良策。谋士郦食其献计道："昔日商汤伐夏桀，封其后于杞；武王伐纣，封其后于宋。秦王失德弃义，侵伐诸侯，灭其社稷，使之无立锥之地。陛下诚能复立六国之后，六国君臣、百姓必皆感戴陛下之德，莫不向风慕义，愿为臣服。德义已行，陛下便能南向称霸，楚人只得敛衽而朝。"这其实是一种"饮鸩止渴"的夸夸其谈，当时刘邦并没有看到它的危害性，反而拍手称赞，速命人刻制印玺，使郦食其巡行各地分封。

在这关键时刻，张良外出归来，拜见刘邦。刘邦一边吃饭，一边把实行分封的主张说与张良，并问此计得失如何。张良听罢，大吃一惊，忙问："这是谁给陛下出的计策？"他沉痛地摇摇头接着说，"照此做法，陛下的大事就要坏了。"刘邦顿时惊慌失色道："为什么？"张良伸手拿起酒桌上的一双筷子，连比带划地讲了起来。他说："第一，往昔商汤、周武王伐夏桀殷纣后封其后代，是基于完全可以控制、必要时还可以置其于死地的考虑，然而如今陛下能控制项羽并于必要时置其死地吗？第二，昔日周武王克殷后，表商容之闾（巷门），封比干之墓，释箕子之囚，是意在奖掖鞭策本朝臣民。现今汉王所需的是旌忠尊贤的时候吗？第三，武王散钱发粟是用敌国之积蓄，现汉王军需无着，哪里还有能力救济饥贫呢？第四，武王翦灭殷商之后，把兵车改为乘车，倒置兵器以示不用，今陛下鏖战正急，怎能效法呢？第五，过去，马放南山阳坡，牛息桃林荫下，是因为天下已转入升平年代。现今激战不休，怎能偃武修文呢？第六，如果把土地都分封给六国后人，则将士谋臣各归其主，无人随汉王争夺天下。第七，楚军强大，六国软弱必然屈服，怎么能向陛下称臣呢？"

张良的分析，真是字字珠玑，精妙至极，且切中要害。他看到古今时移势异，因而得出绝不能照抄照搬"古圣先贤"之法的结论。尤其重要的是，张良认为封土赐爵是一种很有吸引力的奖掖手段，赏赐给战争中的有功之臣，用以鼓励将士们追随汉王，使分封成为一种维系将士之心的重要措施。如果反其道而行之，还靠什么激励将士从而取得胜利呢？张良鞭辟入里的分析，较之昔日请立韩王，处心积虑地"复韩"的思想认识，显然是一个飞跃，而且在中国古代政治思想史上占有重要一页。难怪 1700 年之后，还被明人李贽情不自禁地赞叹为"快论"。

张良借箸谏阻分封，使刘邦茅塞顿开，恍然大悟，以致辍食吐哺，大骂郦食其："臭儒生，差一点坏了老子的大事！"然后，下令立即销毁已经刻制完成的六国印玺，从而避免了一次重大战略错误，为以后汉王朝的统一避免了不少麻烦和阻力。不能不承认，张良是一位洞察秋毫的谋略家和富有远见的政治家。

当刘邦被项羽围困在荥阳的时候，韩信却在北路战线上顺利进军，势如破竹。他先是平定了魏、代、赵、燕等地，接着又占据了齐国的故地，欲自立为齐王，使人禀告刘邦求封说："齐人狡诈多变，反复无常，南边又与楚相邻，如果不设王，就难以镇抚齐地。望能允许我为假（代理）齐王。"

刘邦一听，不由得怒气上冲，当着使者的面，破口大骂道："我久困于此，朝夕望他前来助我，想不到他竟要若要自立为王！"当时，张良正坐在刘邦的旁边，张良清醒地认识到，韩信的向背对楚汉战争的胜负有着举足轻重的作用。况且，韩信远在齐地若要自立为王，刘邦鞭长莫及，根本无力阻止。于是，连忙在案下轻轻踩了他一脚，刘邦亦精明，反应亦快，立即醒悟先前失言，于是改口骂道："大丈夫既定诸侯，就要做个真王，何必要做假王！"刘邦本来就爱骂人，有此一骂本不足为奇，况且先后衔接自然，天衣无缝，竟然没露出什么破绽。

当年二月，刘邦派张良拿着印绶去齐地封韩信为王，并征调韩信的军队击楚。授印齐王，虽然是刘邦对韩信的暂时妥协，但这个顺水人情

和权宜之计，居然笼住了韩信，成功地解决了汉内部的权位矛盾，赢得了楚汉天平上关键的一个筹码。对此，东汉荀悦曾有一句极为中肯的评价，他说："取非其有（指齐地本非刘邦所有）以予于人，行虚惠而获实福。"稳住韩信以后，楚汉战争的形势发生了重大的转折。

汉四年（前203），汉对楚已逐渐形成合围之势：韩信据齐地不断袭击楚军，彭越又屡次从梁地出兵，断绝楚军的粮道。楚军兵疲粮竭，项羽无奈，终于送回了被扣押的刘邦的父亲与妻子儿女，与刘邦讲和。双方商定，以鸿沟为界，中分天下，东归楚，西归汉，立约解甲归国，各不相犯。项羽如约拔营东归，向彭城而去。刘邦也欲引兵西归汉中。在这重大的转折之际，张良以一个政治谋略家的深邃眼光，看出了项羽腹背受敌、捉襟见肘的处境，便与陈平同谏汉王道："如今汉据天下三分有二，此时正是灭楚的有利时机，宜猛追穷寇，毕其功于此举。否则放楚东归，如放虎归山，必将遗患无穷。"

刘邦采纳张良的意见，亲率大军追击项羽，并令韩信、彭越合围项羽。刘邦率大军追击楚军至固陵（今河南太康），却迟迟没有等来韩信、彭越所率的援兵，结果惨遭失败。刘邦躲在固陵的壁垒中，不胜焦躁，便问身边的张良："他们为什么没有如期前来？"此时，张良对韩、彭的心思早已了然于心，对应之策已思谋成熟，见刘邦询问，忙答道："楚既将灭亡，韩信、彭越虽已受封为王，却没有确定的疆界。二人此次不来赴约，原因正在于此。陛下若能与之共分天下，当可立招二将。否则最终成败，尚不可知。"刘邦一心要解燃眉之急，便依张良计，把陈地以东至沿海的地盘划封齐王韩信；把睢阳以北至谷城的地盘划封给梁王彭越。两个月后，韩、彭果然派兵来援。

汉军各路兵马陆续会集垓下（今安徽灵璧县沱河北岸）。韩信先用"十面埋伏"之计兵围项羽于垓下，继而又用"四面楚歌"之计瓦解了楚兵士气，终于打败项羽，迫其别姬、自刎。至此，长达四年之久的楚汉战争，以刘邦的彻底胜利而告终结。

汉五年（前202）二月，刘邦正式即帝位，史称汉高祖。同年五月，汉高祖在洛阳南宫举行庆功大典，大宴群臣。席间，觥筹交错，君臣共饮。刘邦显得特别高兴，当论及楚所以失天下，汉所以得天下时，刘邦道出其中的关键在于任用三杰（即萧何、张良、韩信）。他语中盛赞张良道："运筹帷幄之中，决胜于千里之外，吾不如子房（张良的字）。"

国基初奠，天下始定，定都何处，这无疑对新兴的西汉王朝的巩固和发展有着至关重要的意义。起初，汉高祖刘邦本想长期定都洛阳，群臣也多持此见。一天，齐人娄敬求见刘邦，陈说关中的地势险要，劝刘邦定都关中。刘邦一时拿不定主意，而这时那些主张定都洛阳的大臣们却纷纷陈说建都洛阳的好处。这些人多是六国旧人，眷恋故旧，乐土重迁，劝道："东都洛阳，绵延几百年。东有成皋，西有崤函渑池，背靠黄河，前临伊、雒二水，地理形势坚固易守。"独有张良支持娄敬的主张。他说："洛阳虽有这些天然的险要，但它的腹地太小，方圆不过数百里；田地贫瘠，而且容易四面受敌，非用武治国之都。关中则左有崤函之险（即崤山与函谷关的合称，相当于今陕西潼关以东至河南新安县地），右有陇蜀丛山之隘，土地肥美，沃野千里；加上南面有巴蜀的富饶农产，北有可牧放牛马的大草原。既有北、西、南三面的险要可以固守，又可向东方控制诸侯。诸侯安定，则黄河、渭水可以开通漕运，运输天下的粮食，供给京师所需。如果诸侯有变，就可顺流东下以运送粮草，足以维持出征队伍的补给。这正是所谓金城千里，天府之国啊！还是娄敬的主张正确。"张良的分析全面而深刻，加之素孚众望，又深得刘邦信赖，因而汉高祖当即决定定都关中。汉五年八月，刘邦正式迁都长安（今陕西西安市西北）。汉六年正月，刘邦大封包括张良在内的20多位功臣，其余未受封的人则议论纷纷，争功不休。

一天，刘邦在洛阳南宫，从阁道上看见诸将三三五五地坐在沙土上窃窃私语，就询问张良他们在谈论什么事。张良故意危言耸听地说："他们在商议谋反！"刘邦大吃一惊，忙问："天下初定，他们何故

又要谋反？"张良答道："您起自布衣百姓，是利用这些人才争得了天下。现在您做了天子，可是受封的都是您平时喜爱的人，而诛杀的都是平时您所仇怨的人。现在朝中正在统计战功。如果所有的人都分封，天下的土地毕竟有限。这些人怕您不能封赏他们，又怕您追究他们平常的过失，最后会被杀，因此聚在一起商量造反！"刘邦忙问："那该怎么办？"张良问道："您平时最恨的，且为群臣共知的人是谁？"刘邦答道："那就是雍齿了。"张良说："那您赶紧先封赏雍齿。群臣见雍齿都被封赏了，自然就会安心了。"于是，刘邦摆设酒席，欢宴群臣，并当场封雍齿为什邡侯，还催促丞相、御史们赶快定功行封。群臣见状，皆大欢喜，纷纷议论道："像雍齿那样的人都能封侯，我们就更不用忧虑了。"张良此举，不仅纠正了刘邦任人唯亲，徇私行赏的弊端，而且轻而易举地缓和了矛盾，避免了一场可能发生的动乱。他这种安一仇而坚众心的权术，也常常为后世政客们所沿用。

张良素来体弱多病，自从汉高祖入都关中，天下初定，他便托词多病，闭门不出。随着刘邦皇位的渐次稳固，张良逐步从"帝者师"退居"帝者宾"的地位，遵循着可有可无、适进适止的处世原则。在汉初刘邦翦灭异姓王的残酷斗争中，张良极少参与谋划。在西汉皇室的明争暗斗中，张良也恪守"疏不间亲"的遗训。

汉十年（前197），汉王朝上层出现了一场新的危机。刘邦有改易太子之意。当时刘邦宠爱戚夫人，并察知吕后有异心，有代刘而王的迹象，故欲废太子刘盈（吕后子），改立赵王刘如意（戚夫人子）为国储。朝野大臣，群起谏争，但丝毫不能更改刘邦初意。眼看太子位行将被剥夺，吕后遂求救于"智囊"张良。张良考虑到太子之位，至关重要，不可轻易更立，大儒叔孙通说得好："太子天下本，本一摇天下振动。"再加上当时天下方定，汉朝统治根基还未稳固，各项制度还正在健全，只有顺其现状，无为而治，才能安定天下，稳保江山。基于这个大局，张良遂对吕后说道："口舌难保太子，'商山四皓'（皓：白，即四个白头发的老人，分别是东园公、甪里先生、绮里季和夏黄公）皆八十余，节义清高，不就汉朝爵位，匿亡山林，皇上敦聘不至，但仍然高义'四皓'。太子若卑辞固请'四皓'出山，出入宫廷以'四皓'相随，皇上必问而知之，知之则太子位可固。"事果如张良言，刘邦问知伴随太子的"四皓"就是自己数请不来的隐士，今为太子左右，可见太子羽翼已丰，翅膀亦硬，奈何不得，从此再也不提易立太子一事。太子终得嗣位，吕后为此对张良也越加敬重。

《史记》、《汉书》对张良帮助萧何筹谋划策多不记载，但亦无妨张良后期的功绩。论功分封时，按级赐爵，汉高祖刘邦令张良自择齐国三万户为食邑，张良辞让，谦请封始与刘邦相遇的留地（今江苏沛县），刘邦同意了，故称张良为留侯。张良辞封的理由是：韩灭家败后他沦为布衣，布衣得封万户、位列侯，应该满足。看到汉朝政权日益巩固，国家大事有人筹划，自己"为韩报仇强秦"的政治目的和"封万户、位列侯"的个人目标亦已达到，一生的夙愿基本满足。再加上身缠病魔，体弱多疾，又目睹彭越、韩信等有功之臣的悲惨结局，联想范蠡、文种兴越后的或逃或死，深悟"狡兔死，走狗烹；飞鸟尽，良弓藏；敌国破，谋臣亡"的哲理，惧怕既得利益的得而复失，更害怕韩信等人的命运落到自己身上，张良乃自请告退，摒弃人间万事，专心修道养精，崇信黄老之学，静居行气，欲轻身成仙。但吕后感德张良，劝他毋自苦，张良最后还是没有听从吕后的劝告，仍旧不食人间烟火。

韩信：生死一知己，存亡两妇人

韩信，被誉为汉初"三杰"之一；后人则称之为"古今第一名将"。他举兵袭取三秦、击魏破赵、平定齐地，在垓下一举歼灭项羽……汉有天下，论武功首推韩信。而一代名将，最终却以"谋反"罪名被诛于长乐宫钟室，死非其所，令人浩叹！

"生死一知己，存亡两妇人"，十个字浓缩了韩信的一生。它堪称世界上最短的名人传。

"生死一知己"指的是伯乐兼刽子手萧何；"存亡两妇人"指的是施食救命的漂母和杀害韩信的吕雉。韩信的生存、显赫和毁灭，确实和这三人有极大的关系。

韩信是淮阴人，因为家贫，加上他自己浪荡无行，所以既不能被人推举为官吏，又不会经商谋生，因而流落成一个街头混混，常跑到别人家里吃白食，邻居们都很讨厌他。

韩信曾到南昌亭长家寄食数月，也难得这位亭长好脾气。亭长虽然容忍韩信在他家里白吃，但亭长的妻子却实在受不了了，又不愿公开得罪韩信，便一大早就吃饭，等到了开饭的时间、韩信赶到时，人家家里已经没有饭了。

韩信也知道人家不愿白养活他，一气之下竟掉头而去。

离开亭长家，韩信实在找不到可以白吃饭的地方了，便学姜太公垂钓的样子，在淮阴城边的河中钓鱼。

有个常到河边洗衣服的老太太见韩信没饭吃，挺可怜，便每天给他带点饭来。就这样，老太太连续给韩信送了几十天的饭，韩信很感动，表示将来如果发迹，一定会报答老人。

不想老太太却生气了，教训韩信道："大丈夫不能自食其力，我可怜你才给你点饭吃，谁指望你将来报答！"

好在韩信被人瞧不起已经习惯了，听了老太太的话，并不放在心上，依然不想干点什么营生以糊口。

淮阴市有个无赖，见韩信整天无所事事，还煞有介事地在腰间挂着一柄剑，便嘲笑韩信，说韩信虽然个头不小，又好带刀带剑，其实很胆小。众人皆以为然，跟着他嘲笑韩信。

那个无赖见韩信仍旧不恼不怒，更是变本加厉，对韩信说："你要是有胆量不怕死，就用剑刺我；若是怕死，就从我的胯下钻过去。"

韩信仔细端详着这个无赖，没吭声。过了一会儿，韩信趴倒在地，乖乖地从无赖的两腿之间钻了过去。

周围的人见状，皆乐得前仰后合，认为韩信不仅胆小无能，还不知羞耻。

这就是一时成为韩信两大污点的"乞食漂母"和"胯下之辱"。

而就因韩信有这两大污点，一直被人瞧不起，差点耽误了韩大将军的功名前程。

韩信最初并不在刘邦的麾下。

秦末天下大乱，陈胜振臂一呼，应者云集。项羽的叔叔项梁也起兵反秦，渡过淮河来到了淮阴。韩信见建立功名的时机已到，遂仗剑投奔项梁。

但是，直到项梁战死，韩信也没引起项梁的注意，仍是普通一兵。

项梁死后，韩信成了项羽的部下，这一次的状况稍好了点，项羽提拔他做郎中，相当于项羽的警卫员。如果算是个官的话，充其量也只能算是个军队中的基层干部。

好在因为在项羽身边工作，韩信面见项羽比较容易，因此屡次去向项羽献策，而项羽却对韩信的屡次献策置之不理。在项羽看来，一个"胯下之夫"算什么东西！你也配来为俺出谋划策？

韩信很失望，一气之下投奔了刘邦。

而刘邦也没对韩信的到来当回事，只是任命他做了个名为连敖的小官，也算是个军队的基层干部。

韩信在任汉连敖期间，因违犯军规差点送了性命。当时犯法当斩的共14人，韩信是其中之一。行刑时，前面13人均已被斩首，轮到韩信了，韩信对监斩的夏侯婴叹道："汉王不是要夺取天下吗？为什么要斩壮士？"

也是韩信命不该绝。这位夏侯婴是刘邦的老乡兼老朋友，对刘邦有大恩。他听了韩信的长叹，"奇其言，壮其貌"，竟将韩信松绑，将韩信从刀口下救下。及与韩信详谈，竟谈得极为投机。

夏侯婴性格直率，敢说敢做。他发现了韩信这个人才，自然去说给刘邦听，刘邦此时犹未引起重视，只是碍于夏侯婴的面子，提拔韩信为治粟都尉。

刘邦的丞相萧何求贤若渴，听说夏侯婴从刀下救下了一个人才，忙去与韩信谈心，一谈，顿觉韩信见解不凡，对天下大势分析得头头是道，遂视韩信为奇才。

萧何与刘邦有同乡之谊，与夏侯婴一样，也是刘邦未发迹时的老朋友。他出于对刘邦帝业的负责，急忙向刘邦举荐韩信。但刘邦仍未引起重视，认为韩信不过是个出身微贱、没有出息的无能之辈。

韩信得知萧相国数次举荐自己，而汉王仍没有重用自己的意思，非常失望，觉得在汉营也没有多大的发展前途，于是开小差跑了。

在韩信逃离汉营之前，群雄逐鹿的局面就已经明朗了，在刘邦、项羽的合力进攻下，秦王朝土崩瓦解，刘邦率先入关，刚做上秦朝皇帝的公子婴领着文武大臣们投降。不久，项羽也率军入关，在秦朝都城咸阳大封诸侯，刘邦被封为汉王，封地在巴蜀、汉中一带。项羽则自封为西楚霸王，将家乡彭城定为都城。

当时的巴蜀一带尚未经开发，属于贫穷落后地区。刘邦先攻入秦朝都城，其功最大，却被封到偏远贫困之地，当然不高兴。更令刘邦忍无可忍的是，秦朝降将章邯、司马欣、董翳也被封王，而且封地在巴蜀、汉中的东北一带，对刘邦形成了包围之势，堵塞了刘邦进军中原的道路。

刘邦气归气，却也不敢不服从。因为项羽的部队多达40万，而刘邦才10万人，根本不是项羽的对手。

刘邦强压怒火，率军西进。他的部下们都觉得太窝囊，极不情愿随刘邦到蜀地。而且，汉军多数都是东部地区的人，不愿远离家乡。所以，在汉军西行过程中，就有不少将领和士兵在路上开了小差。

韩信就是在这个时候跑的。由于跑的人太多，所以刘邦干脆听之任之，对区区一个韩信，当然更是无所谓了。

忽然有人向刘邦报告，说萧相国也跑了。别人跑了无所谓，刘邦的股肱之臣萧何跑了，这可非同小可。刘邦急了，"如失左右手"。

过了一两天，萧何自己又回来了。刘邦一见萧何，且怒且喜，张口便骂。萧何道："臣不敢逃跑，臣是去追逃跑的人。"

刘邦不信，萧何解释说，他追的是韩信。

刘邦道："诸将逃跑的有数十个，你别人不追，为何偏偏去追韩信？一定是在骗我！"

萧何道："诸将易得，至如韩信，国士无双。大王若只想在汉中称王，用不着韩信；若是想争夺天下，非用韩信不可！就看大王怎么决策了。"

刘邦这才稍稍重视萧何的举荐。他说："看在相国的面子上，就用韩信为将军吧。"

萧何却不同意，说："虽用韩信为将，韩信还是要跑。"言下之意

是，任命韩信为将军，官太小了。

刘邦一咬牙道："拜他为大将！"

萧何这一下高兴了，说："幸甚！"

当时的大将，相当于执掌军权的大元帅。刘邦在萧何的劝说下，敢于将军权交给当时还是一个无名之辈的韩信，既是韩信的幸事，也是刘邦的幸事！

对于刘邦来说，此举可能是他一生中最重要也是最冒险的决定。

而且，在萧何的劝说下，刘邦还为韩信主持了隆重的拜将仪式。

诸将听说汉王要拜大将，都很高兴，以为说不准拜的就是自己。及至韩信登坛，"一军皆惊"。

肯定有许多人窃窃私语：这不是那个懦弱无能的"胯下之夫"吗？他凭什么能做大将？汉王是不是吃错药了？难道我们是在做梦？

诸将不是在做梦，刘邦也没有吃错药。韩信的的确确成了刘邦的大将。

这也应了一句话："英雄不怕出身低。"

汉王重用韩信，筑坛拜将，韩信得以施展抱负，辅佐刘邦取得天下。然而他哪里知道，兔死狗烹的悲剧会在他身上重演。

在他当上楚王不久，毫无戒备的韩信就被刘邦诱捕，贬为淮阴侯，在长安受到监视。

公元前197年，陈豨任代相。不久，他自称代王，联合韩王信（非淮阴侯韩信）、燕王卢绾举赵代之兵反叛，刘邦亲率大军北上征讨，留吕后和太子以及萧何守卫国都长安。

刘邦走后，吕后突然将相国萧何召来，告诉萧何一个惊人的消息：韩信要造反！

听了吕后的话，萧何也觉事态严重。经过密谋，两人想出了个主意：由萧何去见韩信，诈说叛军已经被刘邦平定，陈豨已死，诸侯与群臣皆入朝祝贺，也请韩信入朝致贺。韩信到时，则立即逮捕之。

萧何去跟韩信一说，韩信果然跟着萧何到了长乐宫。

当初因为萧何的举荐，韩信才得以宏图大展；可以说，萧何对韩信有着知遇之恩，没有萧何，也就没有韩信的今天！见萧何专门来请，韩信没有理由不进宫。

萧何将韩信领到了长乐宫的钟室。钟室是陈列宫廷乐器的地方，韩信还以为，到钟室里来，是为了听宫廷乐师们演奏乐曲以庆贺平叛胜利。

谁知一进钟室，却不见别的王侯大臣，只有吕后阴沉着脸在此等候。

韩信正纳闷间，只听吕后一声尖利刺耳的大喝，立即从两面蹿出几个武士，将韩信捆绑起来。

未等韩信质问缘由，吕后即下令将韩信就在钟室之内斩首。

韩信想找萧何问个究竟，萧何这时却不知躲到哪里去了。面对武士高高举起的屠刀，韩信仰天长叹："吾悔不用蒯通之计，乃为儿女子所诈，岂非天意哉！"

寒光闪过，鲜血四溅。一代名将，就这么身首两处了。

刘邦为什么要在刚刚消灭项羽不到一年的时间里就对韩信一步步动手了呢？以前那种解衣推食的深厚情谊去了哪里？最根本的原因其实韩信也是知道的，那就是刘邦"畏恶其能"，纯粹是一种嫉妒心理在作怪，而刘邦自我感觉自己又没有像秦始皇那种慑人的压倒性气势可以震住韩信。而朝廷同僚们的嫉妒又在侧面起了推动的作用，最终使刘邦决心除掉韩信，无论你反与不反，无论证据确凿与否，总归是留你不得。所谓"站得高，不能久也，莫仗一时得意，挺身遮住后来人"。再者，韩信自己的人格方面也有很大的问题，和平年代认识不清自己的位置，以致"左右争欲击之"；卖友悔过，反倒是借钟离眛的人头，更加授人以柄；及至被贬为侯，心理严重失衡，为与周勃、灌婴平起平坐而感觉羞耻（羞与绛灌同列），并感叹"想不到居然和樊哙这样的屠夫混在一起！"

143

（生乃与哙等为伍），依然"臣多多而益善"，完全不知明哲保身，韬光养晦，向那萧何让金、张良辟谷学习，锋芒毕露最终成就了"生死一知己，存亡两妇人"的传奇故事。无怪乎金庸先生写下了这样的感叹：子胥功高吴王忌，文种灭吴身首分。可惜了淮阴命，空留下武穆名。

所以说在功盖天下、勇略震主的背景之下，无论韩信是否要谋反，刘邦最终都是非收拾他不可的。因为刘邦面临的是一个历朝开国皇帝都未能妥善解决的问题：如何合理地安置有功之臣。谋反一事或许只是一个借口而已。

岁月悠悠，淮水悠悠，千秋功罪，自有后人评述。唐代大诗人刘禹锡说："遂令后代登坛者，每一寻思怕立功。"黄庭坚义愤填膺地喊出："千年事与浮云去，想见萧侯决是非"，欲同萧何打一场隔代官司，为韩信平反昭雪。

周亚夫：被活活饿死的一代名将

周亚夫，是江苏沛县人，西汉开国功臣周勃的儿子。汉文帝后元二年（前162），袭父爵为绛侯。起初做河内郡守时，许负曾给他看相，说他三年后为侯，封侯八年为丞相，掌握国家大权，位尊任重，在众臣中将首屈一指，再过九年会饿死。周亚夫笑着说："我的哥哥已代父为侯，如若他去世，他的儿子理应承袭爵位，我周亚夫怎轮得上封侯呢？再说若我已显贵到如你所说的那样，怎么会饿死呢？你来解释解释！"许负指着他的嘴说："你嘴边有条竖线，纹理入口，这就是饿死之相。"过了三年，周亚夫的哥哥绛侯周胜之犯了罪，文帝选周勃子孙中有贤德的人为侯，大家都推举周亚夫，于是封周亚夫为绛侯，继承其文爵位。

公元前158年，即汉文帝22年，匈奴进犯北部边境，文帝急忙调边将镇守防御。为了守卫京师，文帝派三路军队到长安附近抵御守卫。宗正刘礼驻守在灞上，祝兹侯徐厉驻守在棘门，河内太守周亚夫则守卫细柳。一日，文帝到军中去犒劳慰问。他先到灞上，再到棘门，这两处都不用通报，见到皇帝的车马来了，军营都主动放行。而且两地的主将直到文帝到了才知道消息，迎接时慌慌张张。送文帝走时也是亲率全军送到营寨门口。

文帝到了周亚夫的营寨，和先去的两处截然不同。前边开道的卫士被拦在营寨之外，在告知天子要来慰问后，营门的守卫都尉却说："将军有令，军中只听将军命令，不听天子诏令。"等文帝到了，派使者拿自己的符节进去通报，周亚夫才命令打开宫门迎接。守营的士兵还严肃地告诉文帝的随从："将军有令：军营之中不许车马急驰。"车夫只好控制着缰绳，不让马走得太快。到了军中大帐前，周亚夫一身戎装，出来迎接，手持兵器向文帝行拱手礼："甲胄之士不拜，请陛下允许臣下以军中之礼拜见。"文帝听了，非常感动，欠身扶着车前的横木向将士们行军礼。

劳军完毕，出了营门，文帝感慨地对惊讶的群臣说："这才是真将军啊！那些灞上和棘门的军队，简直是儿戏一般。如果敌人来偷袭，恐怕他们的将军也要被俘虏了。可周亚夫怎么可能留机会被敌人偷袭呢？"好长时间里，文帝对周亚夫都赞叹不已。

一个月后，匈奴兵退去。文帝命三路军队撤兵，然后升周亚夫为中尉，掌管京城的兵权，负责京师的警卫。

后来，文帝病重弥留之际，嘱咐太子刘启也就是后来的景帝说："以后关键时刻可以用周亚夫，他是可以放心使用的将军。"文帝去世后，景帝任命周亚夫做骠骑将军。

公元前154年，即汉景帝三年，吴王刘濞联合楚王刘戊、胶东王刘印等七国发动叛乱，打出"诛晁错、清君侧"的旗号。景帝于是任命周亚夫为太尉，领兵平叛。这时叛军正在猛攻梁国，但周亚夫并不想直接救援，他向景帝提出了自己的战略计划："楚军素来剽悍，战斗力很强，如果正面决战，难以取胜。我打算先暂时放弃梁国，从背后断其粮道，然后伺机再击溃叛军。"景帝同意了周亚夫的计划。

于是，周亚夫绕道进军。到了灞上时，遇到一位名叫赵涉的士人，赵涉建议周亚夫再往右绕道进军，以免半路受到叛军的袭击。周亚夫听从了赵涉的建议，走蓝田、出武关，迅速到达了雒阳，搜索之后果然抓获了伏兵。

此时的梁国被叛军轮番急攻，梁王向周亚夫求援。周亚夫却派军队向东到达昌邑城（在今山东巨野西南），坚守不出。梁王再次派人求援，周亚夫还是不发救兵。最后梁王写信给景帝，景帝又下诏要周亚夫进兵增援，周亚夫还是不为所动。但他却暗中派军截断了叛军的粮道，还派兵劫去叛军的粮食。叛军只好先来攻打周亚夫，但几次挑战，周亚夫都不出战。时间一长，周亚夫军中都有些军心不稳了。

一天晚上，营中突然发生混乱，嘈杂声连周亚夫的大帐里都能听见，但周亚夫始终躺在床上不动。一会儿，混乱自然就平息了。几天后，叛军大举进攻军营的东南部，声势浩大，但周亚夫却让部下到西北部去防御。结果正是西北部遭到叛军主力的进攻，由于有了准备，所以很快击退了叛军。

叛军因为缺粮，最后只好退却，周亚夫趁机派精兵追击，取得胜利。叛军头领刘濞的人头也被越国人割下送来。这次叛乱仅三个月就很快平定了，战争结束后，大家这才纷纷称赞周亚夫的用兵之道。但梁王却因为周亚夫没有及时救援，和他结下了仇。

公元前152年，丞相陶青有病退职，景帝任命周亚夫为丞相。开始景帝对他非常器重，由于周亚夫的耿直，不太讲究政治策略，逐渐被景

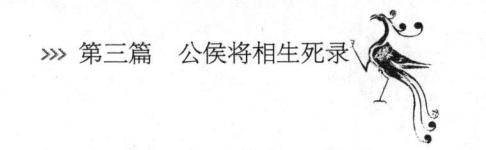

帝疏远，最后落个悲剧的结局。

有一次，景帝要废掉栗太子刘荣，刘荣是栗姬所生，所以叫栗太子。但周亚夫却反对，结果导致景帝对他开始疏远。还有和他有仇的梁王，每次到京城来，都在太后面前说周亚夫的坏话，对他也很不利。

后来，有两件事导致了周亚夫的悲剧。一件是皇后的兄长封侯，一件是匈奴将军封侯的事。窦太后想让景帝封皇后的哥哥王信为侯，但景帝不愿意，说窦太后的侄子在父亲文帝在世的时候也没有封侯。窦太后说她的哥哥在世时没有封侯，虽然侄子后来封了侯，但总觉得对不起哥哥，所以劝景帝封王信为侯，景帝只好推托说要和大臣商量。

景帝和周亚夫商量时，周亚夫说高祖曾有白马誓约，非刘姓不能封王，没有功劳的不能封侯，如果封王信为侯，就是违背了先祖的誓约。景帝听了无话可说。

后来匈奴将军唯许卢等五人归顺汉朝，景帝非常高兴，想封他们为侯，以鼓励其他人也归顺汉朝，但周亚夫又反对说："如果把这些背叛国家的人封侯，那以后我们如何处罚那些不守节的大臣呢？"景帝听了很不高兴："丞相的话迂腐不可用！"然后将那五人都封了侯。周亚夫失落地托病辞职。景帝批准了他的要求。

此后，景帝又把他召进宫中设宴招待，想试探他脾气是不是改了，所以他的面前不给放筷子。周亚夫不高兴地向管事的内侍要筷子，景帝笑着对他说："莫非这还不能让你满意吗？"周亚夫羞愤不已，不情愿地向景帝跪下谢罪。景帝刚说了个"起"，他就马上站了起来，不等景帝再说话，就自己走了。景帝叹息着说："这种人怎么能辅佐少主呢？"

这事刚过去，周亚夫又因事惹祸，这次是由于他的儿子。儿子见他年老了，就偷偷买了五百甲盾，准备在他去世后发丧时用，这甲盾是国家禁止个人买卖的。周亚夫的儿子给佣工期限少，还不想早点给钱，结果，心有怨气的佣工就告发他私自买国家禁止的用品，要谋反。景帝派人追查此事。

负责调查的人叫来周亚夫，询问原因。周亚夫不知道儿子做了什么，对问的问题不知如何回答，负责的人以为他在赌气，便向景帝报告了。景帝很生气，将周亚夫交给最高司法官廷尉审理。

廷尉问周亚夫："君侯为什么要谋反啊？"

周亚夫答道："儿子买的都是丧葬品，怎么说是谋反呢？"

廷尉讽刺道："你就是不在地上谋反，恐怕也要到地下谋反吧！"

周亚夫受此羞辱，无法忍受，开始差官召他入朝时就要自杀，被夫人阻拦，这次又受羞辱，更是难以忍受，于是绝食抗议，五天后，吐血身亡。司马迁在《史记》中对他称赞的同时，也为他惋惜，说他因为过于耿直，对皇帝不尊重，结果导致悲剧结局，令人感慨！

最后周亚夫的结局果真是饿死的，但是否有相面之说还有待考证。

纵观周亚夫的一生，干了两件辉煌的大事：一是驻军细柳，严于治军，为保卫国都长安免遭匈奴铁骑的践踏而做出了贡献。二是指挥平定七国之乱，粉碎了诸侯王企图分裂和割据的阴谋，维护了统一安定的政治局面。可以说没有七国之乱的平定，就不会有诸侯王国割据势力威胁中央政权问题的最终解决，同样也就难以出现汉武帝时的强盛局面。显然，周亚夫为巩固西汉王朝的统治立下了汗马功劳。仅从上述二事来看，称周亚夫为汉代杰出的军事家，似乎并不过分。

但就是这样一位功臣，最后却落了一个凄惨的下场。造成这一悲剧的原因，应该与周亚夫耿直的性格有关。周亚夫前有冒犯文帝之举，后有得罪梁王、窦太后、景帝之事（即把皇帝和皇帝之母、妻、弟、大舅子均得罪了）。所幸的是，文帝乃胸怀大度之人，能广泛地纳谏选贤，不拘一格地选拔人才。因而对周亚夫要自己按军令行事的举动，非但没有怪罪，反而加以赞扬，予以提拔。不幸的是，景帝与其父相比，相差甚远，为人较为心胸狭隘，有怨必报，听不得不同意见。早在为皇太子时，一次与吴王世子下棋，为争棋招用棋盘将对方打死。"吴王由是怨望，稍失藩臣礼，称疾不朝"成为其后来发动叛乱的导因之一。再如尚是太子的刘启曾与梁王刘武同乘一辆车入朝，到了宫殿的司马门却不下车，被担任公车令的张释之拦住，并以他俩过司马门不下车为不敬罪奏请文帝依法予以处理。刘启对此怀恨在心，在继位后不久便把张释之降职。在这样一个专横君主的统治下，周亚夫的命运可想而知。

卫青：从奴隶到将军

卫青是汉武帝时期抗击匈奴的名将，霍去病的舅舅，二者并称"帝国双璧"。卫青开启了汉对匈奴战争转败为胜的新篇章，七战七捷，无一败绩，为历代兵家所敬仰。

西汉武帝时期，卫青征讨匈奴的一系列战斗所取得的辉煌战果，显示出了他杰出的军事才能和吃苦耐劳、勇敢无畏的品质。应该说，在开始时汉军并不占优势的情况下，之所以能取得这一系列胜利，与卫青的个人品质和本领以及他的正确决策是密不可分的。卫青的鞍马劳顿，为汉室江山的稳定立下了汗马功劳。由于卫青抗击匈奴的胜利，汉朝重新控制了河南、河西等地，并在河南地设置朔方郡，使首都长安有了一道屏障。尤其是经过漠北一战，匈奴实力大伤，从此之后，"匈奴远遁，漠南无王庭"，使汉朝解除了被匈奴持续了近一个世纪的威胁状况。

卫青能够在二十几年的时间内，由一个奴仆当上大司马大将军，固然同他的国舅身份有关，但更主要的还是凭借他个人的人品、才干和功业。

而在功成名就、位高权重之后，卫青既没有擅权乱政、胡作非为，

也没有被谗被毁、身家难保，这在很大程度上与他的个人品质和为官做人智慧有关。其实早在他的征战之中，卫青就表现出了非同一般的韬晦之谋。

卫青带兵打仗，不但自身当敌勇敢，身先士卒，冲锋在前，而且号令严明，赏罚公平，治军有方。公元前124年，卫青出高阙、击匈奴有功，汉武帝格外施恩，封其三子为侯。卫青坚辞不受，并说："我待罪军中，全靠皇上神灵，战争取得了胜利，这都是诸将校的功劳。"由于卫青的奏请，随同他出征的11名将校，才得以封侯赐爵。这里面既有他的姐夫公孙贺、挚友公孙敖，也有李蔡（李广的叔伯兄弟）、李沮、李息、李朔、赵不虞、韩说、豆如意、权孙戎奴等一般僚属。

田仁是卫青的一个侍从，很有胆识，多次跟随卫青出征，立有军功。对于这样一个奴仆，卫青也是有功必赏。他上报朝廷，汉武帝便任命田仁为郎中。

卫青不但不掩他人之功，而且为将清廉不贪。有时候，皇太后赏赐给他的金钱，他也全部均分给部下将吏。

卫青虽然功高一世，位极人臣，却始终忠于朝廷，恪守军人的本分。史书称他"以和柔自媚于上"。当然，卫青的自处卑顺，不敢专权，一切以皇帝的意志为转移，是有其历史原因的。比如在汉初，一些裂土受封的侯王，功高震主的将领，大多数招贤养士，培植个人势力，结果都没有好下场。这些人都是卫青的前车之鉴。因此，当苏建劝他效法古时名将，结交宾客，招徕士人，以扩大自己的声望和势力时，卫青马上说："亲待士大夫，选举贤人，罢黜不肖，这些都是皇上的权柄，做臣下的只要奉法遵职就行了，为什么要参与养士呢！"

卫青之所以如此行事，还因为他也有过教训。当年，主父偃初到长安时，曾投在卫青的门下。卫青多次向汉武帝荐举主父偃，皇上根本不予理睬。后来，还是主父偃毛遂自荐，早上投书，傍晚即被召见。主父偃建议汉武帝把关东地区的豪强富户迁到茂陵，以便朝廷集中控制时，卫青为关东大侠郭解讲情，说郭解家贫，不应在迁徙之列。汉武帝却不软不硬地反驳说："郭解这个贫民，居然有力量让大将军为他求情，这说明他家并不贫。"郭解终究还是被迁到了茂陵。这使得卫青不能不对自己的政治之途倍加谨慎。

卫青不但在政治上忠于朝廷，就是在一些生活私事上，也完全听命于汉武帝，尽量顺应皇帝的心意。

卫青被拜为大将军以后，平阳公主的丈夫曹寿得了恶疾，回到自己的封国。平阳公主只好独居。她同身边的人商量：长安中的列侯，谁可以做她的丈夫。左右的人都说大将军卫青最合适。公主笑着说："他当年是我的骑奴，常常侍候我出出进进的，你们为什么偏偏说他合适呢？"众人赶忙解释说："公主，话可不能这么说。现在大将军的姐姐是皇后，他的三个儿子又都封了侯，富贵甲于天下，您不能再小看他了。"于是，公主同意了，并通过卫皇后示意皇上，汉武帝亲自发话，卫青便由当年的骑奴变成了主人的丈夫。

公元前123年，卫青出兵归来，汉武帝赏赐给他千金。出了宫门，一个素不相识的人，拦住他的车驾，说是有事禀告，卫青便停下车来。这个人走到车旁，对卫青说："现在王夫人正得皇上宠爱，但她的母家很贫穷。如果您能拿出赏赐的一半，送给王夫人的母家，皇上一定会高兴的。"卫青欣然同意了，派人把五百金送到王夫人母家。汉武帝得知后，极为欢心。

卫青虽然声势显赫，权倾朝野，为人却谦恭退让，礼贤下士。史书上记载，"青仁，喜士退让"。这使得他在仕途上终身无虞，死后得以陪葬在茂陵之旁。

汉武帝时第一大将卫青，其一生可谓颇具传奇色彩。他从一个寄人篱下饱受欺凌的侯府女仆私生子，成长为抗击匈奴、开疆拓土、功彪青史的大将军；从公主的马夫到公主的驸马，一时权倾朝野，位极人臣。然而，纵使这般，卫青依然能够保持恭谦的本色，不居功自傲，以其小

心谨慎的处世风格谋得善终，着实让人敬佩不已。

我们不妨试着分析一下卫青谦卑的由来：

一、出身。

或许，卫青的谦卑与他的出身不无关系。卫青出身十分卑贱，母亲为奴仆，同时自己又是私生子，没有任何地位和名分，因此在他整个少年时期，都处于被欺凌与被侮辱的境况之中。这种经历对他的人生肯定有深远的影响。此时之"卑"，是被迫，也是自觉，这使得他既能忍辱负重，又能刚毅奋发。他因此而养成的有胆有识、吃苦耐劳等优良品质，无疑对他后来的建功立业起到了重大作用。

二、前车之鉴。

汉初，刘邦翦除了不少有可能威胁到自己江山的功臣，延至武帝，因培植私人势力、功高震主而遭受横祸者已不在少数。卫青本就有"卑"的性格，对于他而言，从一个马夫荣升为大将军，这是他以前做梦也不敢想的。他对于自己这份得来不易的荣耀与地位倍加珍惜，而且已十分知足。再加上前车之鉴，使得他根本无心也不敢耀武扬威、得陇望蜀。所以，他索性刻意表现出一种看淡功名的样子，做给武帝、也做给同僚们看——我卫青与世无争没什么野心。对于这样的一个人，谁又会处心积虑地加害他呢？

三、经验教训。

汉武帝性格多疑、刚愎自用，又容不得臣下损其颜面，李陵、司马迁都是先例。卫青权倾朝野，多少会受到武帝的猜忌，而且他又碰过两次软钉子，这怎能不令自幼就"卑"的卫青心存余悸，所以他只能更加小心，以保住这得来不易的一切。

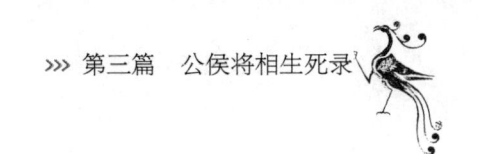

狄仁杰：举贤为国，非为私也

狄仁杰，字怀英，号德英，唐代并州太原（今山西太原南郊区）人。为唐朝武周时的著名宰相，刚正廉明，执法不阿，以身护法。任大理丞，一年中判决了大量的积压案件，涉及17000人，无冤诉者。先后举荐了张柬之、桓彦范、敬晖、窦怀贞及姚崇等数十位干练的官员，皆为唐朝中兴之臣，朝中政风为之一变。有人对他说："天下桃李，悉在公门矣。"狄仁杰回答："举贤为国，非为私也。"狄仁杰曾犯颜直谏，力劝武则天续立唐嗣，唐祚得以维系。一生上承贞观之治、下启开元盛世的武则天时代，为国贡献卓著。

如今，狄仁杰在荧屏上可谓相当火爆，相信一千多年以前的这位大唐名相无论如何也想不到自己会成为"神探"的代言人。不过，无论名相也好，神探也罢，二者皆不可或缺的就是智慧。

我们知道，武则天执政初期，为巩固自己的统治地位，大用酷吏，朝中文武冤死无数。狄仁杰乃是李唐旧臣，虽追随武则天，但心向李唐，这一点从他极力建议武则天立李显为太子便可看出。

那么，这样一位心念旧情的前代官员，遇上了武则天这样下手狠辣的人，是如何安然度过危机并受到信任和重用的呢？

武则天时代，对于宰相一直采取残酷打击的政策，大都罗织罪名，以酷吏加以制约和镇压，使这批世袭贵族、豪门，尤其是李唐时代的功臣旧勋，遭到了重大打击。

公元684年9月，武则天临朝称制，公元690年即位称帝，在位16年。自光宅元年（684）至长寿二年（693）10年之中，共有宰相46人，被杀、自杀、被流放者占全数的75％以上，比之汉朝武帝时代有过之而无不及。

是时正值长寿元年（692）一月，也是武周时期恐怖政治达到高潮的时期。武承嗣——来俊臣联盟达到鼎盛。

由于武则天临朝称制、称帝已有10多年，李唐贵族势力已遭到重大打击，武则天两个儿子中宗与睿宗已被"束之高阁"。因此，武则天的侄子仗着武姓宗族与亲信的便利，开始着手建立武姓王朝的准备，武来联盟乘着铲除李唐旧臣的机会，一方面试探自身力量强大与否，一方面借巩固消灭旧势力集团的成果，再次把行动矛头指向七位素享盛誉的大臣。

这七人是三位宰相：任知古、狄仁杰、裴行本；四位大臣：司礼卿崔宣礼、前文昌左丞卢献、御史中丞魏元忠和潞州刺史李嗣忠，而尤以狄仁杰、魏元忠最著声望，是朝臣中李唐贵族一派的领袖级人物。

武来联盟打出的寻罪王牌仍如同以往构陷他人一样：谋逆罪。这正是武则天最为忌讳、最为警觉，也最具杀伤力的罪名。

来俊臣亲自主审狄仁杰，他首先进行诱供，说，如果狄宰相首先承认犯罪事实，不仅可以免去死罪，还可免除酷刑。来俊臣残酷的刑讯逼供，天下尽知，尤其是惩罚大臣之重，更是令人毛骨悚然。

狄仁杰当然深知来俊臣用刑的狠毒，就来了个缓兵之计，首先承认犯有谋反大罪，但内容非常空洞，没有所谓的谋反事实。大而化之是狄氏"认罪"的原则，为以后翻案做准备，这是他的过人之处。狄仁杰说："大周革命，万物维新，唐室旧臣，甘从诛戮，反是实。"仅仅作为李唐旧臣，就对"大周革命"有谋反之罪，显然是自欺欺人的被迫之辞。来俊臣根据以往经验，只要承认反罪就行，其他再说，就坐等则天皇帝批斩或批流。

狄仁杰在狱中还对狱卒晓以大义，进行策反活动，在人身自由稍有改善之际，就将书信秘缝于棉衣中，送达家人，让儿子狄光远上书鸣冤。

实际上，武则天以酷吏制约旧臣，其中冤假错案何止千万，武则天早已了然于心，但在其根基未稳的非常时期，她便听之任之；一旦天下进入正常运行轨道，君臣和睦、上下一心的局面当是武氏王朝能够昌盛、延续的重要条件，这一点她也是知道的。因此，假装从前受到蒙蔽的武则天使出"掩耳盗铃"伎俩，借此案祭出"仁慈君主"手段，对来俊臣把持的监狱系统进行审查。

武则天首先在官中召见来俊臣，问狄仁杰所承认的"谋反罪"是否是酷刑逼供得来的，遭到来氏断然否认，认为他们都处之甚安，朝衣朝冠都披挂在身，根本没有用刑。

武则天此举是"打招呼"，是告诉来俊臣不可过分行事，我已知道监狱中的残酷行径，以前只是不明言而已；现在若再如此，我还是要管的。随后，武则天又派使者通事舍人周琳到狱中巡视，虽然来俊臣的淫威使周琳在狱中望而却步，但狄仁杰等人还是被去掉囚衣，披上朝服，等待检视。

虽然周琳之行没有取得什么结果，但它散发出来的政治信息使两方面产生了截然不同的态度：狄仁杰等人知道武则天已动恻隐之心，知道女皇帝已对监狱刑讯逼供产生了怀疑，就更加起劲地四处活动，寻求更多的同情与支持；来俊臣之流则是慌了手脚，看出武则天的不满，于是也加紧活动，恫吓朝臣，极力掩盖真相。

武则天既然已有变通监狱中大臣命运的想法，就需要一个朝臣的奏章和谈话作为引子，让话从他们口中说出，自己做出恍然大悟的样子，以便不给群臣完全改变从前的决定——朝三暮四、出尔反尔的口实，这于皇帝尊严是非常有害的；而且对于突然之间改变朝臣生死命运，也必须给他们恩重如山的感觉，否则反而生怨，起不到效果。

正好这时有一个八九岁的小奴隶的上书给了武则天这个契机。这个姓乐的小孩采取"以毒攻毒"的策略，以告密来反告密，因为只有告密者才能得到武则天的接见。小孩在武则天接见时放胆畅言，指出了来俊臣制造的惨无人道的冤案遍地，武则天于是决定亲自讯问狄仁杰，于是此案得以真相大白。

后来的故事可以顺理成章地推断出：武则天以圣明的样子决定，从宽处理七大臣，武则天在朝堂之上，堂而皇之地对群臣说："古人云以杀止杀，我今以恩止杀，就群公乞（任）知古等，赐以再生，各授以官，仃申来效。"于是，此案得以戏剧性收场，七大臣居然全部保全了性命。

狄仁杰凭借自己的机智逃生以后，便开始放手反击。一次，他利用接近武则天的机会，敦请武则天迎回被流放到房州的庐陵王李显，重立为储。他的说辞非常巧妙："如果立自己的儿子，您千秋万岁之后，可以位列太庙，子孙祭祀受享无穷。如果立自己的侄子……臣没听说过侄子做了皇帝，不供自己的父母，却把姑妈供在太庙里祭祀的。"其时，武则天业已七十有余，她不能不虑及自己的身后事，而且武则天对鬼神之说非常迷信，狄仁杰的话恰恰击中了她的软肋。不久，狄仁杰又一次请求武则天恢复李显的太子之位。武则天假装不耐烦地说："好了好了，朕把太子还给你就是了。"说着命内侍拉开身后的帏幔，只见李显走了出来，狄仁杰惊喜交加。武则天亲手导演的戏剧性一幕，令皇子派大喜过望，而武承嗣则是失望透顶，就在李显重新被立为太子的同一年，费尽心机却竹篮打水一场空的武承嗣郁闷而死。

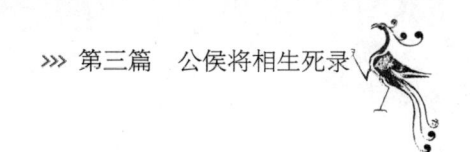

郭子仪：功高盖主君不疑

郭子仪是中唐名将，他在平定安史之乱等一系列大小战役中，建立了盖世奇功，因功而荣，唐肃宗册封他为汾阳郡王；唐代宗赐给他丹书铁券，犯大罪可免死；唐德宗尊其为"尚父"，以示尊崇，可谓荣耀不已。他的部下，因功位至将相者就达数十人之多。

郭子仪一生身系天下安危近三十年，可谓"权倾天下而朝不忌，功盖一世而上不疑，侈穷人欲而议者不之贬"。此三者，旁人得其一尚且不易，而郭子仪却三者兼备，实为世人所艳羡，实是中国历史上的异数。

建元二年（781），郭子仪辞世，享年85岁。德宗深表哀痛，决定废朝5日，并下诏书高度评价和追念。依当时律令，一品官坟墓高1丈8尺，由于郭子仪的盖世奇功，德宗特下诏给他加高10尺，以示尊崇。君臣依次到郭子仪的府第吊唁，德宗还到安福门临哭送行。

郭子仪一生经历了武则天、唐中宗、唐睿宗、唐玄宗、唐肃宗、唐代宗、唐德宗七朝，福寿双全，名满天下，生前死后，哀荣始终。

安史之乱被平定后，天下局势其实还远远没有廓清，当此时，曾在安史之乱"一身系天下安危"的郭子仪，理所当然地又要承担起平天下的重任了。因此，在仆固怀恩联合吐蕃和回纥再次发起叛乱时，郭子仪积极主动地备战迎战。

仆固怀恩是铁勒部人，曾在安史之乱中随郭子仪征讨叛军，立下赫

赫战功。后来，仆固怀恩因为受到朝廷的猜忌而叛乱，领兵占据了并州、汾州等地（今山西汾水中游地区），代宗对此十分忧虑，考虑到仆固怀恩手下将士多为郭子仪旧部，便派郭子仪兼任河东副元帅、河中节度使，镇守河中（今山西永济）。仆固怀恩的儿子仆固玚被部将所杀，手下人都归顺了朝廷，仆固怀恩害怕了，扔下母亲逃到灵州，接着招引吐蕃、回纥、党项共数十万人马入侵。朝廷惊恐万状，又急命郭子仪屯兵奉天。代宗问郭子仪有何良策，他胸有成竹地回答说："没什么大不了的，仆固怀恩本来是我部下的偏将，虽然刚毅勇敢，但不得军心。现在之所以能够作乱，是因为他引诱了一些想回长安的人，劫持他们一起反叛，这些人也都是我过去的部下，平时我以恩信相待，他们怎么能忍心和我刀兵相见呢？"代宗心稍宽。不久乱军前锋抵达奉天，将士们请求出击，郭子仪说："敌军深入内地，欲图速战速决，我们不能让敌人阴谋得逞，仆固怀恩的部下平常都感激我对他们的好处，我缓和一下，不立即和他们交战，他们就会分崩离析。"于是下令："谁再鼓噪出战，军法从事！"郭子仪的部队只在营垒中坚守，拒不出战，敌人果然逃走了。

永泰元年（765），仆固怀恩又勾结回纥、吐蕃、党项三部，共计30万人马大举来犯。郭子仪临危受命，率10000唐军御敌，军队刚到泾阳，即受到回纥、吐蕃10余万人马的围困，形势剑拔弩张。或许是仆固怀恩为人不善、弃母自逃受了天谴，在此千钧一发之际，他突然暴病而亡。于是，敌军内部开始分裂，郭子仪知道这是破敌的最佳时机，便决定独自一人去见回纥主将药葛罗。

郭子仪临行之时，其第三子郭晞紧扯马缰劝道："回纥虎狼之师，父亲三军主帅，怎可亲身犯险？"郭子仪道："如今敌强我弱，若硬拼，不但你我二人都要战死，江山社稷亦危矣。倘若可以说服回纥倒戈，便可扭转战局，成败在此一举。"

郭子仪来到回纥大营，药葛罗将信将疑，生怕有诈，命部下严阵

以待。郭子仪毫无惧色，除去头盔铠甲，卸下兵器，缓步前行。当郭子仪走到药葛罗面前时，回纥酋长们一起拜倒，以表示最真挚的欢迎与尊敬。

郭子仪对药葛罗责备道："昔日回纥不惜远涉万里，助我大唐收复两京，我们对回纥一直很不错。如今你们背弃盟约，帮助仆固怀恩这样遗弃母亲的叛臣，对回纥有何益处？这是何等愚蠢的举动？！"药葛罗闻言惭愧不已，当即向郭子仪认错："我们是被仆固怀恩蒙骗了，他口口声声表示天可汗已经驾崩，郭令公又已辞世，如今中原无主，我们才兴兵来犯。如今我们知道这一切都是骗局，仆固怀恩已遭天谴，我们又怎么会再与大唐雄师为敌呢？"郭子仪趁机鼓动道："吐蕃与我大唐本属甥舅之国，可是他们背信弃义，屡屡犯我境土，掠我民财，倘若你我两军合兵一处，乘势击之，你们既可得到吐蕃掠走的财物，又可与我大唐继续修好，这样的机会不容错过啊！"药葛罗马上表示愿意听从郭子仪调遣，以求将功折罪。于是，两军闪电出击，在今甘肃灵台县西大破吐蕃军，斩首、俘虏敌军共计60000余人。各路来犯敌军肝胆欲裂，逃之夭夭。郭子仪单骑退兵，名震千古，传为佳话。

郭子仪回到长安，受到了很高的礼遇，得到很多赏赐，同时被升为尚书令。尚书令是尚书省之首，主管全国的行政事务，因为事权过重，同时因太宗李世民在即位前曾任此职，皇帝一般不授此职给大臣，大臣也不敢接受。郭子仪此前曾推辞过太尉封衔，此次也不例外，照样推辞。代宗不同意，下诏让他尽快到尚书省衙门理事，命文武百官前往庆贺，还令500名骑兵执戟护卫。郭子仪坚决辞让，说："我朝太宗曾任此职，所以好几朝都不设尚书令，哪能为了我一人而坏了国家规矩？自从用兵平叛以来，得到非分赏赐的人很多，直到身兼数职，只顾高升，不知羞耻。国家的规章制度、官吏的作风都日渐败坏，贪功冒进的人多，廉洁谦逊的人少，德薄的高居尊位，功少的获得厚赏，这样的情况数不胜数。我每见到这种情况，都引起无限的忧虑。现在正是皇上建

立法规、审核百官的时候，我一定要身体力行，带头改变这种浮薄的风气，或许我的些微举动可以对复兴礼让的风气起一些推动作用。"代宗只好同意，并把郭子仪辞尚书令的事向史官陈述，载入史册。同时赏给郭子仪舞女、侍卫，以示表彰。

郭子仪因平定安史之乱而立下大功，爵封汾阳王，王府建在首都长安的亲仁里。汾阳王府自落成后，每天都是府门大开，任凭人们自由进进出出，而郭子仪不允许其府中的人对此加以干涉。

有一天，郭子仪帐下的一名将官要调到外地任职，来王府辞行。他知道郭子仪府中百无禁忌，就一直走进了内宅。恰巧，他看见郭子仪的夫人和他的爱女正在梳妆打扮，而王爷郭子仪正在一旁侍奉她们，她们一会儿要王爷递毛巾，一会儿要他去端水，使唤王爷就好像奴仆一样。这位将官当时不敢讥笑郭子仪，回家后，他禁不住讲给他的家人听，于是一传十，十传百，没几天，整个京城的人都把这件事当成笑话来谈论。郭子仪听了倒没有什么，他的几个儿子听了却觉得大丢王爷的面子，他们决定向父亲提出建议。

他们相约一起来找父亲，要他下令，像别的王府一样，关起大门，不让闲杂人等出入。郭子仪听了哈哈一笑，几个儿子哭着跪下来求他，一个儿子说："父王您功业显赫，普天下的人都尊敬您，可是您自己却不尊重自己，不管什么人，您都让他们随意进入内宅。孩儿们认为，即使商朝的贤相伊尹、汉朝的大将霍光也无法做到您这样。"

郭子仪听了这些话，收敛了笑容，对他的儿子们语重心长地说："我敞开府门，任人进出，不是为了追求浮名虚誉，而是为了自保，为了保全我们全家人的性命。"

儿子们感到十分惊讶，忙问其中的道理。

郭子仪叹了一口气，说道："你们光看到郭家显赫的声势，而没有看到这声势有丧失的危险。我爵封汾阳王，往前走，再没有更大的富贵可求了。月盈而蚀，盛极而衰，这是必然的道理。所以，人们常说要急流勇退。可是眼下朝廷尚要用我，怎肯让我归隐，再说，即使归隐，也找不到一块能够容纳我郭府1000余口人的隐居地呀。可以说，我现在是进不得也退不得。在这种情况下，如果我们紧闭大门，不与外界来往，只要有一个人与我郭家结下仇怨，诬陷我们对朝廷怀有二心，就必然会有专门落井下石、妒贤害能的小人从中添油加醋，制造冤案，那时，我们郭家的九族老小都要死无葬身之地了。"几个儿子听了，都拜倒在地，佩服父亲的思虑之周详。

　　唐德宗时，宠臣卢杞前来拜访郭子仪，郭子仪连忙屏退众姬妾，自己则正襟危坐，小心接待这位"鬼脸"大臣。卢杞离开以后，家人不明所以，郭子仪解释道："卢杞这个人，相貌丑陋，而且心胸狭隘，满腹险恶，倘若姬妾见到他，必然会忍俊不禁，而卢杞则定然怀恨在心，有朝一日他大权在握，那么我们郭家就要大祸临头了。"后来，卢杞成为当朝宰相，"小忤己，不致死地不止"，与郭子仪说得一般无二，一场大祸就这样被郭子仪消弭于无形。

　　"权倾天下而朝不忌，功盖一代而主不疑，侈穷人欲而议者不之贬。"一语道出了郭子仪的功绩和为人。

　　作为臣子，他赤胆忠心，横刀立马、单骑赴敌，屡救国于危难。功勋卓绝而不忘形，权倾天下而不骄横，实乃真真正正的国之砥柱，股肱良臣。

　　作为父亲，他治家有方，又不失慈祥。儿子女儿人品端庄，才华出众，实乃为父者的楷模。

　　作为同僚，他洞悉世情，府门大开，任人出入，处事谨慎，不授人以把柄，于是满朝皆敬。

　　郭子仪一生，无论是做臣子、做父亲、做统帅、做同僚，乃至做敌人、做丈夫，都几近完美，人生如此，夫复何求！

李辅国：多行不义必自毙

中国历史上，以太监的身份爬上宰相高位的只有两个人，一个是赵高，一个就是李辅国。赵高阴险毒辣，在历史上臭名昭著。李辅国比起赵高来，一点儿也不逊色。他阿谀奉承，溜须拍马，不学就会；他翻云覆雨，落井下石，无所不能；他谋害同类，残杀异己，从不手软。他的臭名自然也不在赵高之下。

李辅国本名叫李静忠，出生于武则天长安三年（703）。他的家庭并不显贵，属于比较贫苦的一般市民家庭。迫于生计，他被人阉割，送入宫中当了太监。

李静忠的发迹与一匹马有关，这匹马就是太子李亨的宝马。最初，李静忠在皇家的马厩里干活，又脏又累，被人呼来唤去，连皇家的那些牲口也不如。因为他念过几天私塾，有一点文化，脑子又机灵，不久就让他做了马厩的记账员。李静忠在经管账目的同时，把皇家的那些马养得又肥又壮。他的上司认为他是个人才，便推荐给太子李亨，让他喂养李亨的那匹宝马。李静忠为了赢得太子的欢心，对那匹马倾注了很大的心血，每天把那匹马梳洗得干干净净，喂养得膘肥体壮，打扮得漂漂亮亮。太子李亨非常高兴，就把李静忠调到了东宫，跟随自己左右，负责自己的外出安排。天长日久，李静忠越来越得到太子和太子妃张良娣的赞赏了。

唐玄宗天宝十四年（755）十一月，"安史之乱"爆发后，玄宗于第二年六月逃出长安，到巴蜀避乱去了。太子李亨在大儿子广平王李俶（后改名为李豫，即唐代宗）、三儿子建宁王李倓，以及李静忠等人的拥戴下，北上朔方，最后到达灵武（今甘肃灵武县）。李静忠根据当时战争的形势，决定力谏太子即位，挽救危局。他把自己的想法告诉了太子妃张良娣，太子妃举双手同意。这时，跟随的大臣们也一次次上书，希望太子即皇帝位，带领军民消灭叛军，收复失地。但是，太子李亨却死活不同意。他觉得，父皇现在远在巴蜀，自己岂能自立为皇帝？站在一旁的李静忠不顾自己的身份和地位，对李亨说："殿下，人心所向是成败关键。皇上自出京城，大事皆委于你；马嵬坡以来殿下战功显赫，已是众望所归，天下人皆唯殿下马首是瞻，请太子殿下以国事为重，为社稷着想。等收复失地，平定反贼，再迎皇上回京。"

太子李亨是个聪明人，虽然仁孝，但也是建功立业之人。他在推让一番之后，于这年八月正式登基，顺理成章地当了皇帝，把远在巴蜀的玄宗尊为太上皇。李静忠一下子成了肃宗皇帝的"开国元勋"，从幕后堂而皇之地走到了台前，与大臣们享受一样的礼遇，甚至超过了他们。

九月，肃宗听从李泌的建议，任广平王李俶为天下兵马大元帅，统兵东征，李静忠判元帅府行军司马事，军政大事都委任于他。为了感激李静忠的拥戴之功，李亨特地赐李静忠名"护国"，凡是四方表奏，御前符印发布军令，统统交给李静忠办理。

李静忠虽然从幸灵武，拥戴肃宗有功，被授予太子家令、判元帅府行军司马事、太子詹事，终日伴随肃宗左右，掌握了内草诏书、外宣军令的特权，但他自知势力不济，党羽不多，后台不硬，所以做事比较谨慎，不敢轻举妄动。为了找到坚硬的靠山，他对张良娣极力巴结，低声下气，阿谀奉承，终于赢得了她的信任。他们一个在朝中，一个在后宫，结成了一个利益共同体。

李泌是肃宗小时候的朋友和老师，深得玄宗的赏识和太子李亨的尊敬。后来，李泌遭到杨国忠的迫害，被贬出京城，隐居颍阳。李亨当上

皇帝后，派人千里迢迢去请李泌，李泌碍于情面，只得来到了灵武。

肃宗坚持和李泌同吃同行，对榻而眠，彻夜长谈，情谊不减当年。所有军国大事，包括战争决策，将相的任免，都一一与李泌商量。肃宗打算封李泌为右丞相，但李泌坚辞不受。肃宗知道他的脾气，也就不再勉强。李泌的出现，彻底打破了肃宗和李静忠原先的良好关系。也就是说，李静忠的位置完全被李泌取代了。为此，李静忠在感到失落的同时，对李泌产生了极大的嫉恨心理。

肃宗在灵武继位的消息传到西蜀，玄宗便遣使到灵武，并赐给张良娣一副七宝马鞍以示奖励。马鞍上镶嵌着很多奇珍异宝，张良娣十分喜欢。这件事正好被李泌看到了，李泌不愿意让肃宗步玄宗的后尘而使国家继续衰落下去，于是建议肃宗将七宝马鞍纳入国库，以备战事，肃宗同意了。

李静忠把这件事告诉了张良娣，张良娣对李泌非常不满，她与李静忠商量，一定要把李泌从肃宗身边赶走。李静忠又怂恿张良娣向肃宗哭诉，要求立她为皇后，肃宗有所动心，便与李泌商议。李泌从国家大计出发，建议肃宗暂时不要册立皇后，要集中精力收复长安，稳定大局。肃宗权衡利弊，痛快地答应了。张良娣知道了这件事，就更加痛恨李泌了。她和李静忠勾结起来，处处为难李泌，想方设法地给李泌穿小鞋，弄得李泌走也不是，不走也不是，十分为难。

李静忠和张良娣的行为，引起了建宁王李倓的极大不满。李倓性格直爽，爱打抱不平。他把李静忠和张良娣狼狈为奸、处处排斥李泌的行为告诉了父皇，要求父皇处置二人。但是，肃宗没有马上表态，让李倓下去了。

张良娣和李静忠知道了李倓在肃宗面前打小报告的事，就决定对李倓进行报复。

有一天，前线传来的捷报让李倓欣喜万分，他一高兴，竟喝了个酩酊大醉。半夜，他从睡梦中惊醒，发现床前有个身影正举剑向自己刺来，他急忙用臂一挡，剑刃刺进了他的肩膀，刺客仓皇逃走了，李俶由于失血过多而昏迷了过去。

肃宗得到这一消息后大惊，连夜赶去看望儿子，并命令李静忠务必要捉拿刺客。很快，李静忠把一个蒙面人带到了肃宗面前。肃宗也不问话，举起宝剑就要杀那刺客，吓得刺客连连求饶："皇上，不是小人的罪过，是建宁王派小人干的。建宁王还说，不刺死广平王，小人也难活命啊！"

肃宗听了，心如刀绞，他没想到自己的儿子竟会对其兄长下此毒手，所以半天没有说话。一旁的李静忠故作为难地说："皇上，这可怎么办呢？"

肃宗眼里终于冒出了一道凶光，说："杀！王子犯法与庶民同罪！"

远在军中的建宁王李倓根本不知道发生了什么事，忽然接到了父皇派人送来的圣旨和一杯毒酒。他还来不及赶回去向父皇申诉，就被李静忠的心腹强行按住喝下了那杯毒酒。

广平王李俶清醒过来之后，见到了闻讯从军中赶回来的李泌。李泌知道这件事肯定是李静忠和张良娣干的，心里很悲愤。连皇子他们都敢杀，何况是自己呢？因此，李泌决定在适当的时机离开这是非之地。李俶知道内幕后，决心要为弟弟报仇，除掉这两个恶人。

757年九月，唐军收复长安后，为了躲避随时都可能发生的灾祸，也由于平叛大局已定，李泌便执意离开权力斗争的漩涡，进衡山修道去了。李泌一走，李静忠终于去了一块心病。

这时候，肃宗没有大规模东讨，而是深居皇宫，大封功臣。十一月，改封李俶为楚王，立张良娣为淑妃，授李静忠为殿中监，总掌宫中大政。十二月，肃宗从成都迎回了玄宗，安置在长安城南的兴庆宫居住。

乾元元年（758）二月，肃宗又封李静忠为太仆卿，三月改封李俶为成王，立张淑妃为皇后。李静忠上奏肃宗，请求将自己的名字改为李

辅国，肃宗同意了。从此以后，李静忠就叫李辅国了。

自从回到长安后，李辅国不仅成为皇宫总管，而且掌握了禁军。他深居皇宫，每日侍奉在肃宗左右，凡是肃宗发布的军政诏令，都必须经过他签字才能施行。除非正式朝会，平时宰相百官上朝奏事，肃宗一般不出朝，均由李辅国代替接奏，发布号令。李辅国大权在握，不是皇帝，胜似皇帝，就是深居皇宫的宦官也不敢直呼其名，而是尊称他为"五郎"。张皇后有个儿子叫李侗，才几岁，被封为兴王。她为了将来能当上皇太后，就勾结李辅国，威逼肃宗要立自己的儿子李侗为太子。肃宗征求大臣李揆的意见，说："成王李俶跟随朕出生入死，功劳极大，朕欲立为太子，卿意如何？"

李揆马上跪下，双手作揖："陛下此次决定，实在是社稷的福气，恭喜陛下。"

肃宗又想起李泌临走时的嘱咐，就高兴地说："我意已决，任何人不能改变。"

于是，肃宗没有答应张皇后和李辅国的要求，而是很快将成王李俶立为太子，并改名为李豫。

张皇后对李豫更加痛恨，一心想陷害他，但却抓不到太子的任何把柄。

唐玄宗被肃宗迎回长安后，住在兴庆宫，整天花天酒地，寻欢作乐。为了显示太上皇的威风，他还经常在兴庆宫设宴，款待一些将军和大臣。玄宗曾劝肃宗不要重用李辅国，李辅国知道后，对玄宗怀恨在心，就在肃宗面前挑拨说："太上皇居住在皇宫外面，与外人多有联系往来，他们恐怕要对陛下动手，不如把太上皇迁入皇宫来。"肃宗听了，虽然感到吃惊，但没有同意。

李辅国并不甘心，他假传圣旨，请太上皇到太极宫赴宴，实际上是强迫唐玄宗移居到太极宫去。唐玄宗移居到太极宫的第二天，肃宗才知道事情的真相。他龙颜大怒，立即召见李辅国，想给他点颜色看看。没想到，李辅国到来，还带着六军统帅和各位大将，威风不可一世。

肃宗说："你们可知罪？"

李辅国却不慌不忙地说："禀皇上，臣是迫不得已才出此下策，不如此，皇上您地位不保，六军不安啊。"

肃宗害怕马嵬坡兵变的闹剧重演，只得忍着气说："好了，你们都回去歇息吧。"

李辅国完全把肃宗皇帝架空了，完全取代了皇帝决定朝政大事的权力。从此，肃宗对李辅国已经由原来的信任而变成仇恨了。

上元二年（761）八月，李辅国被封为兵部尚书，依然掌握兵权。但这些官位仍然满足不了他那颗贪得无厌的野心，他向肃宗提出了更为苛刻的要求，要担任宰相职务。

肃宗对李辅国的无理要求非常生气，但又不敢横加拒绝，只是微微一笑，婉转地说："以您的功劳，做什么官都可以，只是怕文武百官不同意。"

李辅国碰了软钉子，并不死心。他暗中活动，拉拢朝臣，让百官上表推荐自己。肃宗对李辅国的阴谋了如指掌，他暗中召见宰相萧华，对萧华说："李辅国想当宰相，如果百官大臣的推荐奏章递上来，那么就不得不让他当宰相了。"萧华知道肃宗的苦衷，就联络仆射裴冕，坚决不能推荐李辅国。裴冕是肃宗的旧臣，非常正直，他说："李辅国找过我了，让我推荐他当宰相，我没有答应他。现在即便砍断我的双臂，我也不会推荐他当宰相。"

由于肃宗有萧华和裴冕等大臣的支持，李辅国的宰相梦彻底破灭了。因此，李辅国对萧华和裴冕恨之入骨，准备伺机报复。

肃宗宝应元年（762）三月，求相不得的李辅国首先对宰相萧华开始了报复。他多次在肃宗面前诬陷萧华专权，请求罢免他的宰相职务。肃宗知道李辅国是在报复萧华，就没有答应。李辅国坚持要罢免萧华，软弱的肃宗没有办法，只好下诏罢免了萧华，降为礼部尚书，让李辅国

的亲信元载接替了萧华的相位。四月，李辅国又串通元载，诬陷萧华不轨，再贬萧华为峡州司空，逐出了京师。接着，李辅国利用同样的手段，把裴冕贬为冕州刺史，逐出了京师。这样一来，李辅国更加目空一切了。

宝应元年四月，肃宗皇帝病重不能上朝，便把军国大政交给了皇太子李豫，令其监国。张皇后原先威逼肃宗立自己的儿子李侗为太子，肃宗没有答应，而是把李豫立为太子。后来，她的小儿子不幸夭折了，但她并不死心，便打算立肃宗的二儿子越王李系为太子，以换掉李豫。肃宗病重后，张皇后就加快了要废掉李豫的步伐。李辅国的发迹，与张皇后的暗中支持有很大关系。张皇后和李辅国为了各自的利益而互相利用，互相勾结，表面上相处得很好。但现在不同了，肃宗皇帝久病不愈，李辅国专权跋扈，对张皇后就不那么恭敬了。张皇后想垂帘听政，李辅国想独霸天下，二人之间的矛盾不断激化，最后发展到水火不容的地步。

要废掉李豫，必须先除掉李辅国。张皇后使出了借刀杀人的手段，想利用李豫杀掉李辅国。她找到李豫，历数李辅国罪状，要李豫当机立断。没想到，李豫听后却吓得哭了。张皇后知道李豫不能成事，就又找到肃宗的二儿子越王李系，一心想当皇太子的越王李系一口答应下来。他挑选了宦官200多人，埋伏在长生殿后，准备趁李豫进宫看望肃宗时发动兵变，杀死李豫。

张皇后的阴谋不想被李辅国的亲信程元振觉察了，他立即将此事报告给李辅国。李辅国果断采取行动，封锁了宫中的各个大门，阻止李豫进宫。张皇后见事情败露，一筹莫展，只好站在已经不能说话的肃宗面前等待死亡的到来。

晚上，李辅国和程元振带着羽林军包围了皇帝的寝宫，他们见人就杀，见好东西就顺手牵羊拿走，并直接冲进了肃宗的卧室，当场抓住了张皇后。肃宗经受不了如此的打击，惊吓而死，年52岁。

肃宗一死，李辅国的胆子更大了，他下令将张皇后、越王李系等人一同斩首。受牵连的 100 多人也全部被杀，并株连九族。

第二天，李辅国让李豫穿上孝服，与大臣们相见。在李辅国的拥戴下，李豫在肃宗的灵前即位，这就是唐代宗。

李豫即位后，虽然对李辅国专权不满，但因为他有拥戴之功，也不敢对他怎么样。宝应元年五月，代宗加封李辅国为司空兼中书令，李辅国就成为唐代第一个以宦官身份担任宰相的人，实现了他多年梦寐以求的愿望。

不仅如此，代宗还尊李辅国为"尚父"，食邑八百户。然而，李辅国仍不满足，他比以前更加骄横跋扈，甚至公然对代宗说："大家（唐时宦官称皇上为大家）只管坐在宫中，外边的事情尽听老奴处置好了。"气焰嚣张到了极点。代宗虽然不高兴，但慑于李辅国的权势，再加上自己刚刚继位，政局不稳，只得忍气吞声，任其摆布。

李辅国的专权，终于引起了一个人的不满，这个人就是李辅国的心腹程元振。程元振自认为对李辅国有功，不满于现有的地位，他的野心是取代李辅国，成为政治的核心人物。于是，程元振就在代宗面前历数李辅国的罪状，恳请代宗加以制裁。代宗本来就对李辅国不满，现在有程元振的支持，他就将计就计，利用程元振这个宦官来除掉李辅国这个宦官，达到一箭双雕的目的。

这一年六月，代宗和颜悦色地对李辅国说："李公公，你是三朝老臣，为我大唐王朝立下了很大功劳。朕念你劳苦功高，年龄大了，该好生休息，军务太繁重，就交给程公公吧。你也应该回家享福了。这么多年来，真是辛苦你了。"

这样，李辅国稀里糊涂地被解除了元帅府行军司马和兵部尚书的职务，由程元振担任，并且命令他搬出皇宫，居住到自己的府第去。

李辅国简直不敢相信自己的耳朵，他看着程元振，程元振赶忙把目光移开了。百姓闻听罢免了李辅国，人们奔走相告，长安城一片欢腾。

李辅国这才感到了事态的严重，在举国上下的一片唾骂声中，他不得不上书请求辞职。代宗求之不得，趁机罢免了他的中书令之职，封他为博陆王，允许他进京朝拜。李辅国真是哑巴吃黄连，有苦难言。

李辅国被罢免了中书令，想最后一次到中书省写一封谢表。他刚步入中书省的门槛，值班的官员大声喝道："您已被罢免宰相，不能再进入此门。"李辅国没办法，就气呼呼地跑到代宗面前，说："我这个老奴侍候不了您这个小皇帝，我只好去侍候九泉之下的老皇帝了。"代宗知道他心中有怨言，只好下了一道诏书，对他进行安慰并准备送他出京。正当李辅国准备动身出京的时候，宝应元年十月十八日晚上，一个刺客翻墙进入李辅国的府第，把睡意蒙眬的李辅国杀死，并割走了他的脑袋和右臂。多行不义的李辅国终于结束了自己罪恶的一生，时年59岁。

李辅国死后，代宗下令有司追捕刺客，并用木头做了一个脑袋，安在李辅国的无头尸上，加以安葬，并追赐他为太傅。

李辅国究竟是怎么突然被杀的？历来说法不一，至今仍是不解之谜。史学界一般有三种说法：

说法之一：代宗皇帝在做太子的时候，就深受李辅国压制，早就积怨太多，但一直没有报仇的机会。再加上李辅国杀害了李俶，假传圣旨逼迫玄宗移居太极宫，围攻皇宫吓死肃宗，更使得代宗仇上加仇，下决心要除掉李辅国，为自己的父皇和弟弟李俶报仇。但是，李辅国拥戴代宗当皇帝又立了大功，代宗不好明着下手，就派人暗中刺杀了李辅国，连夜将他的人头和手臂送到泰陵，祭奠死者，然后又杀死了刺客，杀人灭口。

说法之二：程元振一直和李辅国有隙，在他手下受气太多，后来升了官仍然遭到李辅国的蔑视。程元振接替李辅国担任元帅府行军司马和兵部尚书的职务后，虽然李辅国已无法调遣，但这些人大多为李辅国的旧部，根本不服调遣。程元振干脆一不做二不休，杀死了李辅国，以此来威慑李辅国的那些旧部。

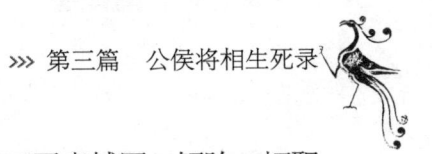

说法之三：第三种说法就是民间的刺客杀死了李辅国。解除一切职务只是李辅国政治生命的终结，而他所犯的罪行，杀一万次也不足以平民愤。因此，民间的侠客进入李辅国家中，把他杀死了。有人在杭州曾见过一个相貌奇特的武士，这个武士在衙门里当差，有一次酒后失言，说他就是杀李辅国的人。是否真实，不得而知。

虽然李辅国之死成了千古之谜，但多数人认为，第一种说法还是比较可信的。

徐达：朱元璋倚重的"万里长城"

徐达，明朝第一大将，可以说是明初功臣中最为后人所喜爱的人物。他出身贫民，是朱元璋的玩伴，曾追随朱元璋经历大小无数战役，屡建奇功。在朱元璋推翻元朝统治、消灭各路敌对势力、建立明王朝的过程中，徐达一直任最高军事统帅之职，他"以智勇之资，负柱石之任"，"廓江汉，清淮楚，电扫两浙，席卷中原，威声所振，直连塞外"。他刚毅武勇，持重有谋，功高不矜，名列功臣第一。明洪武十八年（1385），徐达病死，被追封为"中山王"。朱元璋称其为"万里长城"。

朱元璋何许人也？中国历史上最能杀功臣的两个皇帝之一。明王朝建立之初，追随朱元璋的一班文臣武将，几乎被他诛杀殆尽，唯有刘伯温和徐达能逃过此劫，后刘伯温被胡惟庸毒死，可以说徐达是明初众功臣中能够生存下来的一个奇迹。

那么，气量狭小、生性多猜忌，杀人不眨眼的朱元璋何以独独对徐达网开一面呢？我们不妨来看看徐达在朱元璋身边都是怎样做的。

徐达曾以身换朱元璋到敌营做人质，又为大明王朝的开创建立了不世之功。于是，受到了极高的赏赐，开国后被朱元璋封为太傅、中书右丞相，后又封魏国公，并钦赐其长女嫁燕王为妃，次女嫁代王为妃，三女嫁安王为妃。

纵然地位尊崇之极，但徐达仍然慎独慎微，从不居功自傲。

徐达头脑冷静、言语简短、思考缜密。在军中，号令一出便决不更改。诸将在他面前始终保持着畏惧的态度，而他在皇帝面前却恭敬、谨慎得像不会说话一样。他善于抚慰人，与部下同甘共苦，兵士们没有不感谢他的恩德、愿意以死报效的。因此所到之处，往往都能取胜。他约束部队十分严格，前后平定城邑无数个，但街巷市井和平安定，百姓从未因战事受苦。回到朝廷的日子里，他单独一辆车回家，邀请礼遇儒生，不耻下问，整日交谈，和睦融洽。皇帝朱元璋曾称赞他说："受命出征，成功凯旋，不自夸，不为自己吹嘘，不爱女色，不取财宝，正直无瑕，如同日月一样皎洁明亮，只有大将军一个人而已。"

打下天下、明朝建立后，开国第一功臣徐达，尽管劳苦功高、地位显赫，却仍注意收敛自己的言行，更加小心谨慎、恭敬谦让、虚心处世，从不居功自傲。每年春季出征，冬末召还，形成规律。徐达一回京就上交将印，打道回府，略无几微矜伐之色。当被赐予假期时，皇帝朱元璋设宴接见痛饮，有"布衣兄弟"之称，并与他结为儿女亲家；而徐达却显得诚惶诚恐，一再声言"不敢当"。

洪武皇帝曾经很平和、自然地说："徐兄的功劳很大，没有安定的居所，可以把旧邸赏赐给你。"旧邸是明太祖做吴王时居住的地方。徐达仍坚决推辞。一天，明太祖和徐达到了旧邸，强行将他灌醉，又给他盖上被子，抬到正室的床上。徐达醒来后，惊慌地跑下台阶，俯首跪在地上自呼死罪。明太祖看着他，心里十分高兴；于是命令有司在旧邸前建造府第，在府第牌坊上写上"大功"两字。

明初，几乎每逢较大战役，徐达都要被委任为主帅。朱元璋在每次出征前总是会对他说："将在外，君不御，将军认为该如何就如何好了。"话虽每次都这么说，但他却能随时随地控制徐达，他的爪牙无时无刻不在监视着徐达的一举一动。徐达深知其中玄机，所以，并不为朱元璋的那句话而任意妄为，而是每逢稍大一点的事都必派亲信报给朱元璋。

徐达对朱元璋可谓又敬又畏，从不越雷池半步。

有一次，朱元璋召徐达下棋，而且要求徐达使出真本事来对弈，徐达无奈，只得硬着头皮与朱元璋下棋。这盘棋从早晨一直下到中午都未能分出胜负。是时，朱元璋连吃徐达两子，正自鸣得意时，而徐达却不再落子。朱元璋以为徐达无棋好走。便得意地问道："将军为何迟疑不前？"徐达则"扑通"一声跪倒在地，答道："请皇上细看全局。"朱元璋仔细一看，才发现棋盘上的棋子已经被徐达摆成了"万岁"二字。朱元璋大为高兴，便把下棋的楼连同莫愁湖花园一起赐给了徐达，那座楼便是后来的胜棋楼。

更难能可贵的是，徐达能够摆脱"乡土情结"的羁绊，坚决不做拉帮结派之事，是故避开了"淮西集团"这块是非之地。当时，"淮西集团"头目胡惟庸见徐达地位高、威信广，意图结好于他，但徐达对此根本不予理会。胡惟庸又贿赂徐达的亲信福寿，求他帮忙，福寿将此事告知徐达，徐达深恶其为人，于是不时提醒朱元璋：胡惟庸不适合当丞相。后来，胡惟庸因为图谋不轨而被诛杀，朱元璋忆及徐达之语，对徐达愈加器重。

纵使徐达对朱元璋忠心不二，恭慎有加，但多疑如朱元璋，仍对他产生过猜忌——因"太阴数犯上将而恶之"（《徐公达神道碑》）。不过，好在徐达在政治上对朱元璋忠贞不贰，又不贪不占，非常检点，毫无把柄落在朱元璋手中，是故躲过了"飞鸟尽，良弓藏；狡兔死，走狗烹"

173

的劫难。

流传极广的所谓朱元璋赐蒸鹅而害死徐达的说法,正如赵翼所说是"传闻无稽之谈","其时功臣多不保全,如达、基之令终已属仅事"。太祖高度赞誉其为"万里长城"。徐达和刘基是洪武朝少数得以获终天年的大臣。

俗话说"伴君如伴虎",又说天子只可共患难,不可同享福,又说"一山不容二虎,一国不有二主",又说"功高盖主",危机四伏。明朝初建,先后出现了"火烧庆功楼"、"胡惟庸案"、"蓝玉案"、"空印案"、"郭桓案"等,开国功臣和朝中要员被朱元璋已基本上赶尽杀绝、洗劫一空。徐达却因其谦虚谨慎,有幸得以善终。

姚广孝:拒不还俗的股肱之臣

姚广孝善诗文,通禅理,他虽身入空门,但凡心不老,在朱棣夺取皇位的过程中扮演了极为重要的角色。

他助燕王登基可谓用尽心思,竟在和平稳定的年代里辅佐自己的主子——朱棣,从正统的皇帝朱允炆手中夺得本跟他无缘的皇位。而在大功告成以后,又展露出强人一筹的政治头脑,帮助朱棣在名不正言不顺的永乐元年开创后世的永乐中兴,亦没有重蹈文种、韩信一样"狡兔死,走狗烹"的覆辙,平平安安地度过了后半生,安安然然地坐化归西了。

姚广孝是朱棣的重要谋臣,他甫一跟随朱棣,便以力劝朱棣谋取帝

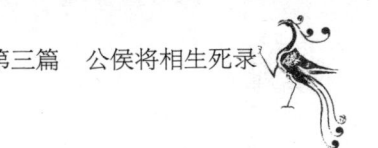

位为己任。尤其是在朱元璋驾崩、朱允炆即位之后，姚广孝更是以各种方法和手段，甚至用巫术占卜来"激励"朱棣去夺取帝位。

建文四年（1402）六月，燕王朱棣的"靖难"大军集结于南京城下，建文帝政权大势已去，不久，大将李景隆等开门献城迎接燕王，京城遂陷落。宫中火起，建文帝不知所终。

至此，靖难之役降下了帷幕。燕王朱棣登基称帝，改元"永乐"，是为明成祖。

朱棣当了皇帝，来不及掸去身上的征尘，便开始了双管齐下的行动：一边血腥镇压反对派，一边慷慨地大封功臣。

姚广孝虽未亲临战阵攻城略地，但运筹帷幄之中，取胜于千里之外，功绩堪比汉代的萧何与张良，所以成祖毫不犹豫地把他列为第一功臣。那些浴血奋战的武将，也对姚广孝极为佩服，甘居其后。

既然是第一功臣，自然要大加封赏。但姚广孝坚辞不受，只接受了一个僧录司左善司的僧官。他对成祖说：当年若没有僧录司左善司宗泐的推荐，就没有今天；自己接受这个僧官，权作纪念吧！至于其他正式的官号，也就不必了；自己住惯了禅寺，不愿住在官府里。

成祖觉得过意不去，要他蓄发还俗，他坚持不肯。成祖所赐予的豪华宅第，他也推辞不要。成祖没有办法，就以他上了年纪需要人照顾为由，送给他两个漂亮的宫女。姚广孝推托不过，便采用"冷冻搁置"的办法，既不赶宫女走，也从不接近她们。日子久了，那两个宫女自感无趣，便又返回了宫中。

姚广孝知道，自己虽助成祖做了件大事，但在正统的士大夫眼里，这是篡逆行为，搞的是阴谋诡计。有一次，他去拜访旧友王宾，王宾竟闭门不见；他去看望自己的同母姐姐，姐姐也不让他进门。这使他很伤心，也受到很大感触。

成祖初入南京时，对建文帝的旧臣大开杀戒，杀了齐泰、黄子澄、铁铉和户部侍郎卓敬、礼部尚书陈迪等多人，其中对文学博士方孝孺的

杀戮最为惨毒，诛灭十族。

方孝孺是一代名儒，姚广孝对他很敬慕。早在燕王大举南下时，姚广孝就跪在燕王面前密启道："臣有一事相求。南京有文学博士方孝孺，素有学行。倘若殿下功成入京，请千万不要杀他。若杀了他，天下读书的种子就断绝了。"燕王入京，本欲让方孝孺草拟登基诏书，但方孝孺誓死不从，并当众大骂燕王。燕王恼羞成怒，下令灭其十族。古来最厉害的刑罚就是"诛九族"，是指父族四辈、母族三辈、妻族两辈以内的亲属。燕王连方孝孺的朋友、门生也一并捕来，充为十族，遭牵连诛杀的共有873人。

成祖的暴行，引起御史大夫景清的强烈仇恨。一天，他怀刀入朝，想行刺成祖，结果刀被搜出。成祖大怒，将他剥皮杀死，同时连景氏九族及乡里亲朋故旧也株连被害，村里为墟。这种杀戮辗转牵连，如瓜蔓之蔓延，被人称为"瓜蔓抄"。

姚广孝感到，再听任成祖这样杀戮下去，势必会出大问题。他进朝议事，密劝成祖道：建文帝的铁杆大臣已经诛杀殆尽了，对其他旧臣，要安抚、说服，都可继续任用；再说，建文帝在位只四年，其臣僚绝大多数是明太祖选拔的，成祖继承的是太祖的基业，完全可以顺理成章地任用他们。夺天下容易治天下难，杀人太多，就会失掉民心，甚至会引起动荡，留下隐患。

成祖闻言醒悟，停止了对建文旧臣的清算和诛杀。为了表示诚意，还有意重用建文旧臣，成立内阁时，让解缙等七人当了内阁大学士。

但姚广孝毕竟是高人一筹的智臣。在功成名就之后，并且皇帝也对他言听计从之时，仍保持着清醒的头脑。他不再以刘秉忠自命，并一再称自己"不是高阳酒徒（郦食其）"，"不入飞熊（姜子牙）梦"。他将自己比作"既倦终宵巡瓮下"的老病之猫，并为"谁念前功能保爱"而深感不安。洪武功臣的悲惨下场给他留下的印象太深刻了。

姚广孝在成为靖难功臣之后，除了继续当和尚，还有一点高明之处，即不蓄私产。他曾因公干至家乡长洲，乃将朝廷所赐金帛财物散予宗族乡人，自己不留积蓄。这与历来巧取豪夺、营殖家产的封建官僚不啻有天壤之别。

暮年的姚广孝虽未任七卿要职，然所任太子少师却是实职，与后来此职不同。"时上狩北京，广孝留辅太子。自是以后，东宫师、傅终明世皆虚衔，于太子辅导之职无与也。"

永乐二年（1404）六月，在受官太子少师后两个月，姚广孝又以钦差身份前往苏湖赈济。这是一种特殊荣誉。离别故乡二十余年后，他终于衣锦还乡了。这次还乡的兴奋中，也伴随着怅然之感。他的父母均已去世，"垅墓既无，祖业何在？岁时祭扫，曾不可得。"他只好将父母灵位放进了少时出家的妙智庵。

他回京后畜养一只雄鸡，每晨闻鸡而起，壮心未已地度过了一生最后十数个年头。他辅佐太子居守京师，并为太孙讲读于华盖殿。而他晚年最有成效的工作，则是先后主持了《永乐大典》和《明太祖实录》两部大书的编修。

原主持编修《永乐大典》的解缙并未理解成祖指令编修这部巨帙的宗旨。永乐二年二月书成上呈，定名《文献大成》。"既而上览其书，更多未备，复命姚广孝等重修。"永乐五年，这部包罗经、史、子、集、百家、天文、地志、阴阳、医、卜、僧、道、技艺之言，多达二万多卷巨帙的类书，在姚广孝主持下完成，定名为《永乐大典》。《永乐大典》共有22937卷，分装成11095册，字数达三亿七千万。大部遗散，现存仅714卷。姚广孝参与纂修《永乐大典》，对我国古代文化事业，做出了不朽的贡献。

永乐九年，77岁的姚广孝再次受任监修官，主持《明太祖实录》的重新编修。从此直至他去世，大约六年多时间，他兢兢业业地完成了此项工作。这次修成的《明太祖实录》就是今天所见三修本。这是一次真正重修，所用时间和全书内容都大大超过了前两次修纂。但是当永乐

十六年（1418）五月书成，朱棣设宴赏赐有关人员时，为此耗尽余生的姚广孝却已在两月前与世长辞了。

姚广孝坐化归天之后，成祖极为哀痛，命礼部和僧录司为他隆重治丧，以僧礼安葬，并停止视朝两天。赐葬于房山县之北，谥为"恭靖"。

姚广孝具有非常清醒的政治头脑，这一点在以下两方面体现得尤为明显：

一、他能抛开世俗观念，认识到谁是君王并不重要，重要的是是否能够为黎民百姓带来幸福安康的生活，这种政治思想在当时无疑是非常先进的。朱允炆暗弱，朱棣雷厉风行又有雄才伟略，是强国治世的不二人选，所以姚广孝毫不犹疑地辅助"逆贼"推翻了正统，于是便有了后来的永乐中兴。可见，他的政治眼光是多么地独到。

二、燕王夺权成功以后，姚广孝作为功高盖世的元勋，处在十分微妙的位置上。姚广孝具有清醒的政治头脑，不能无"狡兔死，良狗烹"之防和功高震主之惧。明太祖朱元璋曾大杀功臣，以巩固皇权。明成祖会不会效法其父，姚广孝不得而知。他不能不未雨绸缪。姚广孝坚持不脱袈裟，其奥妙盖于此也。这正体现了他超人的智谋。他继续当和尚，表明对权势的超脱和没有政治野心，使他的权势反而更牢固，又能安度晚年，得以善终。

姚广孝用谋略才智成功地保护了自己，终其世深受成祖宠信，不能不说是高人一筹。古往今来，兔死狗烹、过河拆桥之事比比皆是。是故，聪明绝顶的韬略智臣多会在功成名就之时及时隐退，或是放弃权"得过且过"，或是尽掩锋芒不问政事，或是干脆借由辞官，做一只闲云野鹤，而这些人绝大多数都是可以善始善终的。

年羹尧：武功起家，功高震主

年羹尧（1679～1726），字亮工，号双峰，原籍安徽怀远，后改隶汉军镶黄旗（据安徽怀远县年氏宗谱记载，其原籍安徽怀远火庙北年家庄牛王殿，明末迁安徽怀远西南胡疃寺，清顺治年间又移安徽凤阳年家岗，后又迁居盛京广宁县，入汉军镶黄旗），生年不详（一说生于康熙十八年，即1679年）。其父年遐龄官至工部侍郎、湖北巡抚，其兄年希尧也曾担任工部侍郎。他的妹妹是胤禛的侧福晋，雍正即位后封为贵妃。年羹尧的妻子是宗室辅国公苏燕之女。

年羹尧建功沙场以武功闻名，但他却是自幼读书颇有才识。康熙三十九年（1700）中进士，不久授职翰林院检讨。康熙四十八年（1709），年羹尧迁内阁学士，不久升任四川巡抚，成为封疆大吏，这时的年羹尧还不到30岁。对于康熙的格外赏识和破格提拔，年羹尧感激涕零。到任后，年羹尧很快就熟悉了四川通省的大概情形，实施了很多兴利除弊的措施。而他自己也带头做出表率，拒收节礼，"甘心淡泊，以绝徇庇"。

后来，年羹尧在击败准噶尔部首领策旺阿拉布坦入侵西藏的战争中，再次显示出卓越才干。康熙五十七年（1718），授年羹尧为四川总督，兼管巡抚事，统领军政和民事。康熙六十年（1721），年羹尧进京入觐，康熙御赐弓矢，并升为川陕总督，成为西部边陲的重臣要员。这年九月，青海郭罗克叛乱，年羹尧迅速平定了这场叛乱。康熙六十一年

（1722）十一月，抚远大将军、贝子胤禵被召回京，年羹尧受命与署理抚远大将军印务的延信共同执掌军务。

雍正即位后，年羹尧更是备受倚重，和隆科多并称雍正的左膀右臂。隆科多是胤禛的亲娘舅，在胤禛继位前已为他效力多年，二人的亲密程度自不必多言。雍正元年（1723）五月，雍正发出上谕："若有调遣军兵、动用粮饷之处，着边防办饷大臣及川陕、云南督抚提镇等，俱照年羹尧办理。"年羹尧实际上成为雍正在西陲前线的亲信代理人，权势地位在抚远大将军延信和其他总督之上。雍正还告诫云、贵、川的地方官员要秉命于年羹尧。同年十月，青海发生罗布藏丹津叛乱。雍正命年羹尧接任抚远大将军，驻西宁坐镇指挥平叛。

雍正二年（1724）初，战争的最后阶段，年羹尧率各路兵马顶风冒雪昼夜兼进，迅猛地横扫叛军残部。罗布藏丹津仅率200余人仓皇出逃，清军追击至乌兰伯克，擒获罗布藏丹津的母亲和另一叛军头目吹拉克诺木齐。罗布藏丹津本人逃脱，投奔策旺阿拉布坦。这次战役历时15天，大获全胜。年羹尧"年大将军"的威名也从此震慑西陲，享誉朝野。

平定青海战事的成功令雍正喜出望外，破格恩赏年羹尧。此前，年羹尧平藏和平定郭罗克之乱，已先后受封三等公和二等公。此次又不能晋升为一等公。此外，再赏给一子爵，由其子年斌承袭；其父年遐龄则被封为一等公，外加太傅衔。此时的年羹尧威镇西北，又可参与云南政务，成为雍正在外省的主要心腹大臣。年羹尧不仅在涉及西部的一切问题上大权独揽，而且还一直奉命直接参与朝政。

雍正二年（1724）冬，年羹尧入京觐见之前，雍正因其要来，就命各省地方大员赴京集会，四川巡抚蔡珽以没有可以会商的事务提出不同看法，雍正又就此向年征询意见。以年的行止来定其他地方督抚的行动，可见雍正把年羹尧的地位置于其他督抚之上，以使其政见具有决定性的作用。在有关重要官员的任免和人事安排上，雍正更是频频询问年羹尧的意见。在年羹尧管辖的区域内，大小文武官员的任用一律听从年的意见。雍正元年四月，雍正命范时捷署理陕西巡抚，不久想要改为实授，把原任巡抚调为兵部侍郎，雍正特和年商讨这项任命。另一次，雍正在安排武职官员时"二意不决"，就征询年羹尧的意见，问他如果将陕西官员调往他省升用"你舍得舍不得"，要他"据实情奏来，朕依尔所请敕行"。四川陕西以外官员的任用，雍正也经常征求年的意见。河南开归道一职缺出，雍正一时"再想不起个人来"可以任用，就与年羹尧商量其人选。雍正听到对京口将军何天培的为人有不同意见，就问年羹尧是否也有所耳闻，并希望他据实上奏，以决定其去留。年羹尧密参署直隶巡抚赵之垣庸劣纨绔，不能担当巡抚重任，雍正遂将赵革职。江西南赣总兵缺出，朝廷拟用宋可进，年羹尧奏称他不能胜任，请以黄起宪补授，雍正便依从了年羹尧的意见。

青海平定之后，雍正在给年羹尧奏折的朱批中写道："尔之真情朕实鉴之，朕亦甚想你，亦有些朝事和你商量。"年羹尧进京期间，即与总理事务大臣马齐、隆科多一同处理军国大政。雍正还因为他"能宣朕言"，令其"传达旨意，书写上谕"。年羹尧俨然成了总理事务大臣。雍正跟年羹尧的私交也非常好，并且给予特殊的荣宠。

为了把对年羹尧的评价传之久远，雍正还要求世世代代都要牢记年羹尧的丰功伟绩，否则便不是他的子孙臣民了："不但朕心倚眷嘉奖，朕世世子孙及天下臣民当共倾心感悦。若稍有负心，便非朕之子孙也；稍有异心，便非我朝臣民也。"这简直就是以对年羹尧的态度来判断人们的正确与否。雍正对年羹尧的宠信到了无以复加的地步，年羹尧所受的恩遇之隆，也是古来人臣罕能相匹。雍正二年（1724）十月，年羹尧入京觐见，获赐双眼孔雀翎、四团龙补服、黄带、紫辔及金币等物。年羹尧本人及其父年遐龄和一子年斌均已封爵，十一月，又以平定卓子山叛乱之功，赏加一等男世职，由年羹尧次子年富承袭。

在生活上，雍正对年羹尧及其家人也是关怀备至。年羹尧的手腕、

臂膀有疾及妻子得病，雍正都再三垂询，赐送药品。对年遐龄在京情况，年羹尧之妹年贵妃以及她所生的皇子福惠的身体状况，雍正也时常以手谕告知。至于奇宝珍玩、珍馐美味的赏赐更是时时而至。一次赐给年羹尧荔枝，为保证鲜美，雍正令驿站6天内从京师送到西安。

此时的年羹尧，志得意满，完全处于一种被奉承、被恩宠的自我陶醉中，进而做出了许多超越本分的事情，最终招致雍正的警觉和忌恨，以致家破人亡。

年羹尧的失宠和继而被整是以雍正二年（1724）十月第二次进京觐见为导火线的。在进京途中，他令都统范时捷、直隶总督李维钧等跪道迎送。到京时，黄缰紫骝，郊迎的王公以下官员跪接，年羹尧安然骑在马上行过，看都不看一眼。王公大臣下马向他问候，他也只是点点头而已。他在雍正面前，态度竟也十分骄横，"无人臣礼"。年进京不久，雍正奖赏军功，京中传言这是接受了年羹尧的请求。又说整治阿灵阿（皇八子胤禩集团的成员）等人，也是听了年的话。这些话大大刺伤了雍正的自尊心。

年羹尧结束觐见回任后，接到了雍正的谕旨，上面有一段论述功臣保全名节的话："凡人臣图功易，成功难；成功易，守功难；守功易，终功难……若倚功造过，必致反恩为仇，此从来人情常有者。"在这份朱谕中，雍正改变了过去嘉奖称赞的语调，警告年要慎重自持，此后年羹尧的处境便急转直下。

年羹尧失宠获罪的原因，大致有以下几点：

一、作威作福。年羹尧得雍正宠信，自恃功高，骄横跋扈之气愈发严重。将同官视作下属，令下属"北向叩头谢恩"，此举已属大逆不道。

更有甚者，年羹尧在进呈《陆宣公奏议》时，雍正原准备亲自题写序言，还没有写出来，年羹尧竟自己作出一篇序，并要求雍正帝认可。如此失礼的举止——"御前箕坐，无人臣礼"，怎能让雍正心中痛快！

二、拉帮结派。雍正朝选任文武官员，凡经年羹尧推荐，一律要优先录用。年羹尧又刻意培植私人势力，但凡有肥缺，必安插其亲信。于是，逐渐形成一个以他为首，以川、陕、甘主要官员为骨干的势力集团，颇有自立"西北王"之势。生性多疑的雍正岂能容他如此放肆。

三、大肆敛财。年羹尧势大，前来巴结送礼的人自然很多，而这位大将军只要是看上眼的一概笑纳。据史料记载，年羹尧贪污受贿、侵吞军饷共计数百万两白银之多。要知道，雍正登基之初，主抓的就是吏治，严惩的就是贪官，年羹尧自己往枪口上撞，明知不可为而为之，也无怪乎雍正无情。

雍正对年羹尧的惩处是分步逐渐进行的。第一步是在雍正二年（1724）十一月年羹尧觐见离京前后，年羹尧离京后接到的那份朱谕就是对他的暗示。第二步是给有关官员打招呼。一是年羹尧的亲信，要求他们要与年羹尧划清界限，揭发年的劣迹，以争取保全自身；二是年羹尧不喜欢的人，使他们知道皇帝要整治年了，让他们站稳立场；三是与年关系一般的人，让他们提高警惕，疏远和摆脱年羹尧，不要站错了队。这就为整治年羹尧做好了准备。第三步把矛头直接指向年羹尧，将其调离西安老巢。

到了雍正三年（1725）正月，雍正对年羹尧的不满开始公开化。年指使陕西巡抚胡期恒参奏陕西驿道金南瑛一事，雍正说这是年任用私人、乱结朋党的做法，不予准奏。年羹尧曾经参劾四川巡抚蔡珽威逼所属知府蒋兴仁致死，蔡珽因此被罢官，经审讯后定为斩监候；而年羹尧的亲信王景灏得以出任四川巡抚。这时雍正已经暗下决心要打击年羹尧，蔡珽被押到北京后，雍正不同意刑部把他监禁起来，反而特地召见他。蔡珽陈述了自己在任时因对抗年羹尧而遭诬陷的情况，又上奏了年羹尧"贪暴"的种种情形。雍正于是传谕说："蔡珽是年羹尧参奏的，若把他绳之以法，人们一定会认为是朕听了年羹尧的话才杀他的。这样就让年羹尧把持了朝廷威福之柄。"因此，雍正不仅没有给蔡珽治罪，而且升任他做了左都御史，成为对付年羹尧的得力工具。

雍正三年（1725）三月，出现了"日月合璧，五星联珠"的所谓"祥瑞"，群臣称贺，年羹尧也上贺表称颂雍正夙兴夜寐，励精图治。但表中字迹潦草，一时疏忽把"朝乾夕惕"误写为"夕惕朝乾"。雍正抓住这个把柄借题发挥，说年羹尧本来不是一个办事粗心的人，这次是故意不把"朝乾夕惕"四个字"归之于朕耳"。并认为这是他"自恃己功，显露不敬之意"，所以对他在青海立的战功，"亦在朕许与不许之间"。接着雍正更换了四川和陕西的官员，先将年羹尧的亲信甘肃巡抚胡期恒革职，署理四川提督纳泰调回京，使其不能在任所作乱。四月，解除年羹尧川陕总督职，命他交出抚远大将军印，调任杭州将军。

最后一步是勒令年羹尧自裁。年羹尧调职后，内外官员更加看清形势，纷纷揭发其罪状。雍正以俯从群臣所请为名，尽削年官职，并于当年九月下令捕拿年羹尧押送北京会审。十二月，朝廷议政大臣向雍正提交审判结果，给年羹尧开列92款大罪，请求立正典刑。其罪状分别是：大逆罪5条，欺罔罪9条，僭越罪16条，狂悖罪13条，专擅罪6条，忌刻罪6条，残忍罪4条，贪墨罪18条，侵蚀罪15条。

雍正说，这92款中应服极刑及立斩的就有30多条，但念及年羹尧功勋卓著，"年大将军"的威名举国皆知，如果对其加以刑诛，恐怕天下人心不服，自己也难免要背上心狠手辣、杀戮功臣的恶名，于是表示开恩，赐其狱中自裁。年羹尧父兄族中任官者俱革职，嫡亲子孙发遣边地充军，家产抄没入官。叱咤一时的年大将军以身败名裂、家破人亡告终。

关于雍正为何杀年羹尧，史学界向来有争论。有人说是因为年想造反，又有人说年羹尧当年参与了雍正与诸兄弟的皇位之争，雍正这样做是杀人灭口。我们不妨分析一下这些说法：

一种观点认为年羹尧的死是因为他图谋自立为皇帝。乾隆时学者萧奭在《永宪录》中提到：年羹尧与静一道人、占星人邹鲁都曾商谈过图谋不轨的事。有的学者也持此说，认为"年羹尧妄想做皇帝，最难令人

君忍受，所以难逃一死"。而《清代轶闻》一书则记载了年羹尧失宠被夺兵权后，"当时其幕客有劝其叛者，年默然久之，夜观天象，浩然长叹曰：不谐矣。始改就臣节"。其实这种说法是没有充分依据的。在封建时代最注重名分，君臣大义是不可违背的，做臣子的就要恪守为臣之道，不要做超越本分的事情。

年羹尧的确引起了雍正的极度不满和某种猜疑，年羹尧本来就位高权重，又妄自尊大、违法乱纪、不守臣道，招来群臣的侧目和皇帝的不满与猜疑也是不可避免的。雍正是个自尊心很强的人，又喜欢表现自己，年羹尧的居功擅权将使皇帝落个受人支配的恶名，这是雍正所不能容忍的，也是雍正最痛恨的。雍正并没有惧怕年羹尧之意，他一步一步地整治年羹尧，而年也只能俯首就范，一点也没有反抗甚至防卫的能力，只有幻想雍正能看在旧日的情分而法外施恩。所以，他是反叛不了的。雍正曾说："朕之不防年羹尧，非不为也，实有所不必也。"至于年羹尧图谋不轨之事，明显是给年罗织的罪名，既不能表示年要造反，也不能说明雍正真相信他要谋反。

从年羹尧来看，他一直也是忠于雍正的，甚至到了最后关头也一直对雍正抱有很大幻想。在被革除川陕总督赴杭州将军任的途中，年羹尧幻想雍正会改变决定，因而逗留在江苏仪征，观望不前。结果这反使雍正非常恼怒，决心除掉年羹尧。直至年羹尧接到自裁的谕令，他也一直迟迟不肯动手，还在幻想雍正会下旨赦免他。

还有一种观点认为，年羹尧参与了雍正夺位的活动，雍正即位后反遭猜忌以致被杀。不只是稗官野史，一些学者也持这种看法。据说，康熙帝原已指定皇十四子胤禵继位，雍正矫诏夺位，年羹尧也曾参与其中。他受雍正指使，拥兵威慑在四川的皇十四子，使其无法兴兵争位。雍正登基之初，对年羹尧大加恩赏，实际上是欲擒故纵，待时机成熟，即罗织罪名，卸磨杀驴，处死年羹尧。有人不同意此说，主要理由是雍正继位时，年羹尧远在西北，并未参与矫诏夺位，亦未必知晓其中内

情。但客观上讲，当时年羹尧在其任内确有阻断胤禵起兵东进的作用。

关于雍正篡改遗诏、夺取皇位的情况，许多著述都进行了阐释，阎崇年的《正说清朝十二帝》也有系统归纳。各家说法，见仁见智，莫衷一是。雍正即位确实疑点很多。而他即位后又先后处置了原来最为得力的助手年羹尧和隆科多，让人不禁更加怀疑这是做贼心虚、杀人灭口。当然，这只能算是合理推测，尚无铁证作为支撑。

雍正除掉年羹尧最大的可能就是年羹尧和隆科多触及雍正的最大忌讳。南宋名将岳飞是宋高宗赵构一手提拔起来的大将，之所以遇害，主因无非两条，第一条，阻碍赵构的和谈大计；第二条，深触赵构的忌讳之处。第一条众所周知，第二条指的是岳飞曾经向赵构建议立赵伯琮为皇太子。赵构因为早年受到金军追击的恐吓以致阳痿不举，他收养了两个宗室的孩子，一个叫赵伯琮，一个叫赵伯玖，没有最后确定立哪一个为皇太子。岳飞出于一片赤诚，直言立赵伯琮为太子，这件事在当时就有人私下里反对岳飞直言，认为岳飞是大将，不宜谈论立储这样的大事。岳飞不听，果不其然，他的话一出口立刻招来赵构的极大反感，赵构说："你是大将，手握重兵，这种事情不宜你来介入。"宋朝防范武将干政是国策，历代君主都把武将参与政务看作是头等的忌讳，岳飞虽然出于忠诚可也因此招致杀身之祸。

从岳飞的例子我们就能看出来，雍正之所以迫不及待地收拾掉年羹尧、隆科多，根本一点在于年、隆触及雍正的最大忌讳，必欲除之而后快。雍正最大的忌讳是围绕皇位的继承，雍正"得位不正"，胤禩、胤禟、胤禵这些人虽然口不能言，可不等于心里没有想法，不等于行动中没有流露，所以，尽快地除掉胤禩、胤禟、胤禵这些政敌和知情者，是雍正的既定方针，而年羹尧、隆科多在这件大事上则并不热衷，这就触犯了雍正的忌讳，让雍正萌动了杀机。

年羹尧在雍正眼里是一个有"前科"的人物，早在皇子时代，雍正就因为年羹尧曾经示好于皇三子胤祉的门人孟光祖而大动肝火，骂年羹尧是"恶少"，还威胁年说要去皇帝那里揭发，搞得年羹尧不得不俯首帖耳听命于他。可是，年羹尧虽说是雍正所谓的"藩邸旧人"，但毕竟也是朝廷的封疆大吏，雍正贵为皇子却没有直接统辖年羹尧的权力。最让雍正深感忌讳的是，皇九子胤禟曾派外国人穆景远拉拢年羹尧，穆景远对年羹尧说："九阿哥貌似有福之人，将来很有可能会被立为皇太子。"年羹尧并不为所动，可这一场景却被雍正深深地记在了心上。此后胤禟被软禁在西北交给年羹尧管理，年羹尧上奏说胤禟"颇知收敛"，这明里已经替胤禟说好话了，雍正不以为然地批驳说，胤禟是奸宄叵测之人，继续提防才行。可见在整治胤禩、胤禟这件事上，雍正、年羹尧是有一定分歧的。要说年羹尧拥戴雍正即位这点上应该没有太多的疑问，主仆关系尽管不很密切可也休戚相关，胤禵从西北回京，年羹尧一个人受命于危难之际，用了短短的几个月时间平定了罗布藏丹津的叛乱，给雍正挣足了脸面。

但是，年羹尧诚心诚意拥护雍正与坚定支持他用激烈的手段对付胤禩、胤禟乃至胤禵又是另外一码事。年羹尧就近监视胤禟，自然少不了和胤禟打交道，加之以前的渊源，胤禟为何许人，年羹尧当然清楚。在年羹尧看来，胤禟此人并无才具，不值得下大力气提防，而且，胤禟就算是不服雍正，可也没有到公开造反、挑动闹事的地步。胤禟在西北和亲信穆景远说过这样一件事："有人给我送来一个帖子，上面有晋陕百姓说我好，又听见我很苦的话。我看了帖子，随着人送还了，向那人说，我们兄弟没有争天下的道理，此后要再说这话，我就叫人拿了。"（《文献丛编》第一辑《允禩允禟案·穆景远口供》）。有人出面鼓动胤禟硬性对抗雍正，胤禟不同意，他的态度是他尽管不服乃兄，可这也是兄弟间的家务，不能走到争天下的地步。这说明胤禟此人虽然才能平平，可脑筋并不糊涂，而且也不准备采取什么极端的手段进行报复。年羹尧对这些情况、包括在西北的一些关于胤禟的总体印象，他不可能不了解，而且，他比雍正了解得更为直接。按照年羹尧对胤禟的观察，他认

为像胤禵这样的人物虽有怨气，但只要看管得当，出不了大的纰漏，没必要对其赶尽杀绝。年羹尧的这种念头导致他在胤禩、胤禵问题上的含糊不清，这就给雍正造成一个错觉，感到年羹尧不再像以往那样俯首帖耳、唯命是从了。如果是其他人这么做，雍正倒也不用过多地担忧，唯独年羹尧、隆科多这样重量级的人物假如有了类似的想法，那就比较麻烦。

《雍正朝起居注》中记载在清雍正二年（1724）四月初七，雍正对大臣们不乏抱怨地说过："尔诸大臣内，但有一人，或明奏，或密奏，谓允禵（胤禵）贤于朕躬，为人足重，能有益于社稷国家，朕即让此位，不少迟疑。"这样有失分寸的话出自一个即位已经两年的皇帝之口，足以说明这位皇帝当时所处的地位以及他的对手的威望。雍正这么说，底气不足的同时也是警告大家不要站错了政治队伍，年羹尧同样也在被警告之列。清雍正二年十一月十三日，也就是即将吹响清洗年羹尧号角的前两天，雍正说："在廷诸臣为廉亲王（胤禩）所愚，反以朕为过于苛刻，为伊抱屈，即朕屡降谕旨之时，审察众人神色，未尝尽以廉亲王为非。"雍正这里说的"在廷诸臣"显然包括年羹尧，因为同一天，雍正在给李维钧的奏折批示上写道："近日年羹尧陈奏数事，朕甚疑其居心不纯，大有舞智弄巧潜蓄揽权之意。"还要李维钧逐渐和年羹尧疏远。此前有人判断指责揆叙、阿灵阿这些皇八子胤禩死党的主意可能来自于年羹尧，雍正立刻加以否认，这从侧面也反映出雍正、年羹尧在处理胤禩集团上的一些分歧。

雍正对胤禩、胤禵包括胤禟都是要除之而后快的，可年羹尧却有一点不同看法，倒不是同情他们，而是觉得没有必要这么赶尽杀绝，然而，年羹尧这么考虑问题却犯了雍正的大忌。雍正本来就对打击胤禩集团有些底气不足，需要借助年羹尧、隆科多的响应，偏偏这两个人在这个问题上不那么百分之百地顺从，雍正后来说整治年羹尧在他看来是"深悉年羹尧之伎俩，而知其无能为也"。这说明雍正并不担忧年羹尧个人会有什么不利于皇权的举动,而且年也不敢,雍正最为担心的是以年羹尧这样的身份和这种"糊涂心思"一旦为胤禩集团加以利用,那就麻烦大得很了。因为雍正能有今天的局面靠的就是内仗隆科多、外倚年羹尧,而且年羹尧不同于隆科多,他手握重兵、远悬西北,如果有人以他为外援的话,给新皇帝造成的压力就不容忽视,这也就是雍正念念不忘地多次引用当时一句谣言即"帝出三江口、嘉湖作战场"来警告年羹尧的理由所在。

年羹尧一旦失宠,他的朋友忽而都变成了仇敌,李维钧首先大骂年羹尧"冒滥军功、侵吞国帑",继而李绂便直接请求皇帝处死年羹尧,田文镜也主张诛杀年羹尧。在对年羹尧落井下石方面,雍正的亲信当中数李绂、田文镜扔的石头最大。清雍正三年公元九月,雍正下令逮捕年羹尧,十二月议罪,给年羹尧列了92条大罪,十二月赐死年羹尧。就在年羹尧死前一个月,他的妹妹、也就是雍正的贵妃年氏病死,有人认为她如果活着的话,年羹尧家族或许还会被从宽处理,这是不可能的,因为雍正对待政治对手素来不留任何情面,后来即便是他的亲生儿子他也一律可以处以极刑,所以,年妃即便死在年羹尧的后面,年羹尧的下场也不会有什么实质性的改观。

雍正给年羹尧罗列的所谓92条罪状,除年羹尧接受贿赂等几条罪状还算有点影子,其他的都是故意罗织、深文周纳。例如指责年羹尧"僭越",也就是不守做臣子的礼仪,说年羹尧吃饭叫"用膳",送给别人东西叫"赐",接见属员叫"引见",这些词本来都是皇帝专用的,年羹尧擅自使用就是"僭越",可是,雍正的另外一个宠臣李卫也曾经如此大胆地"僭越"过。翻开《朱批谕旨·李卫奏折》,清雍正二年九月初六,雍正在给李卫奏折的批示中指出:"川马、古董之收受,俱当检点。两面'钦用'牌,不可以已乎!是皆小人逞志之态,何须乃尔。"从这段批示中我们可以看到,李卫一样接受贿赂,一样把自己的执事牌子写上"钦用"的字眼,可是雍正对他不过是骂了两句而已,说他有点小人得

志的意思,再无其他严厉的指责。清雍正二年公元,李卫当时的职务不过是云南布政使,远不能与年羹尧的一等公爵、抚远大将军、川陕总督的地位相提并论,何以李卫"僭越",雍正就轻描淡写呢?实际上李卫的骄纵,连年羹尧都有所耳闻,他直接批评过李卫这个缺点,但却被雍正轻轻放下不提,李卫后来在浙江担任总督的时候还在西湖花神庙给自己以及妻妾搞了一个不伦不类的"湖山神位",把自己吹捧成浙江地区乃神乃圣的"大仙",乾隆南巡时看到,下令拆毁。由此可见,李卫所谓的"骄纵"正是在雍正的庇护下完成的,只要皇帝支持、信任的人,即便受贿、僭越也不过是小问题,而一旦失宠,那么这些问题很快就上升到政治高度上来,年羹尧致死的主因既不是受贿,也不是什么僭越,而是我们前面提到的,年羹尧由于在胤䄉、胤䄊等人的问题上与雍正存在分歧,被雍正视作"不可信",从而担心他会被政治对手利用,遂决定先下手为强将年羹尧处决。

　　从年羹尧自身而言,他的死确实有点咎由自取。在年羹尧死的时候,雍正还派人给年羹尧留下一句话:但愿人长久,千里共婵娟。

第四篇
才子佳人奇异士

　　他们或是年轻貌美,或是才华横溢,或是豪放不羁;他们有人为后世所传颂,有人为后世所敬仰,有人为后世所怜惜,他们是谁?他们就是才子佳人与奇异士。他们生活在不同的时代,演绎着不同的剧情。

荆轲：壮士一去不复返

荆轲，中国战国末年著名刺客。也称庆卿、荆卿、庆轲。受燕太子丹之托入刺秦王嬴政，失败被杀。

在秦国做人质的燕太子丹逃回了燕国。他看到秦国将要吞并六国，如今秦军已逼近易水，唯恐灾祸来临，心里十分忧虑，于是对他的太傅鞠武说："燕秦势不两立，希望太傅帮忙想想办法才好。"鞠武回答说："秦国的势力遍布天下，地盘广大，如果他们再用武力胁迫韩赵魏，那么易水以北的燕国局势就很危急了啊。何必因在秦遭受凌辱的怨恨，就去触犯秦国呢？"太子说："那可怎么办好呢？"太傅说："请让我好好考虑考虑。"

过了一些时候，樊於期将军从秦国逃到燕国，太子收留了他。太傅进谏劝告太子说："不能这样做啊。秦王残暴，又对燕国一直怀恨在心，如此足以让人胆战心惊了，更何况他知道樊将军在这里！这就好比把肉丢在饿虎经过的路上，灾祸难以避免了。我想，即使管仲和晏婴在世，也无力回天。太子您还是赶紧打发樊将军到匈奴去，以防泄露风声。请让我到西边去联合三晋，到南边去联合齐楚，到北边去和匈奴讲和，然后就可以对付秦国了。"

太子丹说："太傅的计划旷日持久，我心里昏乱忧郁得要死，恐怕一刻也不能等了。况且问题还不仅仅在这里，樊将军穷途末路，才来投奔我，我怎么能因为秦国的威胁，就抛弃可怜的朋友，把他打发到匈奴去呢，这该是我拼命的时候了，太傅您得另想办法才好。"鞠武说："燕国有一位田光先生，此人深谋远虑，勇敢沉着，您不妨跟他商量商量。"太子丹说："希望太傅您代为介绍，好吗？"鞠武说："好吧。"于是鞠武去见田光，说："太子希望和先生一起商议国家大事。"田光说："遵命。"于是就去拜见太子。

太子跪着迎接田光，倒退着走为他引路，又跪下来替田光拂拭坐席。等田光坐稳，左右人都退下后，太子就离席，向田光请教道："燕秦势不两立，希望先生能尽量想个办法来解决燕国的危机。"田光说："我听说好马在年轻力壮的时候，一天可以飞奔千里。可到它衰老力竭的时候，连劣马也能跑在它的前面。太子现在听说的是我壮年的情况，却不知道如今我的精力已经衰竭了。虽然这么说，我也不敢因此耽误国事。我的好朋友荆轲可以担当这个使命。"太子说："希望能通过先生与荆轲结识，可以吗？"田光说："好的。"说完起身就走了出去。太子把他送到门口，告诫他说："我告诉您的和先生刚才说的，都是国家大事，希望先生不要泄露出去。"田光低头一笑，说："好。"

田光弯腰曲背地去见荆轲，对他说："我和您交情很深，燕国没有人不知道。现在太子只听说我壮年时的情况，却不知道我的身体已大不如当年了。有幸得到他的常识并以国事相托。我从来就没把您当外人，于是把您举荐给太子，希望您能到太子的住处走一趟。"荆轲说："遵命。"田光又说："我听说，忠厚老实之人的所作所为，不使人产生怀疑，如今太子却告诫我说：'我们所讲的，都是国家大事，希望先生不要泄露出去。'这是太子他不信任我啊。为人做事不能使人相信，就不是有气节的侠客。"田光这番话的意思是想用自杀来激励荆轲，接着又说道，"希望您马上去拜见太子，说我已经死了，以此表明我没有把国家大事泄露出去。"说完就自刎而死。

荆轲见到太子，告诉他田光已经死了，转达了田光的临终之言。太子拜了两拜，双腿跪行，泪流满面，过了好一会儿才说道："我之所以

193

告诫田光先生不要泄密,是想实现重大的计划罢了。现在田先生用死来表明他没有泄密,这哪里是我的本意呢?"荆轲坐定后,太子离席,给荆轲叩头,说:"田先生不知我是个无能的人,让您来到我面前,愿您有所指教。这真是上天可怜燕国,不抛弃他的后代。如今秦国贪得无厌,野心十足,如果不把天下的土地全部占为己有,不使各诸侯全部成为自己的臣下,它是不会满足的。现在秦国已经俘虏韩王,占领了韩地,又发兵向南攻打楚国,向北进逼赵国。王翦的大军已逼近漳水、邺城,而李信又出兵太原、云中。赵国哪里能抵挡秦国的攻势,一定会投降。赵国向秦称臣,大祸就落到燕国头上了,燕国国小力弱,多次遭受兵祸,现在就算征发全国力量也不可能抵挡住秦军。诸侯都屈服于秦国,没有谁敢和燕国联合。我私下考虑能得到天下最勇敢的人出使秦国,用重利引诱秦王,秦王贪图这些厚礼,我们就一定能如愿以偿了。如果能劫持秦王,逼迫他归还侵占的全部诸侯土地,就像当年曹沫劫持齐桓公那样,那就更好了;如果秦王不答应,那就杀死他。秦国的大将在国外征战,而国内又大乱起来,那么君臣必定会相互猜疑。趁这个机会诸侯就可以联合起来,势必击破秦国。这是我最高的愿望。但不知道把这个使命托付给谁,希望先生您给想个办法。"

过了一会儿,荆轲才说:"这是国家大事,我才能低下,恐怕不能胜任。"太子上前叩头,坚决请求荆轲不要推辞。荆轲这才答应下来。于是,太子尊荆轲为上卿,让他住在上等的馆舍,太子每天前去问候。供给他丰盛的宴席,备办奇珍异宝,不断地进献车马和美女,尽量满足荆轲的欲望,以便让他称心如意。

过了很久,荆轲还没有动身的意思。这时,秦将王翦攻破赵国,俘虏赵王,占领了赵地。又挥军北进,掠夺土地,一直打到燕国南部边境。太子丹非常恐惧,就向荆轲请求说:"秦国军队早晚要渡过易水,我虽然愿意长久地侍奉您,又哪里可能呢?"荆轲说:"即使太子不说,我也想向您请求行动了。现在去了如果没有信物,那也无法接近秦王。

现在秦王正悬赏千两黄金和万户封邑来缉拿樊将军。如果能得到樊将军的首级和燕国督亢的地图献给秦王，秦王一定乐于接见我，这样我才能有报效太子的机会。"

太子丹说："樊将军因为走投无路来投奔我，我又怎么忍心为了自己的私事而伤害忠厚老实的人的心，还望您另想个办法。"荆轲知道太子不忍心，于是就私下里去见樊於期说："秦王对您可以说太狠毒了，父母和同家族的人都被杀害了。现在又听说秦王悬赏千两黄金和万户封邑来求您的头颅，您打算怎么办呢？"

樊於期仰天长叹，泪流满面地说："我每次想到这些，就恨入骨髓，考虑再三，只是不知道如何才能报仇罢了。"荆轲说："我现在有一个建议，不但可以解除燕国的祸患，而且可以为您报仇，您看怎么样？"樊於期走上前说："您究竟想怎么办？但说无妨。"荆轲说："希望能得到将军的首级，进献秦王，秦王必定很高兴，就会接见我。到那时，我左手抓住他的衣袖，右手用匕首刺进他的胸膛。这样，您的大仇可报，燕国遭受的耻辱也可以洗刷了。将军可有这番心意呢？"

樊於期袒露出一条臂膀，握住手腕，走近一步说："这是我日夜咬牙切齿、痛彻心胸的事情，居然在今天能听到您的指引。"说完就自杀了。太子听说后，赶紧驾车奔去，趴在樊於期的尸体上痛哭起来，极其悲伤。事情既然无可挽回，于是就只好收敛樊於期的头颅，用匣子封存起来。这时候，太子已经预先寻到天下最锋利的匕首，那是从徐夫人手里用一百金才买到的匕首。太子让工匠用毒药水淬染匕首，拿它在人身上试验，只要刺出一点儿血，那人就会立刻死去。于是准备行装，送荆轲动身。

燕国有个勇士叫秦舞阳，十二岁时就杀过人，别人都不敢正眼看他。于是太子就派秦舞阳做荆轲的助手。荆轲正等着另一个人，想跟他一起去，那人住得远，还没有赶到，荆轲为此滞留等他。过了好几天还没有出发。太子嫌他行动缓慢，怀疑他要反悔，于是又去请求他

说:"时间已经不多了,你难道不打算去了吗?请让我先派秦舞阳去吧。"荆轲生气了,喝斥太子说:"我今天去了如果不能回来,就可能因为秦舞阳这小子!如今我拿着一把匕首到吉凶难测的秦国去,之所以还不动身,是要等我的朋友一起走。现在您既然嫌我行动迟缓,那就诀别吧!"于是就出发了。

太子以及知道这件事的宾客,都身穿白衣,头戴白帽来为荆轲送行。到了易水岸边,祭祀完路神,就要上路。这时,高渐离击起了筑乐,荆轲和着曲调唱起歌来,歌声凄厉悲怆,人们听了都流下眼泪,暗暗地抽泣。荆轲又踱上前唱道:"风萧萧兮易水寒,壮士一去兮不复还!"接着乐音又变作慷慨激昂的羽声,人们听得虎目圆瞪,怒发冲冠。于是荆轲登上马车飞驰而去,始终没有回头看一眼。一行人到秦国以后,荆轲带上价值千金的玉帛等礼物,去见秦王的宠臣中庶子蒙嘉。蒙嘉替他事先在秦王面前美言道:"燕王确实畏惧大王的威势,不敢发兵和大王对抗,情愿让国人做秦国的臣民,和各方诸侯同列,像秦国郡县一样进奉贡品,只求能够奉守先王的宗庙。燕王非常害怕,不敢亲自来向大王陈述,特地斩了樊於期,并献上燕国督亢的地图,都封装在匣子里,燕王又亲自在朝廷送行,派来使者向大王禀告。请大王指示。"

秦王听了这番话后十分高兴。于是穿上朝服,设置九宾之礼,在咸阳宫接见燕国使者。荆轲捧着封藏樊於期头颅的匣子,秦舞阳捧着装地图的匣子,按顺序走上前去。走到宫殿前的台阶下,秦舞阳脸色陡变,浑身发抖,秦国大臣们感到奇怪,荆轲回过头朝秦舞阳笑了笑,走上前去向秦王谢罪说:"他是北方荒野之地的粗人,没有见过世面,今日得见天子,所以害怕,希望大王稍加宽容,让他能在大王面前完成使命。"

秦王对荆轲说:"起来,把秦舞阳拿的地图取过来。"荆轲就取过地图呈献上去,缓缓打开卷轴地图,地图完全展开时露出了匕首,说时迟那时快,荆轲左手拉住秦王的衣袖,右手抓过匕首就刺向秦王,可惜没能刺中。秦王大吃一惊,抽身而起,挣断衣袖。秦王赶忙伸手拔剑,剑身太长,卡在剑鞘里了。当时情况紧急,剑又竖着卡得太紧,所以不能立刻拔出来。荆轲追赶秦王,秦王只好绕着柱子逃跑。群臣都惊慌失措,由于突然发生了出人意料的事,一个个都失去了常态。而且按照秦国的法律,大臣在殿上侍奉君王时不得携带任何兵器,守卫宫禁的侍卫虽然带着武器,但都站在殿外,没有秦王的命令不能上殿。正在危急的时候,秦王来不及召殿下卫兵,因此荆轲追赶秦王的时候,大臣们在仓促之间惊慌失措,没有什么东西用来还击荆轲,只好一起用手抓他。这时御医夏无且(jū)用他身上带着的药囊(医用的木质小匣子,里面装着草药和医用工具)向荆轲投去。秦王正绕着柱子跑,不知怎办好,趁这个机会大臣们才对他大喊:"大王把剑背起来!"秦王这才把剑背起,拔出剑来砍荆轲,一下子砍断了他的左腿。荆轲重伤跌倒在地,于是举起匕首向秦王投去,没有击中,扎在柱子上。秦王又砍荆轲,荆轲八处受伤。荆轲自知事情失败,就靠着柱子大笑起来,叉开两腿大骂道:"事情之所以没有成功,无非是想活捉你,得到归还侵占土地的凭证去回报太子。"两旁的人赶过来把荆轲杀了,秦王郁闷了好久,才回过神来。

后来秦王对群臣论功行赏,处罚也根据情况,分别对待。秦王赏赐夏无且黄金二百镒,说:"无且爱护我,才用药囊投击荆轲啊。"

于是秦王对燕十分愤恨,增派军队赶往赵国旧地,命令王翦的部队去攻打燕国,十月攻陷燕都蓟城。燕王喜、太子丹等率领精锐部队退守辽东。秦将李信追击燕王,燕王急了,只好采用代王赵嘉的主意,杀了太子丹,打算献给秦王。但秦军仍旧继续进攻,五年之后终于灭掉了燕国,俘虏了燕王喜,秦国统一天下。

后来,荆轲的好友高渐离利用击筑的机会接近秦始皇,他用筑投击秦始皇,想为荆轲报仇,结果也没有击中,反被杀死。

荆轲行刺失败却天下皆知,短短的两句诗也传诵于千古。在诗里表现雄壮的情绪之难,在于令人心悦诚服,而不在嚣张夸大;在于能表

现出那暂时感情的后面蕴藏着的更永久普遍的情操，而不在那一时的冲动。大约悲壮之辞往往易于导致感情用事，而人在感情冲动之下便难以辨别真伪，于是字里行间不但欺骗了别人，而且欺骗了自己。许多一时感情冲动的作品，事后自己读起来也觉得索然无味，正是那表现欺骗了自己的缘故。《易水歌》以短短二句遂为千古绝唱，我们读到它时，何尝一定要有荆轲的身世。这正是艺术的普遍性，它超越了时间与空间而诉之于那永久的情操。

"萧萧"二字诗中常见。"风萧萧"三字所以自然带起了一片高秋之意。古人说"登山临水兮送将归"，而这里说："壮士一去不复还"，它们之间似乎是一个对照，又似乎是一个解释，我们不便说它究竟是什么，都是短短两句诗中表达了无限的哀伤，烘托出了气氛的悲壮。荆轲慷慨悲歌表达了为国牺牲、义无反顾的精神。即使到了今天，令人听了也非常伤感，不经意会流下热泪，仿佛看到当年荆轲拉着秦舞阳跳上车，义无反顾地前往秦国都城咸阳。

虞姬：一缕芬芳千古传

虞姬，秦末人，一说名虞妙弋，人称"虞美人"。今沭阳县颜集乡人，为西楚霸王项羽爱姬。据历史资料记载，虞姬是一个才貌双全的女子，虞姬不仅长得漂亮，她的舞姿也是楚楚动人，还有她的剑，也同样挥舞得轻盈如水。

"力拔山兮气盖世，时不利兮骓不逝！骓不逝兮可奈何，虞兮虞兮奈若何！"这首《垓下歌》是楚霸王项羽（前232～前202）被刘邦围困到垓下时，与宠妃虞姬所唱的曲。一曲既罢，虞姬自刎而死，项羽则率精锐突围，但仍被逼困在乌江，最后只留下"纵江东父兄怜而王我，我何面目见之？"也自刎身亡。项羽与虞姬最后的诀别，就这么成了流传千古的凄美绝唱。霸王英雄末路，虞姬自刎殉情。这悲情一瞬，已定格在中国文学的字里行间，定格在中国戏曲的舞台上，成为中国古典爱情故事中最经典、最荡气回肠的灿烂传奇。

据民间传说，浙江绍兴的山峦间，有个叫塔石的村落。山村虽小，却风光秀丽，草木山石之中蕴涵着大自然的灵气。虞姬就出生在这个小山村里。她父亲是个猎手，靠进山狩猎维持生计。家境虽不宽裕，但平静的生活依然充满着甘甜和温馨。

虞姬自幼跟随父亲打猎，渐渐地，父亲那一身技艺，她也学得不少，不仅习得弓、剑、刀、叉等十八般武艺，还练就了一身轻功，从高处往下跳，竟轻如鸿雁，落地无声。

一次，父女二人上山打猎，发现一头大野猪。父亲一箭射去，但没有射中要害。受伤的野猪咆哮一声，直向虞姬扑来。虞姬无处躲闪，可她并不惊慌，一个转身同那野猪一起向山下倒去。这一下可把她爹急坏了，他连滚带爬找到山下，只见野猪倒在血泊之中，但虞姬却踪迹皆无，他伤心不已，号啕大哭。这时忽听女儿在高处喊他，举目一看，虞姬双手抓住一根树枝，正冲他笑呢！下来之后，父女二人高高兴兴把野猪抬回村里。这一下，虞姬在附近乡村无人不知，个个称慕。

光阴似箭，虞姬渐渐长大，出落成一个如花似玉的大姑娘。求亲的人家络绎不绝，周围村庄的小伙子们也跃跃欲试。可是，这些人都不称虞姬的心意，就连她爹也总是摇头。

日子一天一天地过去，但虞姬的婚事仍然没有着落。

这天，虞姬正在山脚下晒兽皮，忽听远处传来急促的马蹄声，还夹杂着一个人粗粗的嗓音："快闪开！马受惊了！"瞬间，一匹快马驮着一

个壮汉狂奔而来，眼看就冲到了虞姬跟前。说时迟，那时快，她并不退让，一个箭步上前，一把抓住惊马顶鬃，惊马四蹄乱蹦，但很快就被制伏，乖乖地停下来。

这马上壮汉，不是旁人，正是后来的楚霸王项羽。他自幼便父母早亡，随叔父住在山阴项里，他生得虎背熊腰，力大过人，平时不喜文墨诗书，爱结交英雄义士，终日舞枪弄棒，大有一扫天下的气魄。

项羽惊甫定，下得马来，正待拜谢勒马英雄，定睛一看，却是一位美丽的妙龄少女，心中不由得产生几分敬佩之意，但又有些不服，心想自己堂堂大丈夫，竟不如一个乡间女子，那张脸顿时红了半边，好在他的脸本来就黑，姑娘并未注意到。他一面拱手致谢，一面指着惊马瓮声瓮气地说："这畜生，脾性太烈，要不是你把它拦住，我这阵子还不知到了哪个山头呢！"

项羽说话的当口，虞姬偷眼观瞧，见项羽人高马大，两道剑眉，鼻直口方，气宇轩昂，活脱脱一个盖世英雄形象！姑娘便有几分心动，这不正是我日思暮盼的那种郎君吗？想到这儿，姑娘脸上一阵羞红。她对项羽说道："壮士方才骑马一定累了，寒舍备得几杯薄酒，请英雄上马，随我回去，一来替英雄洗尘压惊；二来可让家父拜识英雄一面。"话音未落，纵身跳进盛兽皮的箩筐里，双手提起箩环，飘然离地而去。项羽从未见过此等轻身功夫，又兼方才虞姬力勒惊马，心想此女定非俗辈能比。他连忙纵身上马，追上前去。

在虞姬家中，她父亲见项羽相貌堂堂，出语不凡，也是满心欢喜。几杯酒过后，便对项羽谈起嫁女之事。项羽一听，正合心意，连忙倒身下拜，谢声不迭。就这样，一个男中杰，一个女中魁，成就了百年之好。

这以后，虞姬跟随项羽，东征西伐，破釜沉舟，取得巨鹿之战的胜利；进兵咸阳，灭掉秦朝。项羽势力不断壮大，威名远扬。但是，随着霸业的扩展，项羽的毛病也多了起来，他刚愎自用，有勇少谋，缺乏果敢，特别是低估了当时另一强人刘邦的能量。公元前203年，楚汉成皋之战，刘邦大败楚军。刘邦派人游说项羽，项羽听信了侯公的一套花言巧语，与刘邦定约，中分天下，割鸿沟以西的地盘为汉，鸿沟以东的地盘为楚。象棋上的"楚河汉界"即是缘此而来。

公元前202年年初，刘邦撕毁和约，越过鸿沟，领兵追击项羽至固陵，因齐王韩信、梁王彭越按兵不动，被项羽打得大败。于是，刘邦采纳张良的建议，许给韩、彭封地，他二人统率大军前来合击项羽。两军又在垓下（今安徽灵璧东南）展开一场殊死战争。韩信的十面埋伏阵把楚军杀得晕头转向。

垓下战场项羽大帐中，虞姬焦灼地在帐内徘徊。两军冲杀的喊声，刀剑撞击的铿锵声，远远地传来。她随项羽征战多年，战争的残酷早已习以为常了，但像今天这样激烈的厮杀，她也未曾见识过。她有些心惊肉跳，坐卧不宁，时而走出大帐去观看，时而踱回帐中深思。

不久，项羽一身污迹回到帅帐，他脸色阴沉，浑身气得发抖。看他的神色，虞姬明白了一切，知道楚军失利。她轻轻走到项羽跟前，柔声细语地安慰道："胜败乃兵家常事，大王不必过分伤怀。"

项羽垂着头，他心里难受，愤愤地说道："想我戎马一生，竟遭今日之败！"虞姬听了，觉得事情不妙，脸上却没有露出惊慌之色，依然柔声劝道："楚军虽遭一时挫折，但并未全军覆没，大营依然在我军手中，只要鼓舞士气，重整旗鼓，还是可以反败为胜的，请大王放宽心！"

楚军这一仗败得太惨了，项羽心里说：反败为胜，谈何容易！若不是钟离眛、季布断后，我左冲右杀，闯开一条血路，早就横尸疆场了。

就在这时，士兵来报："汉军已将大营团团围住，正在叫阵！"项羽当即传令全营将士死守大营。

虞姬见项羽心事重重，又拼杀了一天，便劝项羽早些歇了。

她独坐灯前，心神不定。突然，营帐外响起一阵楚地的歌声，如泣如诉，如哀如怨。

楚歌是汉军唱的，歌声忽高忽低。他们这一招真是厉害，可谓是釜底抽薪！因战斗失利，楚军伤亡无数，将士们本来就心灰意冷，无心再战。这会儿一听到乡音，勾起思乡念亲之情，眼看项羽大势已去，于是纷纷出营，四散逃离而去。

等到项羽被歌声吵醒，楚军只剩下八百亲兵了。得知这一消息，项羽仰天长叹，双泪纵横。这时，天已渐亮，他已做好了拼死突围的准备。

可是，看到身边的虞姬，他又茫然了。年轻的虞姬眉黛鬓青，眼如灿星，唇如涂朱，细嫩微红的脸上挂着愁容。一个弱女子，在汉军的重重包围之中，如何得以脱身呢？自己早已置生死于度外，可她追随自己多年，四处奔波，从未过几天安宁日子，横遭此祸，又怎么对得起她的百般温情。他越想越伤心，越想越内疚，真是柔肠寸断。他抓起一张纸绢，手提笔管，奋笔疾书。

力拔山兮气盖世，

时不利兮骓不逝！

骓不逝兮可奈何，

虞兮虞兮奈若何！

俗话说，"知子莫如父，知夫莫如妻。"看到项羽的诗句，虞姬心中已经明白了项羽的心事。她此刻犹如万箭穿心，她留恋人世，留恋朝夕相处的项羽，她想随他冲杀出去。可是，她何尝不知道，区区八百军士，且都是疲惫伤残，要想冲出包围圈，比登天还难！自己执剑冲杀，难免死于敌手，弄不好还要成为项羽的累赘。于是，她下定了必死的决心，声音颤抖着说："妾不能助大王一臂之力，也绝不能拖累大王，万望大王保重！杀将出去，以图东山再起！"语音刚落，她趁项羽不备，猛然从项羽腰间抽出佩剑，向自己脖下一横，顿时倒地身亡！

这一幕发生得太快，等项羽明白过来，虞姬已经拔剑自刎。项羽这个在两军阵前杀人如麻的钢铁汉子，此时也禁不住捶胸顿足，失声痛哭。等项羽定下神，领兵冲出重围，来到乌江边上，他手下的人已是寥寥无几。望着滔滔江水，项羽心潮起伏："我率八千兵马渡江，而今只有我一人生还，有何面目再见江东父老？"这时汉兵已经追来，他把心一横，自刎于江边，追随虞姬的亡灵去了。

项羽，一位从容走向失败的英雄；虞姬，一个坚强走向死亡的女人。男人从容中饱含对女人的眷恋不舍，女人坚强中又充满了对男人的无限柔情，由此，那气吞山河的千古绝唱便缠绵至今。

英雄美人，永远不老的传说。一个豪情万丈南征北战，一个柔情似水鞍前马后；能让一代霸王为之动情并相伴一生的，除了美丽还有那份温柔。虞姬懂得去爱她所爱的盖世英雄，虽然没有助其成就霸业，但却在用心成全这位英雄。虞姬轰轰烈烈爱一场，那自刎倒地的凄美身影，让她成为爱情史上不朽的传奇。

卓文君：风流千古《白头吟》

卓文君，汉代才女，西汉临邛人，与汉代著名文人司马相如的一段爱情佳话至今还被人津津乐道。也有不少佳作流传后世。

《史记·司马相如列传》记载，临邛有一富家卓王孙之女文君新寡，爱慕司马相如，与之私奔到四川成都。因家徒四壁，文君家开始又不予资助，两人复回临邛，尽卖其车骑后，买了一酒舍酤酒。文君当垆，司马相如也与保庸杂作，涤器于市中。这个故事后来成为夫妇爱情坚贞不渝的佳话。

历史上临邛也称为酿酒之乡，名酒倍出。文君酒成为历史名酒，唐代罗隐的《桃花》诗曰："数枝艳拂文君酒"，传说中还有"文君井"，陆游《文君井》诗曰："落魄西州泥酒杯，酒酣几度上琴台，青鞋自笑无羁束，又向文君井畔来。"

司马相如，字长卿，蜀郡成都人。少时好读书，尤攻辞赋，深受父母宠爱。长大以后，因为羡慕战国时赵国大臣蔺相如的君子之风，遂把自己的名字改为相如。他年轻时曾在官学任教，后往游长安，入朝为官，任武骑常侍。他虽也练过几番击剑，但毕竟不是行武中人。因此，担任武职，不但屈了他的才，也有违他的心愿。时值汉景帝刘启在位，对吟词作赋很不重视。有一回，受封于梁的梁孝王刘武来京朝见景帝。梁孝王一向喜好宾客，结交文士。跟梁孝王一起来京的还有邹阳、枚乘等人，都是当时名声显赫的文学大家。司马相如和他们结交以后，十分欣赏他们的文才，于是向景帝托病辞官，随同梁孝王和他的门客一起到了梁国。梁孝王建有名园——梁园，他常在园中和宾客们谈词论赋。一次，司马相如写了一篇《玉如意赋》，梁王阅后，十分欣赏，还赐给他一张贵重的琴，名为"绿绮琴"，上面刻着四个精美的铭文："桐梓合精"。《子虚赋》便于这段时间写成的，四处传播，享誉一时。

相如在梁国住了几年，不幸的是，梁王得病而亡。相如一下子失去了依托，只好回到老家。此番回来，绝非是衣锦还乡。而且他家已家道衰落，空空如也，父母早已亡故，生活难以为继。相如与临邛县令王吉友善，于是前往他家做客，住在城边的亭舍中。王吉因赏识他的才华，对他还算敬重。

临邛一带的富豪，首推卓王孙。卓家蓄养的家童数以百计，良田美宅无数。卓王孙有一个女儿，便是大名鼎鼎的卓文君。卓文君面目姣好，眉色如望远山，脸际常若芙蓉，肌肤柔滑如脂，是临邛一带出了名的美女。她不仅长得漂亮，而且很有才学，精通音乐，擅长弹琴弄曲。当时只有17岁，恰值妙龄。可是，命运却不济，婚后不久丈夫亡故，此时正在娘家寡居。

卓王孙是个势利小人，平素最喜欢攀权附贵，与王吉县令处得不错。他见王吉对司马相如非同一般，判定县令的客人一定身份很高，于是备下丰盛的宴席，邀请县令和司马相如到家中做客。司马相如因与卓王孙素无交往，便想称病推辞，无奈卓王孙再三相请，只得带上珍贵的绿绮琴来到卓家。

宾客约有百余人，但多是些官吏富豪，司马相如往席间一坐，马上就显出与众不同的风度来。他那雍容文雅、潇洒风流的神采、满堂生辉，众人无不为之倾倒。

酒过三巡、菜过五味之后，大家都已有了几分醉意。王吉心想：今天宾客云集，何不让相如施展一番，让这些人也见识见识我朋友的才华？想到这儿，他端起酒杯，走到司马相如跟前，说道："今天大家都很快活，我早听说你的琴声悠扬，辞赋高雅，你又带了琴来，为我们弹上一曲以助酒兴，如何？"司马相如不好推辞，于是抚琴调弦，弹了起来。他的指法灵活，琴声悦耳。卓王孙等人，尽是些庸俗势利的富豪，胸无点墨，更不懂什么音乐艺术，只是故作高雅。他们看见王吉摇头晃脑的样子，也齐声喝彩。

司马相如弹兴正浓，忽闻屏后有环佩之声，留心窥看，原来是卓王孙之女卓文君在屏后偷听。卓文君对司马相如的名字早有耳闻，知道这位才子今天正在自己家中做客，但又不便出来见面，只好坐在内室听外面的动静。相如一弹琴，她一听那琴声，或如行云流水，或如凤凰和鸣，声声动人心弦，情不自禁，缓步潜立屏后。当她从屏缝中窥见相如的风姿，越发为他的风度、才情所吸引。司马相如发现卓文君偷听之后，琴弹得更加起劲。他早已听说文君的才貌出众，对她新近的遭遇也略知一二。于是，一曲终了，他又弹起第二支曲子，边弹边唱：

凤兮凤兮归故乡，遨游四海求其凰。时未遇兮无所将，何悟今夕升斯堂。有艳淑女在闺房，室迩人遐毒我肠。何缘交颈为鸳鸯，相领领兮

共翱翔。

凰兮凰兮从我栖，得托孳尾永为妃。交情通意心和谐，中夜相从知者谁？双翼俱起翻高飞，无感我思使余悲！

文君是何等聪明的人物，她侧耳静听，很快就听出了曲调中的寓意，更听出了司马相如的弦外之音，不禁大为感动，只担心自己配不上。

酒席散后，客人纷纷辞去。司马相如备下厚礼，让人送给卓文君左右的侍从，求他们转达自己对文君的爱慕之情。卓文君反复思量，如果明媒正娶，司马相如不是显贵，父亲断然不会应允。可是一旦错过良机，自己将饮恨终身。焦急中，她猛然记起《凤求凰》中，有"中夜相从"一语。于是，当夜见家人安歇之后，偷偷溜出家门，私奔往司马相如的住处，司马相如一见文君到来，不仅为她的姿色所动，更为她的勇敢而敬佩，连夜备下车马，日夜兼程返回成都。

卓王孙闻讯后，鼻子都气歪了，心想：我真是引狼入室啊！愤愤地说："文君竟然胆大包天，不顾廉耻，我虽不忍心杀她，但也休想从我这取走分文。"文君和相如在成都待了一段时间后，家徒四壁，穷困潦倒。有一天，相如取出一件自己心爱的裘皮衣服，到酒店里换来一些酒食，两人一起借酒消愁。文君不无悲哀地慨叹："我向来过着富裕奢华的生活，想不到今日却要去用衣服赊酒来喝！"尽管如此，文君并不觉得后悔，只要能与相如在一起，她什么苦都可以吃。

因为生计问题，他们又不得不返回临邛。但事已至此，文君并未向父亲伸手要钱。他们卖掉车马，凑了几个钱，开了一家小酒店。司马相如一扫文人的斯文，自己当酒保，穿着犊鼻裈，提壶洗碗，做杂活。文君则淡妆素抹，亲自当垆卖酒。一个文人，一个才女，落到如此地步，临邛的人谁不知道文君是卓王孙的女儿呢？人们议论纷纷，都指责卓王孙薄情寡义。卓王孙是又羞又恼，羞的是女儿违背父命与人私奔；恼的是女儿竟敢回到自己眼皮子底下，丢人现眼。于是，索性大门紧闭，深居简出。

卓王孙的兄弟知道这个情况后，便赶来劝他："你不过生了两儿一女，文君少年丧偶，如今找到相如这样的才子，你应该高兴才是。相如也曾是官场中人，只是一时落魄，你能保他日后就没有出头之日？况且他又是县令的好友，怎好这般屈辱于他呢？再者，女儿当垆卖酒，你这临邛首富脸上也无光啊！"卓王孙无奈之下，只好分给文君童仆百人，金钱百万，并将她当初出嫁的衣物全部给她。就这样，文君与司马相如满载而归，从临邛又回到成都，置田宅，购园圃，过上了富足的生活。

《榔环记》中有这样一则趣闻。县令王吉一天梦见一蟛蟆在都亭学人语说道："明天住在此处。"王吉很觉怪异，第二天便派人在都亭等候，正巧司马相如来访。因而，天下人都把蟛蟆称为长卿。而卓文君呢，一辈子再也没有吃过蟛蟆这种东西。

后来，汉景帝去世，武帝刘彻即位。侍从杨得意也是蜀郡人，他向刘彻推荐了司马相如早年所写的《子虚赋》。武帝读罢，深感此赋是传世之作，忙问作者是谁。杨得意说："蜀郡人氏司马相如所作。"武帝当即召见司马相如，见他仪表不凡，封他做了郎官，即帝王的侍从官。数年后，武帝又拜他为中郎将，代表朝廷持节赴蜀，通使西南诸部落，招抚为汉朝属国，按汉制设置郡、县，由朝廷派官员协助管理。

相如作为朝廷命官一入蜀郡，太守以下俱出郊远迎，县令亲自背着弓箭骑马在头前开路。卓王孙也一反常态，不计前嫌，争献牛酒。他看到司马相如一朝得势，衣锦还乡，声威显赫，冠盖辉煌，不禁喟然长叹，恨自己当年有眼无珠，更恨自己嫁文君给相如太晚。于是，按照与儿子一样的数目重新分给文君一份家产。

几个月后，司马相如完成了安抚西南夷的任务，回到京城。汉武帝非常满意，拜司马相如为孝文园令。从此，司马相如官高爵显，童仆满门，生活优裕，与往日大不相同。

司马相如久居京城，赏尽风尘美女，加上官场得意，竟然产生了弃

207

妻纳妾之意。曾经患难与共、情深意笃的日子此刻早已忘却,哪里还记得千里之外还有一位日夜倍思丈夫的妻子?

终于,日某司马相如给妻子送出了一封十三字的信:一二三四五六七八九十百千万。聪明的卓文君读后,泪流满面。一行数字中唯独少了一个"亿",无亿岂不是表示夫君对自己"无意"的暗示?她,心凉如水。怀着十分悲痛的心情,回了一首《怨郎诗》。司马相如看完妻子的信,惊叹妻子之才华横溢,遥想昔日夫妻恩爱之情,不禁羞愧万分。

汉武帝元鼎二年(前115),年已六旬的司马相如告老辞官,移家茂陵,修了一座大花园,清幽雅致。司马相如经常徜徉其间,吟诗作赋,饮酒赏花,安享山林泉下之乐。不过有一事使他常感不快,那就是文君额添皱纹,两鬓如霜,羞对灼灼桃花、盈盈莲荷,见了不免有些令人生厌。日子一长,他对文君又有些冷淡了。这时茂陵有个商人的女儿,正当豆蔻年华,有沉鱼落雁之容,闭月羞花之貌,更兼能歌善舞,又会写诗作画。求婚者摩肩接踵,不绝于门,商人均相不中,一概回绝。司马相如闻知消息后,便托人重礼登门求婚,欲纳为妾,商人虽嫌相如是白头老翁,却又慕其才学地位,不顾其女反对,慨然答应。相如十分高兴,只待良辰吉日,即行迎娶。

司马相如的所作所为,可苦了卓文君。自从移家茂陵之后,文君即感相如日渐冷淡。这会儿又听说相如有意纳妾,她既恼怒,又伤心,回想往事,禁不住泪流满面。她望着铜镜中自己的满头白发,满脸皱纹,深感年华易逝,岁月无情,老了竟遭良人冷遇,这心底的怨愤如何能平?她提起笔来,写了一首《白头吟》:

皑如山上雪,皎若云间月。
闻君有两意,故来相决绝。
今日斗酒会,明旦沟水头;
躞蹀御沟上,沟水东西流。

> 第四篇　才子佳人奇异士

凄凄复凄凄，嫁娶不须啼；

愿得一心人，白头不相离。

竹竿何袅袅，鱼尾何徙徙。

男儿重意气，何用钱刀为！

司马相如读到这首诗后，就像一条鞭子抽在自己身上一般。他想起月夜私奔、文君当垆的往事，想起文君平时对自己温存体贴的种种好处，想起两人共同吟诗作赋的美好日子，觉得自己对不起文君，深感惭愧。他暗下决心：一定及早派人去退亲，今后再不娶妾，誓与文君白头偕老，共度余生。他满怀内疚，带着自责对文君说："文君，我对不起你！看在多年夫妻的份儿上，你饶恕我吧！"文君见他确有惭愧自责之意，便原谅了他，两人和好如初。

卓文君，一个有思想、有勇气、敢爱敢恨的才女，她敢爱，敢于违抗父命为自己争取幸福；她会爱，用自己的智慧挽回了丈夫的感情。她与司马相如的婚姻也历经了七年之痒的考验，感情由浓烈转为平淡。在丈夫有外心的时候，她没有忍气吞声顾影自怜，而是以其才智诗赋劝感丈夫，一首《白头吟》"……闻君有二意，故来相决绝。愿得一人心，白头不相离……"表达了她对爱情的执着和向往以及一个女子独特的坚定和坚韧，也为他们的故事增添了几分美丽的哀伤。卓文君以她的聪明心智和绝代才华，用心经营着自己的爱情和婚姻，终于苦尽甘来。他们之间最终没有背弃最初的爱恋和最后的坚守，这也使得他们的故事千回百转。这一点，不仅在古时候非常不易，就是在现代，也是令人钦佩的。

卓文君是我国第一个勇敢冲破封建礼教束缚的女性。她敢于反抗父命，追求爱情，坚持爱情专一，反对一夫多妻，这在两千多年的封建社会中是极为罕见的，她是我国古代女性中的一位伟大女性。

209

貂蝉：侠骨丹心，红颜薄命

　　貂蝉是中国古代四大美人之一，也是女间谍的鼻祖之一，她亲身实践了美人计和连环计。

　　貂蝉出生在东汉末年江陵的一个没落家庭。自幼才华出众，聪敏过人，因而被选入汉宫，任管理宫中头饰、冠冕的女官，故称"貂蝉"官。因遭十常侍之乱，避难出宫，她被司徒王允收留并认为义女。王允一家对她可谓有救命之恩。由于长期寄人篱下，貂蝉养成了一套善于察言观色的本领。再加上生性聪慧，更具有一种善解人意，嘴甜心细的品性。貂蝉不但颇得王夫人的欢心，就连王允本人也对她另眼相看。

　　自火烧洛阳，迁都长安后，把持朝政的董卓仗着勇冠三军的义子吕布更加为非作歹。一天，百官在朝堂议事，突然吕布来到董卓身边，耳语数句，董卓点了点头，吕布来到司空张温身边，一声令下，将张温揪下朝堂，不久，侍从用一红盘托张温头入献。董卓命吕布劝酒，把人头在各人面前一一呈过，然后说道："汝等对我恭顺，我不害你们，我是受天保佑的人，想害我的人一定会失败。"一个大臣就这样无缘无故地被杀了。王允惊惧的同时，免不了兔死狐悲。

　　夜已很深，王允仍站在荼蘼架旁想着白天的事情。他知道要除董卓，就必须先离间董卓和吕布的关系。忽然他听到在花园的另一端也有人在暗暗叹息，他悄悄走过去，发现是貂蝉。王允问貂蝉："你有什么伤心事，竟于深夜在此长叹，能不能告诉我？"貂蝉先是感谢王允的救命之恩，希望能够感恩图报。接着话锋一转，讲到她最近总见王允愁眉不展，特别是今晚更是坐立不安，料想一定有重大的事情十分棘手，最后她表示，王允需要她做些什么，她一定万死不辞。王允静静地听着，突然眼前一亮，计上心来，立即叫貂蝉跟他到画阁中去。进了画阁，王允说出一番话来，吓得貂蝉花容失色。王允跪拜在地，貂蝉跟着跪倒，面对收留抚养她的恩人，她再次发誓，万死不辞。

第二天，王允就将家藏的明珠数颗，令匠人嵌成一顶金冠，使人秘密送给吕布。吕布一介武夫，贪财重利，很容易被抓住了弱点。吕布大喜，当即赶到王家致谢。王允盛情招待，当酒饮至七分醉时，貂蝉从内室款款而出，吕布立刻被其迷倒。醉意浓浓中，王允告诉吕布，愿意把貂蝉嫁给他做妻子，又欲擒故纵地说："要不是怕董卓起疑，一定会留吕布在家里过夜。"吕布在依依不舍中，喜滋滋地离去。王允计谋的第一步宣告成功。

接着就是第二步。又一天早朝完毕，王允邀请董卓到他家去做客，说道："我想请太师到草堂赴宴，不知可不可以？"董卓马上说："司徒乃国家之元老，既然司徒有请，当赴。"第二天傍晚，王允穿着朝服迎接董卓，三拜五叩，称赞董卓，把董卓比作姜子牙、周公。董卓还未饮酒，就已经醉醺醺了。夜幕降临，酒桌上，王允唤貂蝉在众人簇拥下飘然而至，轻歌一曲，曼舞一支。董卓心花怒放，立即命令近前来唱，一曲还未唱完，董卓叫貂蝉为他把盏。董卓轻轻地问："多大年龄？"貂蝉幽幽地答道："贱妾还不到20岁。"董卓笑道："真神仙中人也！"王允立即说："老臣想把此女献与太师，不知是否满意？"董卓色迷迷地说："美人见惠，何以报德？"一边说着"尚容致谢"，一边就急急起身，王允跟着亲自送貂蝉随着董卓到郿坞。

王允送董卓回来刚到家门口，就被吕布拦住。吕布一把揪住王允，怒骂："老贼戏我！"拔剑就要砍。王允立即告诉吕布，董卓把貂蝉带走，是要为吕布主婚，并要吕布把自己家中的一些珠宝带走，说是给貂

蝉出嫁做首饰。吕布立即兴冲冲地赶到相府。但当吕布来到相府时，董卓正和貂蝉在内室情话绵绵。吕布等了一夜，第二天早晨得到的答复是："夜来太师与新人共寝，至今未起，可能是太劳累了。"吕布一听大惊，马上偷偷地来到董卓卧房后偷看。貂蝉刚好起床梳头，发现了偷看的吕布，立即蹙起眉头，做出忧愁不安的样子，假装不断用手帕擦拭着泪眼。

董卓终于正式接待了吕布。寒暄几句后，吕布总不见董卓提起为他主婚的事，就痴痴地站在那看董卓吃早饭。这时，貂蝉故意在绣帘后走来走去，引起吕布的注意，甚至不惜露出半个脸蛋来，以目送情，霎时，吕布神魂荡漾。董卓当即警觉，见吕布频频侧身迎里而望，恼怒地说："布儿无事就走吧。"吕布一肚子不高兴地回到家中，他的妻子不知趣地问他："你今天莫非被董太师批评了？"吕布一反常态地说："太师怎能批评我！"

董卓自纳貂蝉后，情色所凝，月余不出理事。吕布一切都明了了，但越如此，他越思念貂蝉。终于，吕布利用董卓午睡的机会溜进了董卓的卧室。貂蝉在床后探半身望着吕布，以手指心而不转睛。吕布感激得频频点头表示明白她的意思。貂蝉用手指董卓，强拭泪眼，吕布似乎心肝欲碎。

董卓蒙眬中醒来，看到了吕布，猛然回身，看见貂蝉在屏风后面。董卓羞愧愤怒，责问吕布："你敢戏我爱姬吗？"唤左右驱逐吕布，令其今后不许入内堂。吕布怀恨回家。

貂蝉终于将事态引向了高潮。没过多久，她就将吕布引到了相府后花园中的凤仪亭，边哭边诉说自己如何思念吕布，董卓又如何将自己侮辱。现在自身已污，不得服侍英雄，愿死在吕布面前，以绝吕布的思念。话没说完，貂蝉就手攀曲栏，欲往荷花池中跳，慌得吕布一把将其抱住。貂蝉乘机倒在吕布怀中，挑唆吕布反对董卓，说道："妾在深闺，闻将军之名，如雷贯耳，以为当世一人而已。谁知反受他人之制！妾度日如年，愿将军怜悯而救之。"董卓因久未见貂蝉，便到后花园中寻觅。只见吕布把他的方天画戟放在旁边，抱着貂蝉正说悄悄话。盛怒之下，董卓抢过画戟就刺，吕布掉头便走。董卓体胖，赶不上，就飞起一戟，却被吕布一拳打落在草中。吕布与董卓的关系彻底破裂。

　　董卓带着貂蝉回到家里后，就离开相府去了郿坞。王允乘机把吕布接到家中，痛斥董卓把吕布的貂蝉抢走，声称要为吕布报仇。一番同仇敌忾，刺杀董卓的计划便周密完成。

　　"千里草，何青青；十日卜，不得生。"这一首当时流行在长安街头的童谣，预示着董卓快要死了。此时，轻车都尉李肃奉命到郿坞去见董卓，说是天子有诏，欲会文武大臣于未央殿，商议将帝位传给太师之事。董卓心花怒放地起程进京，一路上车轴断了，马辔头断了，而且路上狂风大作，尘土蔽天，董卓大惑不解，认为这些都是不祥之兆。李肃却解释说："弃旧换新，将乘御辇金鞍；万岁登基，必有红光紫霞，这些都是吉兆。"董卓在走进未央殿时，被埋伏在殿内的军士伏击，一戟刺透董卓咽喉的就是吕布，李肃却把董卓的人头割在手中。

　　董卓既死，朝野欢声雷动，吕布在兵荒马乱中找到貂蝉，带回家中，终偿凤愿。然而，吕布最后终被曹操战败，自缢而亡，貂蝉落入了曹操的手中。貂蝉此后的命运传说纷纭，有的说是自刎而死，有的说曹操为笼络关羽把她连同赤兔马一起送给了关羽，关羽留下骏马却斩杀了美人。貂蝉是《三国演义》中唯一一个被重点塑造的女性，但在书中某些地方她被描述为红颜祸水。

　　事实上，正是由于貂蝉的功劳，才有了王司徒连环计的实施，才有了吕布大闹凤仪亭的高潮，才有了凶横无忌、权倾一时的董卓的罪有应得。貂蝉存在的意义正在于：在男人争霸的世界中显示出了一个绝色女子的胆量与智慧，正是这种非凡胆量的展示与高度智慧的运用，加速了汉末军阀战乱时代的结束，促成了一代雄才曹操、刘备、孙权等人的崛起，从而使已经风雨飘摇的汉室江山得以延续。总之，貂蝉作为女间谍

的鼻祖之一，亲身实践了美人计和连环计，为国除奸，为后世所传扬。

一个寄人篱下的弱女子，为了报恩牺牲了自己一生的幸福直至生命。她心甘情愿地被当成一件礼物、一枚棋子、一个筹码，周旋于两个男人之间，上演了连环美人计，送吕布以秋波，报董卓以妩媚，让他们从义父子反目成仇人，借刀杀人，挽狂澜于乱世。

虽然历史上对是否有貂蝉这个人尚存有争议，但纵然如此，在罗贯中的《三国演义》中，在完全是清一色男人争霸的三国时代，貂蝉是出场的少数几位女子中最为光彩夺目的，她的才智让天下英雄黯然失色。

嵇康：魏晋风度一面不倒的旗帜

嵇康（223～263），字叔夜，三国魏谯郡铚（今安徽省淮北市濉溪县）人，因曾官至曹魏中散大夫，故后世又称嵇中散。中国古代著名的文学家、思想家、音乐家。为魏晋时期文人团体"竹林七贤"之一，与阮籍齐名。后因得罪钟会，为其构陷，而被司马昭处死。

嵇康风度非凡，为一世之标，《晋书》上说："康早孤，有奇才，远迈不群。身长七尺八寸，美词气，有风仪，而土木形骸，不自藻饰，人以为龙章凤姿，天质自然。"

《世说新语·容止》中写道："嵇康身长七尺八寸，风姿特秀。见者叹曰：'萧萧肃肃，爽朗清举。'或云：'肃肃如松下风，高而徐引。'山公曰：'嵇叔夜之为人也，岩岩若孤松之独立；其醉也，傀俄若玉山之将崩。'有人语王戎曰：'嵇延祖（嵇康之子）卓卓如野鹤之在鸡群。'

答曰：'君未见其父耳。'"

好友山涛称其"站时就如孤松独立；醉时就似玉山将崩"。嵇喜（嵇康的哥哥）在《嵇康别传》里，夸耀他是"正尔在群形之中，便自知非常之器。"然而，嵇康却有"土木形骸，不自藻饰"的个性倾向，据同时代的颜之推在《颜氏家训》里记载，当时上层社会男士，崇尚阴柔之美，非常重视个人修饰，出门前不但要敷粉施朱，熏衣修面，还要带齐羽扇、麈尾、玉环、香囊等各种器物挂件，如此方能"从容出入，飘飘若仙"。与那些脂粉敷面、轻移莲步的矫揉造作者相比，嵇康的"不自藻饰"是非常特立独行的。

嵇康旷达狂放，自由懒散，"头面常一月十五日不洗，不大闷养，不能沐也"，再加上他幼年丧父，故而经常放纵自己，"又纵逸来久，情意傲散"。成年的他接受老庄思想之后，"重增其放，使荣进之心日颓"，懒散与自由里孕育着嵇康的狂放和旷达。

嵇康年轻时傲世，对礼法之士不屑一顾。向秀曾叙述其与嵇康的友谊："余与嵇康、吕安，居止接近。其人并有不羁之才。然嵇志远而疏，吕心旷而放。"钟会陷害吕安时，给其安上的一个罪名就是"言论放荡，非毁典谟"。

嵇康之死，不是因为他犯了什么死罪，而是因为他雅好慷慨、不拘礼法、率性坦荡、特立独行的精神和蔑视权贵的态度。

《魏氏春秋》说嵇康"学不师授，博洽多闻"。他的诗文书法琴艺都达到了相当高的水准，是位多才多艺的全能式学者。嵇康是竹林七贤的领袖人物，崇尚自然，怡悦山林，追求恬静闲适和超然自在的生活。他是一位出色的文学大师，他的诗气峻辞清，深刻犀利。他还精通音律，是当时著名的音乐理论家和演奏家。他写的《琴赋》，特别是洋洋七千言的《声无哀乐论》，鼓吹自然和谐，呼唤心灵回归，在当时音乐与自然、音乐与情感关系的大论辩中独树一帜。

嵇康蔑视官场不屑权贵，远离官场跑到城郊去打铁。嵇康在锻铁的

同时，也锻造了自己的灵魂。就在嵇康打铁打得兴高采烈的时候，司马昭的宠儿钟会突然来访。嵇康懒得理他，连头都没抬。钟会尴尬了一会儿动身要走，嵇康问话了，很幽默："何所闻而来？何所见而去？"钟会答得也很机巧："闻所闻而来，见所见而去。"小人钟会耿耿于怀，从此忌恨在心。鲁迅说："这也是嵇康杀身的一条祸根"，祸根就在嵇康得罪的不是一个君子而是一个小人！

嵇康玄学思想的核心是"越名教而任自然，非汤武而薄周孔"。这是一朵带刺的玫瑰，它的芒刺直指以周公自居的司马昭和被统治者当作幌子的虚伪的礼教。嵇康的社会理想是"不以天下私亲，宁济四海蒸民"。他向往唐虞社会及其之前的公天下，这就把唐虞之后"宰割天下以奉其私"的罪恶统治都否定了。《晋书》记载："山涛将去选官，举康自代，康乃怀涛书告绝。"山涛为人敦厚，他推荐嵇康做官本是一番好意，却惹得嵇康怒不可遏。嵇康一篇《与山巨源绝交书》写得十分痛苦。嵇康这封绝交书无疑是一篇与当权者决裂的宣言，难怪"大将军（司马昭）闻而怒焉"（《魏氏春秋》）。结果惹恼了权贵，埋下了祸根。

无独有偶，嵇康有个朋友叫吕安，其妻十分漂亮，被他的哥哥吕巽奸污了。吕巽做贼心虚，反污吕安不孝告到司马昭那里。司马昭标榜以"孝"治天下，不孝可以定死罪，吕巽这样做是意图将亲弟送上断头台，简直禽兽不如。嵇康怎么也想不到朋友圈子里冒出这么一个阴险的无赖，当即宣布与吕巽绝交，绝交书写每个字时都气得发抖。嵇康拍案而起为吕安出庭作证。他走进的是一个等他等了很久的卑鄙的陷阱。嵇康为朋友抱不平被打入死牢，罪名是"不孝者的同党"。

嵇康入狱后，人们奔走呼号竞相营救。《世说新语》说"豪俊皆随康入狱"。司马昭怎么也想不明白，已是死囚的嵇康怎么还有心思在狱中写诗？更想不通还有那么多人无意于他的官场却很乐意陪嵇康蹲牢房。司马昭有点心慌、有点犹豫，还有点酸溜溜的嫉妒。就在这时，小人钟会报复的机会来了，在司马昭跟前煽动说："嵇康，卧龙也，不可起。公无忧天下，顾以康为虑耳。昔齐戮华士，鲁诛少正卯，诚以害时乱教，故圣贤去之。康、安等言论放荡，非毁典谟，帝王者所不容。宜除之，以淳风俗。"钟会对司马昭的心思摸得很透，短短几句话就结果了曾讥讽过他的嵇康。

据《晋书》记载，行刑那天，有三千太学生聚集刑场为嵇康请愿，这在中国历史上是绝无仅有的。正因太学生们请愿，促使司马昭决意处死嵇康。面对死亡，嵇康泰然自若，一曲《广陵散》成千古绝响！

在魏晋文人中，嵇康最率性最有骨气，他是魏晋风度一面不倒的旗帜！

阮籍：一生常在酒醉中

与嵇康同为竹林七贤的阮籍也是个千古留名的文士。相较于魏晋时期那些玄学哲学家，阮籍在学术思想方面或是哲学理论方面，并没有特别突出的贡献。不过，若论名声，除嵇康外，当时几乎无人可以与之相提并论。

千百年来，世人对于阮籍的评价褒贬不一，见仁见智、争论不休。其中有一种说法认为阮籍气节不够，未能像嵇康那样宁折不弯，与司马氏抗衡到底。这种说法未免有些偏激。诚然，阮籍迫于当时的形势，确实做出了一点妥协。但细思之下你会发现，阮籍的这种妥协不过是一种变相的抗衡。他被迫成为司马氏的"幕僚"，但终日纵酒狂歌，既不开罪司马氏亦不肯为其出力，他深知司马氏意在借用自己的声名为政治加

分，于是想方设法撇清自己与司马氏的关系。阮籍的做法，可以说是一种既能自保又不失自己原则的处世智慧。

阮籍这个人一向蔑视礼教，好酒，醉后便睡在卖酒的美妇身旁，因其行为怪异，美妇的丈夫也不认为他有什么不轨。

一次，他嫂子要回娘家，按照礼数，男女有别，他不得去送行，可阮籍不仅为嫂子饯行，还特地送她上路。一些道学夫子对此指指点点，阮籍满不在乎地说："孔孟礼教，与我何干？"

还有一次，他听说隔壁有一未嫁之女因病夭折，竟也不顾世人议论，跑到灵前大哭一场，尽哀而还。

一天，阮籍和友人在下棋，忽然有人来报其母去世，友人知其事母至孝，力劝他速速回家，阮籍则坚持下完棋，然后饮酒三斗放声大哭并吐血。母亲去世，他并不特别安排丧事，友人裴楷前来吊唁，却只见阮籍醉卧在地，裴楷依礼跪地哭悼，哭完就走，并不在乎阮籍对他的不理睬。

阮籍常用白眼对付礼俗之辈，用青眼接待知音。嵇康的哥哥嵇喜前来吊唁，阮籍翻着白眼，致使嵇喜不快而去。嵇康知道后，由于了解阮籍的性情，干脆就提着酒坛挟着琴去看他，阮籍果然高兴。

阮籍在服丧期间，依然无视礼法，我行我素，参加司马文王的宴会，喝酒作乐，但他这些无视礼教的行为在当时却得到了上流社会的认同。

阮籍曾到山东的东平游玩过。一日，他漫不经心地对司马昭说很喜欢那里的风土人情，司马昭立即让他到东平去做官。

阮籍骑着毛驴到了东平衙门，发现办公之地全由层层的墙壁隔开，官员彼此不便沟通，办事效率极低。阮籍于是下令拆了所有墙壁，办公环境一下大为改观，宽敞明亮，官员也不再敢偷懒，效率大增。做完这一切后，阮籍在东平逗留十来天后，就骑着驴儿回到洛阳。

拆墙办公是阮籍一生中唯一一次在官场上做的实事，李白曾作诗称赞道：阮籍为太守，乘驴上东平。判竹十余日，一朝化风清。

阮籍嗜烈酒、善弹琴，喝酒弹琴往往复长啸，即吹口哨。

据《世说新语·栖逸》记载：阮籍吹的口哨声可以传几百步远。一次，阮籍去拜访苏门山中的一位真人，他对着真人谈天说地，激扬文字，可真人却似听而不闻，一声不响，连眼珠子都不动一下。

阮籍无奈，干脆就对着真人吹起了口哨，这下真人开了尊口："请再来一次。"阮籍再次长啸，然后就下山了。

到了半山腰，山谷中忽然回荡起优美的啸声，阮籍抬头望去，原来是真人在长啸不已，幽渺和谐。受到真人啸声的感染，阮籍写出了著名的《大人先生传》。

自阮籍后，吹口哨便在士族青年中流行起来。

不过，随着年龄的增长，阮籍的这种猖狂逐渐被他自己掩藏起来。

他和"竹林七贤"其他诸人一样，都对当时混乱的政治感到厌烦，亦都不喜欢攀附权贵。但所谓"树欲静而风不止"，像他们这种声名在外的人，自然成为了政客们"招贤纳士"的首要目标。

阮籍名盛之时，正逢曹爽、司马懿共辅曹芳，二人明争暗斗，朝堂上波涛汹涌，政局十分险恶。曹爽慕阮籍之名，曾召其为参军，但阮籍托病辞官归故里了。正始十年（249），司马懿发动"高平陵之变"，诛杀曹爽，开始独专朝政。

此后，司马氏便屠戮异己，很多人被牵扯进去，家破人亡。阮籍原本向着曹魏皇室，对于司马氏谋权篡位之举甚为不满，但他同时又感到"蚍蜉撼树谈何易"，尤其在司马懿诛杀何晏、邓飏这班人，致一朝天下"名士减半"之后，阮籍终于放弃"猖狂姿态"，转为自全之计。他决定不涉是非，或是闭门读书，或是游山玩水，或是长醉不醒，或是缄口不言。钟会是司马氏的心腹，曾多次探问阮籍对时事的看法，阮籍都用酣醉的办法获免。司马昭本人也曾数次同他谈话，试探他的政见，他总是以发言玄远、口不臧否人物来应付过去，使司马昭不得不说"阮嗣宗

219

至慎"。

为了拉拢阮籍，为自己树立"礼贤下士"的形象，司马昭又想到了与阮籍联姻。阮籍有一个女儿，不但长得眉清目秀，而且德才兼备。于是，司马昭便打算让自己的儿子司马炎娶阮籍之女为妻。

事先听到消息的阮籍这下为难了。如果答应这门亲事，有损自己名誉不说，更是害了女儿；但倘若不答应，惹怒了司马昭，恐怕自己一家人的性命就难保了。

思来想去，阮籍决定以酒避祸，他将自己喝得酩酊大醉，而且只要一醒，就抱着酒坛子狂喝，一直喝到烂醉如泥。结果，媒官来一次见阮籍醉得不省人事一次，根本就无法开口。最后，只得如实回禀司马昭。

司马昭不死心，亲自上阵。但一连十数次，遭遇的都是和媒官一样的场面，且阮籍一醉就是60天。这令司马昭哭笑不得又无计可施，最后只得作罢。

不过，有时阮籍迫于司马氏的淫威，也不得不应酬敷衍。他接受司马氏授予的官职，先后做过司马氏父子三人的从事中郎，当过散骑常侍、步兵校尉等，因此后人称之为"阮步兵"。他还被迫为司马昭自封晋公、备九锡写过"劝进文"。因此，司马氏对他采取容忍态度，对他放浪佯狂、违背礼法的各种行为不加追究，最后阮籍得以终其天年。

阮籍不仅诗文写得好，而且借酒避世一世更是被后人广为称道。在当时的环境下，倘若他与嵇康一样，誓与司马氏势不两立，对抗到底，那么司马氏是绝不会手下留情的，天下名士已减半，还差你这一个！

于是，他索性放浪佯狂、借醉避祸。他放荡却又隐晦，往往给自己留一些余地，是故他的结局要比嵇康好得多。透过史料我们可以看出，阮籍自保手段主要有两种：

狂饮。阮籍饮酒不仅是因为他天性不羁，同时也是对政治环境的一种应对策略。当时，"司马昭之心路人皆知"，阮籍名声之大，多说势必招祸，只得把舌头喝得僵硬，才能缄口不言，而且即使他有什么说错

了,也可以以"醉酒"为由,得到别人的原谅。

用语晦涩。阮籍的诗文写得非常好,不过他的作品有一个特点——虽慷慨激昂但隐而不显。南宋诗人颜延年曾这样说道:"嗣宗身仕乱朝,常恐罹谤招祸,因兹发咏,故每有忧生之嗟。虽志在刺讥,而文多隐僻。百代以下,难以猜测。"

可见,阮籍诗文用语晦涩、喜用典故,并不是他在故弄玄虚,显示学问,而是为求自保的不得已而为之。在当时,司马氏为使臣民达到思想上的统一,费尽心机地要将所有文化名人拉到自己门下。阮籍岂能看不透统治阶层的嘴脸?但有了好友嵇康的教训,阮籍又怎会拿鸡蛋去碰石头,轻易得罪他们?所以只能将心中的苦闷、惶恐、愤恨借意象朦胧、语言晦涩的诗词发泄出来。

不言而喻,阮籍的醉非真醉,而是身醉心不醉,是在装糊涂给别人看,却把清醒留给了自己。

红拂女:一双慧眼识英雄

张出尘,在南北朝的战乱中,流落长安,被卖入司空杨素府中为歌妓。因手执红色拂尘,故称作红拂女。

"慧眼识英雄",是人们所熟知的成语,但对它的来历,人们却未必尽知。它来源于隋末风尘三侠的故事。这个故事的主人公不是一位两鬓斑白的"老伯乐",也不是一个选贤用能的大君主,而是奴婢出身的红拂女。这正是使她的经历充满传奇色彩的重要原因。

美女识英雄，自古被人们传为佳话。唐初美人红拂女独具慧眼，在芸芸众生中，辨识了两位英雄人物，一位是她的夫君李靖；另一位是她的结拜兄长虬髯客，三人结为莫逆之交，一同在风尘乱世中施展才华，被人们传颂为"风尘三侠"。

红拂女，姓张名出尘，就这名字，便有几分脱俗，不同凡响。她原是隋炀帝的亲信大臣杨素蓄养的家妓。杨素生活奢华腐化，家中奴婢成群。红拂女就是专门为他手执红色拂尘拭尘埃、驱蚊蝇的婢女，其名盖因此而得。

终日干着这样的差使，红拂女的地位是低得不能再低了。但是，她自幼生得一副花容月貌，美丽过人，本指望找个如意郎君过上美满幸福的日子，哪料想那杨素是尚书令，封楚国公，拜司空，仗着皇上的势力，欺男霸女，硬是把红拂女抢夺来充当婢女。可是，红拂女虽然地位卑贱，但要陪伴风烛残年的杨素一辈子，又如何愿意？于是，她久有脱离苦海之志，可又苦于找不到可心人以身心相托。她便利用侍奉杨素见客的机会，留意选择意中人，盼望有朝一日能摆脱杨素。

杨素官高爵显，目空一切，平时接见客人总是踞坐而见，盘坐在床上，身子动都懒得动一下，态度非常傲慢。同时，为了显示自己的富贵，常常令美人簇拥而出，侍婢罗列，那派头似乎比皇上还要胜上几分。

一日，青年志士李靖来向杨素献计献策，他虽然是平民布衣，却胸怀大志，以社稷为重，怀着扶危持倾之心。可是，杨素并未把他放在眼中，依然是以傲慢的态度相见。李靖正是血气方刚的年纪，一见杨素那副模样，气不打一处来，当面指责杨素："时下国内动乱四起，各路豪杰竞相反叛，你身为国家重臣，理应以国事为先，广募天下英才，而不该像这般骄横！"

李靖的话不卑不亢，句句在理，说得杨素无言以对，他没想到一个普普通通的布衣百姓竟有如此的凌云之志，禁不住肃然起敬，态度一下子谦和了下来。他赶紧让李靖坐下，宾主两人畅谈了许久。

在他们谈话的过程中，红拂女一直在旁边侍候杨素。当李靖侃侃而谈时，红拂女全神贯注，听得很入神。她偷眼观瞧这位青年，只见他身材魁梧，精神饱满，眉宇间透着英气，相貌堂堂，气宇不凡。特别是他态度刚正，谈吐脱俗，不禁对他产生了几分钦慕。直到李靖起身告辞而去，她才如梦初醒。李靖走后，红拂女心中像有几只玉兔在上下跳跃，怎么也平静不下来，李靖的形象总是在她眼前晃来晃去。当年卓文君私奔嫁相如的故事，她是听说过的，心中对卓文君的胆识十分欣赏。她暗自寻思：自己虽远不及卓文君那般美艳，更没有她的满腹才学，李靖也不似司马相如那样才华横溢，但他胸怀大志，日后定能成就大事，自己何不效法卓文君，将自己的终身私托给李靖？这样也不枉自己的一生，总比整日驱蚊拭灰强得多。

主意一定，她没有表露声色，暗中辗转通过门吏问明李靖的住址。当天深夜，红拂女改扮男装，用手杖挑着一个细软包裹，直奔李靖所住的客店。此时，李靖似睡非睡，忽然听见低低的敲门声，他翻身起来开门，见门口站着一个紫衣戴帽的后生，肩上扛一包裹，正欲发问，红拂女已挤身进门，随手又把门关上。她脱下紫衣帽子，露出美女的本相，倒把李靖弄得措手不及，不知云中雾里。"咦，你不是杨府中的家妓吗？深夜来此何干？"因为白天在杨府待的时间不短，红拂女又一直在旁边，李靖也曾留意于她，但那只是因红拂女长得实在是光彩照人，他自然而然地多瞧了几眼，不过并未放在心上，心想她不过是杨府的漂亮摆设而已，压根就没想到她会深更半夜来敲他的门。

红拂女见李靖站着发愣，她倒很大方，给李靖施了个礼，说道："咱们白天已见过一回面，我正是杨素的家妓，叫张出尘，别人都称我红拂女。我侍奉杨司空多年，达官贵人也没少见，但都是些碌碌平庸之辈，没有一人可与您的气度和宏略相比。丝萝非独生，愿托乔木为伴，我特来投奔于你，万望不要嫌弃我！"说完倒身一拜。

李靖赶忙将她扶起，红拂女的几句话，说得他心里激动不已。借着灯光，他仔细端详起红拂女的面容来，但见她脸上未施朱敷粉，却清丽可人，眼睛似两汪秋水，流情顾盼，神态端庄，毫无一般女子的那种轻佻妖冶。李靖暗想：自己原以为女子多是头发长见识短，除了争宠献媚之外，就是涂脂抹粉，对于世事一概不闻不问，想不到眼前这位美女却秀外慧中，堪称是自己的红颜知己，禁不住心中升起爱意柔情。可是，他又转念一想：杨素权重京师，如果得了他的家妓，他怎能轻易放过，岂不要引火烧身？

红拂女好像看出他的心事似的，说道："杨素年老体衰，已形同一具行尸走肉，没有什么可怕的。不少家妓知道在他家中绝没有什么好结果，纷纷逃离，自谋出路，他根本就追逐不过来。"

听红拂女这么一说，李靖的脸一红，心中暗想：我堂堂七尺男儿，顶天立地，胆量竟不敌一个绝色女子吗？她既然有心于我，我还有什么可担惊受怕的？是夜，两人促膝而坐，说不尽的贴心话，表不完的情和爱，互托终身，真是风情无限。

第二天，客店的其他住客听说李靖住处来了一个天仙似的美女，都怀着好奇心来到窗前偷看。他俩为了避免杨府的追缉，一道骑上骏马，投奔太原而去。

一天傍晚，他们来到灵石（今山西省灵石县）一家旅舍投宿。李靖在院中刷马，红拂女站在窗前梳理她的秀发。这时忽见一个中等身材、嘴边长满盘曲如龙形胡须的汉子，骑着跛驴来到店内。他一放下革囊，取出枕头，便斜躺着看红拂女梳头。李靖见到这种情形，心中老大的不痛快，但他强自忍了忍，仍然不停地洗刷他的宝马。

红拂女见此人一言不发，只管看自己梳头发，看那神态又不像是怀有歹意，便将一只手掩在身后，暗中示意李靖先不要动怒。她加快节奏，把头梳完，拾掇了一下衣襟，转身看了虬髯客一眼，见他长相奇特，有道是非常之相定是非常之人。于是，她趋前几步与他打招呼，"敢问壮士贵姓？"那人答道："姓张。"红拂女见与自己同姓，又问："你排行第几？"那人答道："第三。"两人一问一答，很快便友善起来，以兄妹相称了。红拂女赶忙招呼李靖过来，与她的这位"三兄"相见。

三个人围着饭桌坐下，边喝酒吃肉，边交谈聊天。红拂女问虬髯客道："贤兄，你这是往哪去？"虬髯客摇了摇头，说道："眼下时局动乱，群雄纷纷举起义旗，我是天马行空，独来独往。"说着说着，他从革囊中取出一个人的心肝，掏出匕首边切边下酒，接着说道："我这人就爱管点不平之事，这小子横行乡里，让我一刀给劈啦。"

虬髯客放下刀子，问红拂女二人的来历，见来客很坦率，李靖他们也就不遮遮掩掩了，便把红拂女如何与自己私奔的事一五一十叙说了一遍。虬髯客一听，双挑大拇指，连声夸赞红拂女的侠肝义胆，举杯祝贺他们二人的美满结合。他又问："你们打算去哪儿？"李靖说："到太原去投奔李世民。"虬髯客连声说好，当即决定将自己的全部家产赠送给他们，作为日后起兵反隋之用。他说："非贤妹不能识李郎，非李郎不能荣贤妹。"祝福他们早成大事，一路顺风。李靖在落魄之中得到红拂女的纯洁爱情和虬髯客的资助，生活境遇迅速好转，真是如虎添翼。后来，他随李世民斩奸除恶，东征西伐，成为唐王朝的开国功臣之一。

一个妙龄少女与自己理想中的白马王子一见钟情，相约私奔。这在今天的人们看来尚能理解，但在当时是视为伤风败俗的行为。一个侍妓，风尘之中慧眼识俊杰，并大胆追求主动表白，真可谓惊世骇俗之举！《旧唐书》说李靖年轻时"姿貌瑰伟"，是个翩翩美少年。而红拂女更是一个倾国倾城的绝代佳人。李靖之得红拂女，极富传奇色彩，可谓千古佳话。美女识英雄，英雄遇美女，真是相得益彰！她没有卓文君的学识才华，却更多一分飒爽英姿，她们都是敢爱又会爱的奇女子。

红拂女虽出身低贱，却志存高远，尤其有慧眼识英雄的本领和义无反顾的勇气。这种胆识和勇气，至今令人钦佩。

225

上官婉儿：游走于朝堂的才情女子

上官婉儿是唐高宗时宰相上官仪的孙女。麟德元年（664），上官仪因替高宗起草废黜武则天的诏书，被武后所杀，家族籍没。尚在襁褓之中的上官婉儿与母亲郑氏被赶进掖庭宫充为宫婢。然而，好学上进的上官婉儿在掖庭宫顽强长大。因老师的举荐，上官婉儿14岁时，终于得到武则天的召见。武则天当场命题，让其依题著文。上官婉儿文不加点，须臾而成，珠圆玉润，调叶声和，尤其她的书法秀媚，格仿替花。武则天看后大悦，当即下令免其奴婢身份，让其掌管宫中诏命。此后，武则天所下制诰，多出自上官婉儿的手笔。

公元690年，武则天"革唐命"，改国号为"周"，自称"圣神皇帝"。女皇开始辉煌的帝业，上官婉儿则开始了实际上的"巾帼首相"生涯。这年女皇62岁，上官婉儿26岁。但和谐甚至美好的君臣关系却又因一个失宠的男宠起了波折，上官婉儿竟被黥面。

男宠薛怀义被武皇厌弃，薛怀义大失所望，有一天他沿着宫中的一条密道求见女皇，上官婉儿不予通报，将这失宠的"床榻上的君王"阻在一扇宫门外。薛怀义一把惊天大火，亲手烧了他为女皇建造的明堂。武则天大怒，认为是上官婉儿逼薛怀义放火，结果是"忤旨当诛，后惜其才，止黥而不杀也"。年轻美丽的上官婉儿须毕生承受晦暗而墨黑的黥文。后世的人痛惜上官婉儿，有民间传说上官婉儿在黥刑处用红颜料文刺出梅花形状，一时成为宫中时尚，大家竞相用胭脂画梅仿效，号为

"红梅妆"。另一传说上官婉儿为此特创制了新的发式，将卷曲的发髻巧妙地盖在疤痕上，反而更加妩媚，号为"上官髻"。公元695年，武则天称帝的第五年，要修周史，她把重任委派给了侄子武三思，同时又委派上官婉儿参与。上官婉儿在修史的过程中为武三思提供了无私的帮助，让武三思感激涕零，并对她产生了很深的感情。上官婉儿敏锐地看到了武氏一族的势力正因女皇而迅速发展，势不可当。

而且她在武三思那里找到了安全感，两人因生存利益、彼此利用而铸成的关系，保持了十多年。

当李显重被立为太子后，上官婉儿逢迎所有喜欢她、需要她的男人。她和李旦保持"友情"，又重新恢复了和李显的关系，成为李显的"患难之友"，她自己也在这种给予中获得了"未来"。公元705年正月二十二日，张柬之、桓彦范等五位朝臣发动"神龙革命"，李显复辟，是为中宗。李显的时代又重新到来，上官婉儿的"时代"也再度来临。

正月二十七日，新皇帝李显率百官浩浩荡荡来到母后退位后徙居的上阳宫探望，为昏睡不醒的母亲加封"则天大圣皇帝"尊号，这是为了缓解他抢政夺权后沉重的心理负担。在这次探望中，李显要求上官婉儿随他返回洛阳，在朝中为他掌管诏命。上官婉儿便又显出情深义重的一面，她说："奴婢永远爱上皇（武则天），要陪伴她最后一程。"

武则天为政期间，以洛阳为东都，"与民更始"，提倡佛教，崇奉老子，造成"三教归一"的体制，在当时创造了一种新的意识形态。虽非首创殿试之人，但武则天经常出面策士，不计门第。她在位时代，"补荫连车载，拾遗平斗量"，她统治国家几十年，单是人事安排也可见她力量之大、影响之深。而作为除武则天以外最具权柄的女人，上官婉儿19岁起就对百官奏牍先行过目，并加拟签，武氏只需在上批字即可颁行天下；她追随武氏27年，对武氏个人以及武氏国策的影响，可想而知。称她为女皇的女宰相，实不过分。

公元705年，武后葬礼后，上官婉儿被封为昭容，重回专掌诏命这

个重要位置。在上官婉儿和韦后的帮助下，武三思从几乎被李家王朝彻底摒弃，摇身变为堂堂李唐王朝的司空，三公之一，名副其实的大唐首相。

武三思迅速升迁使武氏一族蠢蠢欲动。在太平公主的纠缠下，她的丈夫武钦暨也进拜司徒，亦为三公。除太尉之外，三公中便有两席被武家强占了去，而且都是实权岗位。事实上，中宗已被皇室的女人们架空。

上官婉儿将韦皇后称霸的野心点燃。她不断向韦后进言提高妇女在社会和政治中的地位，只有这样才能为她未来成为女皇铺平道路。她还不断请求提高公主们的地位，这既取悦了韦后，又笼络住了诸公主的心。她让安乐公主坚信安乐公主是能够继承皇位的，尽管李显还有李重俊、李重茂两位皇子，但他们并非韦后所生，这给韦后所生的安乐公主成为皇太女提供了极大的可能。

同时，她还试图笼络住相王李旦和他五个英姿勃发的儿子。上官婉儿敏锐地感觉到他们的虎视眈眈。

在上官婉儿的帮助下，宫里的权势女人各自拉拢了一批朝官并形成了她们自己的势力。她还心怀叵测地贬抑排斥太子李重俊，推举以武三思为首的武氏一族，成功地在朝堂制造吁请废黜太子的舆论，年轻的太子再也不能忍受，他要杀了武三思和上官婉儿。

公元707年7月，李重俊与左羽林大将军李多祚等，"矫诏"发羽林军三百余人，当夜便发兵突袭了武三思的王府，砍掉了武三思及其子武崇训的脑袋。李重俊乘胜追击，杀进肃章门，并封锁了所有的宫门。李重俊飞骑突进肃章门后，他就高声喊叫要把上官婉儿碎尸万段。

上官婉儿正在李显的大殿中与韦后、安乐公主一道陪着圣上博戏，韦后和安乐公主在发抖，李显则一脸绝望。内心已到崩溃边缘的上官婉儿反倒镇定下来，急中生智："如此看来，太子是先要我死，然后再依次弑杀皇后和陛下，要让我们同死于他的刀下。"

李显和韦氏大怒，不肯依李重俊的索要交出上官婉儿。李显带着上官婉儿和他的妻女们匆匆登上了玄武门，以避兵锋。他首先派右羽林军大将刘景仁速调两千羽林兵士屯于太极殿前，闭门自守。当叛军来到玄武门下，他便依照上官婉儿的计策，向宫门下的叛军高声劝降。叛乱的羽林军当场倒戈，并将李多祚、李承况、李千里等李唐宗室们斩于玄武门下，一时间玄武门下血流成河。李重俊兵败被杀，疯狂的韦后和安乐公主逼迫圣上下旨，从太庙取来李重俊的首级祭于武三思父子的灵柩之前，后又悬于朝堂示众，直至腐烂，被鸟鹊叮啄，朝野上下，竟无一人敢去为李重俊收尸。

710年五月，许州人燕钦融声色俱厉地奏表圣上，说皇后淫乱，干预国政；而安乐公主、武延秀夫妇及当朝宰相宗楚客等人亦图谋不轨，企图夺取李显的天下。李显随即召见，当面询问。燕钦融刚走出宫门，便被羽林兵士杀死，中宗惊怒万分。中宗的反应马上引发了韦皇后的下一步行动。710年六月初一，中宗暴毙，上官婉儿马上明白了事情的原委。

上官婉儿想这可能是她最后一搏的时刻了，她挥笔草拟了一份中宗李显的遗诏：立温王重茂为太子，韦后知政事，相王参决政务。

立16岁的少年李重茂为太子，天经地义；圣上驾崩，太子年少，由皇后垂帘听政，也在情理之中。对此真正起到制约作用的是相王的参决政务，这就为李唐皇室的东山再起提供了一个绝好的机会。这是上官婉儿在当时能够作出的最好决定，她希望能够凭借这一纸伪造的遗诏赢得某种继续活下来的可能，以洗脱"韦后党羽"的罪名。

710年六月初二，韦后火速征发五万府兵屯驻京城，各路统领皆为韦姓。六月初三，韦后知会天下中宗晏驾。上官婉儿宣读她伪拟的中宗遗诏，立温王重茂为皇太子，皇后临朝听政，相王参决政事。六月初四，宰相宗楚客及韦后兄韦温等率众上表，奏请由韦后专决政事，罢相王参政之权，致使上官婉儿假托之遗诏失效，李唐王朝眼看着大势已

去。次日，中宗灵柩迁至太极殿，集百官发丧。少年太子李重茂为荡帝，韦后临朝称制。

与此同时，临淄王李隆基与姑母太平公主以及太平公主的儿子等歃血盟誓，决意发动兵变，彻底推翻"韦氏王朝"。

710年六月二十日，在中宗李显暴毙19天后的夜晚，李隆基等人便身着便服，潜入禁苑埋伏。二更时分，全副武装的李隆基横枪跃马，斩杀了掌管皇家军队的所有韦氏党羽，并当众宣告：韦氏毒死先帝，谋危社稷，今夕当共诛诸韦，身高有马鞭长者皆杀之。立相王为帝以安天下，敢有反对者将罪及三族。

一声号令，羽林将士们便欣然从命，宫城的防卫不攻自破，韦后与安乐公主均被杀。临淄王此次兵变要杀的第三个人，就是上官婉儿，临淄王的亲信刘幽求奉命诛杀她。

上官婉儿在杀声震天之中，化妆更衣，命令宫女排列整齐，静静地秉烛迎接刘幽求。这个场景令刘幽求十分吃惊，上官婉儿从容地出示伪造的先帝驾崩时的遗诏，申明自己的立场，刘幽求则称临淄王已下了必杀令。上官婉儿听此消息，平静地迎接了死亡，结束了她丰富、鲜明、坎坷的一生。上官婉儿运用自己的才智和高超的政治手腕，在权力场中纵横捭阖，在危机四伏的宫廷争斗中保持着艰难的"平衡"。尽管也曾一度享尽荣华与权力，但她仍要曲意逢迎皇上、皇后、公主的鼻息。在充斥欲望和血腥的宫闱斗争中，她仍未逃脱厄运，成为皇权争斗的牺牲品。

上官婉儿的美丽还表现在她终身钟情于那往来唱和的千古诗篇及与文人雅士的风月清谈。她运用自己的影响劝说中宗，大量设置昭文馆学士，"广召当朝词学之吏记功书过，复有女尚书决事言阙，昭容（上官婉儿）两朝兼美，一日万机，顾问不遗，应接如意，虽汉称班媛，晋誉左媳，文章之道不殊，辅佐之功则异。"贞元时，吕温曾作《上官昭容书楼歌》尚可见其文学生活的片段。

上官婉儿是历史上颇有才气的女子，她的一生可谓是坎坷传奇。她追随武氏27年，对武氏个人以及武氏的国策都有重大影响，成为除武则天以外最具权柄的女人。她虽然没有丞相之名，但有丞相之实，武则天甚至一度要把她立为女皇。她的诗文创作则一洗江左萎靡之风，力革南朝以来四六骈俪的章法，挣脱六朝余风，使文风为之大变，对唐诗的辉煌发展也有极大的启导作用。

李白：天子呼事不上船

唐代大诗人李白有谪仙之称，出口成文，斗酒更是诗百篇，是当之无愧的一代奇才。然而，在崇尚诗文的盛唐，他的仕途却并不如意。究其根由，可以说，与他的性格存在着莫大的关系。

李白的诗瑰丽雄伟、豪迈奔放，而他的个性亦是如此，桀骜不驯、放荡不羁。这或许是才子文人的通病，但桀骜如他者却屈指可数。这种性格或许能够激发他的创作灵感，但对于他的仕途则绝没好处。

李白到长安考进士的时候，认识了诗人贺知章，并结成亲密好友，李白就住在贺知章家里。当时贺知章正任翰林学士，他对李白说："这次考试的主考官是杨贵妃的哥哥，太师杨国忠，监试官是太尉高力士。他们都是贪财的人，而且在长安考生行贿主考官、监试官都是平常事，你没有金银买通他，就是有冲天的学问，他们也不会录取你的。好在我与他们都还熟识，等我写一封信送去，也许他们看在我的面子上，会关照一二。"杨国忠和高力士收到信后，商量说："贺知章一定是受了李白

的金银，却只是写了封信来我们这里白讨人情，真是不懂规矩。到考试那天见到李白的卷子，当时就批落。"

考试那天，李白才思敏捷，第一个交了卷。见是李白的卷子，杨国忠当场大笔一挥，将卷子涂抹了，说："这样的文章也敢来考试？只配给我磨墨。"高力士接着骂道："磨墨也不配，只好与我脱靴。"

李白受了侮辱，气极而回，对贺知章说一定要找机会把这个侮辱还回去。

后来，有一天，渤海国使臣带着国书来到唐朝，玄宗便命贺知章陪同接待。当使臣递上国书时，玄宗让贺知章开读，谁知道那国书上的文字贺知章一个也不认识，不由惊出一身冷汗，向玄宗奏明了情况。玄宗又让杨国忠来读，可是杨国忠也不认识，又叫满朝文武都来辨认，结果没有一个人认得。玄宗大怒，喝斥道："堂堂天朝，济济文武，居然没有一个人能替朕分忧！这国书都不认得，如何回答？回答不出，必会遭渤海国耻笑，他们会以为我大唐没有能人，必定兴兵来犯。九日之内，你们若找不到人来识得渤海国国书，一律问罪！"

贺知章回到家里闷闷不乐，李白问是何事，他便将此事说了。李白微微一笑，说："那渤海国文我倒识得，也没什么难懂的。"贺知章听了又惊又喜，第二天便向玄宗奏道："臣结识一位秀才，叫李白，他才气过人，博学多能，要辨识渤海国书，非他不可。"玄宗当即派人带着诏书去找李白，李白对使者说："我是个普通百姓，无才无识。朝廷中有许多文武官员，辨识渤海国书，当然是这些大臣的职责。何必找我这个山野之人呢？我不敢奉诏，怕得罪了朝中权贵。"使者回报玄宗，玄宗便赐李白进士及第，穿紫袍金带。

到了朝堂上，李白说："臣才疏学浅，卷子被杨太师批落，高太尉又将臣推出门去，臣是一个不入选的秀才，不能称试官的意，又怎能称皇上的意？渤海国书，何不让太师、太尉宣读？"玄宗说："我自了解先生，先生不必推辞了。"便命人把渤海国书拿给李白看，李白当即翻译出来。

原来渤海国想让唐朝割让三十六城，若不然便要起兵相犯。玄宗和大臣们听了都吃了一惊，李白说："陛下无须忧虑，明日可宣渤海国使臣入朝，臣当面写封回书，也一样用渤海文字。信中恩威并重，让他们不敢兴兵进犯就是了。"玄宗当日便加封李白为翰林学士，又设酒宴，结果李白大醉，玄宗便让人把他扶到侧殿床上安寝。

第二天上朝的时候，玄宗见李白还有些醉眼蒙眬，便叫御厨做了醒酒汤来。汤端上来的时候热气腾腾，玄宗怕太烫，就亲手拿起一双象牙筷，在碗中调了一会儿，然后赐给李白醒酒。满朝文武见李白居然受此优宠，都很吃惊，有些心胸狭窄的便不由得暗暗嫉妒。

使者来后，李白用渤海国语高声朗读国书，使者听他读得音调铿锵，一字不差，便先吃了一惊。接着玄宗命人在自己的御座旁设一张七宝床，又叫内侍取来白玉砚、兔毫笔、龙香墨、五色金花笺，让李白坐在旁边的锦墩上草写诏书。

李白说："臣的靴子不干净，恐踩脏了席子，望皇上开恩，允许臣脱掉靴子。"玄宗准奏，让一个内侍去给他脱靴。李白说："皇上恕罪，臣见杨太师和高太尉站在前边，神气不旺，请陛下命杨太师给臣磨墨捧砚，高太尉给臣脱靴系袜，臣这才能精神旺盛，提笔写诏书。"玄宗正在用人之际，便下旨准奏。杨国忠和高力士只得上前给李白磨墨脱靴，心中把李白恨得咬牙切齿。

李白心中快意非常，挥笔疾书，很快就把诏书写完了，用的果然是渤海国文字。诏书中先讲了大唐兵威将勇，国力强盛，接着讲了四邻各国如何送礼纳贡，臣服大唐，最后告诫渤海国王事要三思，不要冒险，自取灭亡。

使者私下里问贺知章："读写诏书的人是谁？竟然能让太师磨墨，太尉脱靴？"贺知章说："他是李白李学士，乃是天上谪仙，偶来人世走上一遭，太师、太尉只是人间高官，又怎么能比得上他呢？"使者回国

后把所见所闻，及大唐有神仙相助的事说了一遍，国王又见诏书里写的唐朝国力强盛，也就不敢发兵侵扰，从此臣服。

李白立了大功，玄宗又是个爱才之人，便把他留在宫里，常常诗酒相伴。

杨贵妃有羞花闭月之貌、沉鱼落雁之容，深得玄宗的宠爱。在一次宫廷酒宴中，李白曾于酒酣耳热之际，作《清平调》三首，歌颂杨玉环的美貌。诗歌是李白的强项，按说这对他是个难得的机会，可问题就出在李白眼里只有唐玄宗、杨贵妃这些大人物。他在书写给渤海国的诏书时要杨国忠亲自为他磨墨，还命皇帝宠信的太监高力士为他脱靴。太监的地位是卑贱的，但得宠的太监就不同了。高力士因此深以为耻，对李白怀恨在心。

李白的三首《清平调》写得很美：云想衣裳花想容，春风拂槛露花浓。若非群玉山头见，会向瑶台月下逢。

一枝红艳露凝香，云雨巫山枉断肠。借问汉宫谁得似，可怜飞燕倚新妆。

名花倾国两相欢，常得君王带笑看。解释春风无限恨，沉香亭北倚阑干。

李白在诗中把杨玉环描写得花容月貌，像仙女一样。杨玉环十分喜欢，常常独自吟诵。李白在诗中提到了赵飞燕。这在李白，绝不存在丝毫讽刺的意思，他只是就赵飞燕的美丽与得宠同杨玉环相比较。然而比喻之物与被比喻之物不可能是全部特征的相合。这使怀恨在心的高力士看到了报复的契机。

一天，高力士又听到杨玉环在吟诵《清平调》，便以开玩笑的口吻问道："我本来以为您会因为这几首诗把李白恨入骨髓，没想到您竟喜欢到如此地步。"杨贵妃听后吃了一惊，不解地问道："难道李翰林侮辱了我吗？"高力士说："难道您没注意？他把您比作赵飞燕。赵飞燕是什么样的女人，怎么能同娘娘您相提并论。他这是把您看得同赵飞燕一样淫贱啊！"

  在当时，杨玉环已是"后宫佳丽三千人，三千宠爱在一身"，她的哥哥、姐妹也都位居显要，声势显赫。她唯一担心的便是自己的地位是否稳固。她绝不希望被人看作像赵飞燕那样淫贱，更害怕落得她那样的下场。高力士摸透了杨玉环的心思，因此也就在她最软弱处下了刀子。他轻而易举地便把李白的诗同赵飞燕的下场连接起来，一下子使赞美的诗篇成了讥嘲的证据，激起了杨玉环的反感与憎恨。后来，唐玄宗曾三次想提拔李白，但都被杨玉环阻止了。高力士靠此手段，达到了报复脱靴之辱的目的。一次小报告，葬送了诗人的前程。

  天宝十四年（755），安史之乱爆发，李白避居庐山。那时，他的胸中始终存在着退隐与济世两种矛盾的思想。永王李璘恰在此时出师东巡，李白应邀入幕。李白入幕后，力劝永王勤王灭贼，而对于政治上的无远见，他也作过自我检讨。同在江南的萧颖士、孔巢文、刘晏也曾被永王所邀而拒不参加，以此免祸，李白在这点上显然不及他们。永王不久即败北，李白也因之被系浔阳狱。这时崔涣宣慰江南，收罗人才。李白上诗求救，夫人宗氏也为他啼泣求援。率吴兵三千军驻扎在浔阳的宋若思，把李白从监牢中解救出来，并让他参加了幕府。李白成为宋若思的幕僚，为宋写过一些文表，并跟随他到了武昌。李白在宋若思幕下很受重视，并以宋的名义再次向朝廷推荐，希望能再度得到朝廷的任用。但不知什么原因，后来不但未见任用，反被长流夜郎（今贵州桐梓），完全出乎意料。至德二年（757）冬，李白由浔阳道前往流放之所——夜郎。因为所判的罪是长流，即将一去不返，而李白此时已届暮年，"夜郎万里道，西上令人老"，不由得更觉忧伤。

  乾元二年（759），李白行至巫山，朝廷因关中遭遇大旱，宣布大赦，规定死罪从流，流以下完全赦免。这样，李白经过长期的辗转流离，终于获得了自由。他随即顺着长江疾驶而下，而那首著名的《早发白帝城》最能反映他当时的心情。到了江夏，由于老友良宰正在当地做

太守，李白便逗留了一阵。乾元二年，李白应友人之邀，再次与被贬谪的贾至泛舟赏月于洞庭之上，发思古之幽情，赋诗抒怀。不久，又回到宣城、金陵旧游之地。差不多有两年的时间，他往来于两地之间，仍然依人为生。上元二年（761），已六十出头的李白因病返回金陵。在金陵，他的生活相当窘迫，不得已只好投奔了在当涂做县令的族叔李阳冰。上元三年（762），李白病重，在病榻上把诗文手稿交给了李阳冰，赋《临终歌》而与世长辞，终年61岁。关于李白之死，历来众说纷纭，莫衷一是。总体可以概括为三种说法：其一是醉死；其二是病死；其三是溺死。第一种说法见诸《旧唐书》，说李白"以饮酒过度，醉死于宣城"；第二种说法亦见诸其他正史或专家学者的考证之说。说当李光弼东镇临淮时，李白不顾60岁的高龄，闻讯前往请缨杀敌，希望在垂暮之年，为挽救国家危亡尽力，因病中途返回，次年病死于当涂县令、唐代最有名的篆书家李阳冰处；而第三种说法则多见诸民间传说，极富浪漫色彩，说李白在当涂的江上饮酒，因醉跳入水中捉月而溺死，与诗人性格非常吻合。但是不管哪一种说法，都和参与永王李璘谋反作乱有着直接的关系。因为李白被流放夜郎，遇赦得还后不久，就结束了他传奇而坎坷的一生。

李商隐：一生注定没有完美的爱情

> 锦瑟无端五十弦，一弦一柱思华年。
> 庄生晓梦迷蝴蝶，望帝春心托杜鹃。
> 沧海月明珠有泪，蓝田日暖玉生烟。
> 此情可待成追忆，只是当时已惘然。

此为李商隐的追忆之作，作这首诗的时候他已经过了不惑之年，他孑然一身，独上西楼，秋风拂面，往事如烟，有感而发，写下这首无限感伤的《锦瑟》，纪念他生命中的三个女人和他曾经有过的青春年华。

写完《锦瑟》后二年，李商隐在忧郁中死去，年仅45岁。李商隐，可以说是唐代最出色的爱情诗高手。

李商隐和柳宗元一样，八岁时父亲就已经去世，作为长子，他不得不挑起家庭的重担，十岁的时候就为别人抄书挣钱，贴补家用。他曾经是唐朝王室家族的一员，可惜像他这样沦落到民间的王室后裔太多了，他与唐王室的血缘关系已经非常遥远，没有人记得他了。少年时的落魄生活促使李商隐有一种强烈的走上仕途，求取功名的愿望。

父亲不在的日子，李商隐的叔叔成了他的启蒙老师，他的这位叔叔上过太学，是一位博古通今的知识分子，只是由于性情的原因，终身不仕，过着平淡的隐居生活。叔叔的古文非常好，在叔叔的教导下，聪明的李商隐很快就成为写古文的高手。

后来李商隐遇到了一个人,这个人改变了他的命运,这个人在李商隐以后的人生道路中充当了多重角色:伯乐、良师、益友、长辈、上司等等。这个人就是令狐楚。

十六七岁时,李商隐写出了两篇优秀的古文:《才论》、《圣论》。这两篇古文很快就传到了当时在洛阳任太平军节度使的令狐楚的手中,同样也是古文高手的他对年纪轻轻的李商隐有一种惺惺相惜的感觉,很快就接见了他,并聘他为自己的幕僚。

就这样,李商隐离开了他的家乡荥阳,来到了当时的国际性大都市洛阳。就在洛阳,他邂逅了他的初恋情人柳枝。

比之于长安,洛阳是一个更容易发生艳遇、滋生爱情的城市,只因为那里有一种名为牡丹的花,开遍洛阳的每一个角落,而洛阳的女子亦如牡丹花一样,灼灼其华。每一个来到洛阳的人,不论男人还是女人,无不为洛阳的牡丹花和身如牡丹花一样的洛阳女子而叹为观止。

洛阳有每年举办百花会的传统,期间全城出动,大摆宴席,以牡丹花作屏,在房子的梁、柱、栋、拱上都挂上竹筒储水,插上牡丹花,一次要用牡丹花上万朵。洛阳的豪门望族、官宦学士还通过赏花、赛花来评选牡丹名次,据说谁家的花开得好,不但可以光宗耀祖,而且还可以加官晋级。

她是当年的牡丹花女,洛水河畔的长堤上摆满了各色花朵,姹紫嫣红,其中尤以牡丹为最,而她就是站在牡丹花丛中的绝代佳人,其妖娆妩媚之态比之牡丹更胜几分。满街都是看花人,懂花人看门道,不懂花的人看热闹。风流雅士,会聚一堂,赏花品茗,举酒作赋,好不快活。

他看到了她,他像着了魔似的向她走近,他不敢正面看她,只是隔了牡丹花丛,含情脉脉地注视着她的背影。不料,她突然回过头来,目光正好落在他的面庞上,那一瞬间,四目相对,他七魂没了六魄,爱情产生了。有时候爱情就这么简单,仅仅需要一个眼神,如此而已。

后来,他知道了她的名字叫柳枝,是洛阳一个富商的女儿。她知道了他的名字叫李商隐，是客居在当时名声显赫的令狐楚府中的一位年轻有为的诗人。他爱慕她的芳华，她渴慕他的才华，落花有意，流水有情，两个年轻人相爱了。

他们开始频繁地约会，记不清有多少次约会了，每一次约会都是那么艰难，因为他们是两个不同阶层的人，他们不是天造地设的一双，她躲避着她的父母，悄悄地和他来往。每一次约会都是那么浪漫，都是那么幸福，每一次约会他都会为她写一首诗。每一首诗她都如获至宝，捧在怀里，晚上，枕着它入眠。

可是好景不长，这场注定没有结局的爱情两年后随风而去，柳枝被她的父母许配给了一个有权有势的王侯，她是一个柔弱的女子，她没有半点反抗能力。最后一次约会了，从此两个人相忘于江湖。

可是，爱上一个人只需要一秒钟，忘记一个人却需要一辈子。他怎能忘得了呢？于是，他为她写：

相见时难别亦难，东风无力百花残。

春蚕到死丝方尽，蜡炬成灰泪始干。

"东风虽无力，也令百花残，百花虽无力，也令东风难，东风若有意，莫叫百花残，百花若有情，莫叫东风难。"

"春蚕到死丝方尽，蜡炬成灰泪始干。"这是李商隐对柳枝的爱情宣言。

走了柳枝，来了宋华阳。

宋华阳是李商隐生命中的第二个女人，他与她的爱情因为两个人的身份而遭到后人的非议。

他们的爱情发生在一座道观里，李商隐和宋华阳都是修道之人。两个修道之人发生恋情，不亚于和尚犯了淫戒，这在任何时代任何人看来都是不可容忍的事情。李商隐也是有文化修养的人，他为什么敢冒天下

之大不韪？这一切得益于那个开放的朝代。

原以为此生只爱柳枝一人，她走了之后，心里感到从未有过的失落，带着一颗看破红尘的心，他登上了玉阳山，企图以修道之心来减轻他失恋的痛苦。无奈，他尘缘未了，六根未净，道术还未修完一半，他又被爱情狠狠地撞了一下腰。

他遇见了比柳枝更让他心动的如花美眷——宋华阳。

宋华阳是公主的侍女，陪伴公主到玉阳山修道，居住在西峰的灵都观里，而李商隐就居住在灵都观对面的灵隐观，两观只相隔三百余尺。

公主是不是真心来修道，我们不得而知，但宋华阳肯定不是真心来修道的，她只是一个普通的女子，有着七情六欲，只是迫于公主的权威，她才入了道观。于是，这个可怜的女子一面陪着公主心不在焉地研习道术，一面在脑海里憧憬着她心目中的白马王子快点到来。感谢上天对她不薄，就在那个春雨潇潇的午后，她遇见了她的白马王子李商隐。

当时李商隐走在路中，突然下起了雨，没有带雨具的他正在踌躇之际，一把芬芳的雨伞已经悄然举过了他的头顶，他回过头来，一双清澈的眸子炽烈地看着他。

那一刻，他忍不住牵起她的红酥手，他也不知道哪来的勇气，就这样牵着一个陌生女子的手，漫步在雨中。很短的一段路程，他们走了很长时间。到了她的道观，他们分别。她把伞送给他，目送他离开。就是因了那把伞，李商隐不做道士了，他要遵循自己内心的想法，他与她，干柴遇到烈火，很快就坠入情网。

疯狂的结果是宋华阳的肚子里有了他们爱的结晶，纸包不住火，在一次干呕中，同为女人的公主觉察到了宋华阳的异样，在公主咄咄逼人的质问中，不谙世事、处于极度紧张与恐惧之中的宋华阳，把她与李商隐之间的风流韵事和盘托出。

公主的脸上只写了两个字：惊怒。

悲剧就这样发生了，李商隐被公主赶下了山，而宋华阳却不知所终。不知道结局的结局是最不好的结局，反正从那以后，李商隐再也没有见到宋华阳，也许她已经被遣回了宫，也许公主给了她三尺白绫……

站在山脚下回望玉阳山，他热泪汪汪，他永远会记得这座山，记得一个叫宋华阳的女子。

经历了两次刻骨铭心的爱情悲剧，李商隐的心开始如一潭死水。他的忘年交，视他如自己的亲生儿子一般的令狐楚看到他的情绪低落，关切问他发生了什么事。对于令狐楚，李商隐只有感激，没有隐瞒，尽管这属于一个人的隐私。他把他与宋华阳的故事告诉了令狐楚，令狐楚听了他的诉说，明白了他的心，觉得李商隐也应该成家了。

一天，令狐楚把一个姓王的女子带到了李商隐的面前，问他是否满意，如果满意就结为连理。

李商隐只是麻木地点了点头，他不再奢望爱情，只想有一个家。

与元稹一样，一开始李商隐对王小姐的情感相当冷淡，甚至可以说没有感觉，然而日久生情，李商隐心中的那潭死水开始微澜。

慢慢地，他开始对妻子笑了，开始牵挂妻子了。李商隐成家之后，为了生计和功名曾多次离家，夫妻二人聚少离多，万般柔情化作了无尽的思念，"君问归期未有期，巴山夜雨涨秋池，何当共剪西窗烛，却话巴山夜雨时。"

让一个起初不愿意回家的男人频繁地回家，王小姐不是一个简单的女人。

可是，就是这样的好女子，命不长久，还在风华正茂的年龄不幸染病身亡。王小姐死后，他悲痛不已，写下《房中曲》等悼亡诗篇，其中最著名的，是在他离家赴蜀地宦游途中所作《悼伤后赴东蜀辟至散关遇雪》："剑外从军远，无家与寄衣。散关三尺雪，回梦旧鸳机。"

他开始相信宿命，他这一辈子注定没有完整的爱情。

这一年，他唯一的良师益友，令狐楚也老去，一种莫大的孤独感、寂寞感侵袭了他。

他孑然一身，独上西楼，眼含热泪，写了不朽名篇《锦瑟》。

这凄凉的锦瑟啊，为什么有五十根弦？这一弦一柱的交错声中，使我想起了我曾经美丽的青春年华。就像庄子梦见了蝴蝶，引起他的痴念；又宛如望帝变成杜鹃，对故土无限流连。月华如水一样流泻在大海上，鲛人哭出了眼泪；温暖的太阳照射在蓝田上，金玉化作了云烟。曾经多情的往事只能成为遥远的记忆，即使在当时也感到惆怅难言。

李商隐，谨以这首诗来纪念他生命中的三个女人，让我们记住她们的名字：柳枝、宋华阳、王小姐。

纳兰性德：谁料晓风残月后，而今重见柳屯田

纳兰性德（1655年1月19日，顺治十一年（1654）腊月十二日~1685年7月1日，康熙二十四年五月三十日）祖籍开源威远堡镇东北的叶赫河岸，满洲正黄旗人，清代词人、学者。字容若，号楞伽山人。室名通志堂、渌水亭、珊瑚阁、鸳鸯馆、绣佛斋。原名纳兰成德，为避当时太子"保成"的名讳，改名纳兰性德。一年后，太子改名为胤礽，于是改回成德。顺治十一年生，死于康熙二十四年，年仅30岁。他是康熙十五年（1676）进士，为武英殿大学士明珠长子，一生淡泊名利、善骑射、好读书、擅长于词。他的词基本以一个"真"字取胜，写情真挚浓烈，写景逼真传神，但细读却又感淡淡忧伤。

纳兰性德母爱新觉罗氏，为阿济格之女，父亲纳兰明珠历任内务府总管、吏部尚书、武英殿大学士。纳兰性德17岁进太学，18岁中举，

19岁会试中试，因患寒疾，没有参加殿试。22岁即康熙十五年（1676）补殿试，中二甲第七名，赐进士出身。康熙爱其才，又因他是八旗子弟，上代又与皇室沾亲，与康熙长子胤禔生母惠妃也有亲戚关系，所以被康熙留在身边，授予三等侍卫的官职，后晋升为一等侍卫，多次随康熙出巡，并奉旨出使梭龙（其方位学界尚存分歧），考察沙俄侵边情况。康熙二十四年（1685）五月三十日患急病去世，年仅30岁（虚龄31），死后葬于京西皂甲屯纳兰祖坟（今北京海淀区上庄皂甲屯）。《清史稿》有传。有词集《侧帽集》、《饮水词》刊行于世，后人合称为《纳兰词》。

纳兰性德20岁时与两广总督卢兴祖之女卢氏成婚，两人情感甚笃，婚后三年卢氏难产不幸亡故。纳兰性德又续娶图赖之孙女官氏。纳兰性德在与卢氏结婚之前，曾与表妹有一段刻骨铭心的恋情。在卢氏死后，纳兰性德曾作过多首缅怀诗，之后，又与一女子有情，有诗句为证，但史实有待考证。年羹尧是其女婿。

纳兰性德，其家族纳喇氏隶属正黄旗，为清初满族最显赫的八大姓之一，即后世所称的"叶赫那拉氏"。纳兰性德的曾祖父名金台吉，为叶赫部贝勒，其妹孟古姐姐，于明万历十六年（1588）嫁努尔哈赤为妃，生皇子皇太极。其后纳兰家族与皇室的姻戚关系也非常紧密。因而可以说，他的一生注定是富贵荣华、繁花若锦的。也许是造化弄人，纳兰性德偏偏是"虽履盛处丰，抑然不自多。于世无所芬华，若戚戚于富贵而以贫贱为可安者。身在高门广厦，常有山泽鱼鸟之思"。

纳兰性德自幼天资聪颖，读书过目不忘，数岁时即习骑射，17岁入国子监读书，为国子监祭酒徐文元赏识，推荐给其兄内阁学士、礼部侍郎徐乾学。纳兰性德18岁参加顺天府乡试，考中举人，19岁准备参加会试，但因病没能参加殿试。而后数年中他更发奋研读，并拜徐乾学为师。在名师的指导下，他在两年中，主持编纂了一部1792卷编的儒学汇编——《通志堂经解》，受到康熙帝的赏识，也为此后发展打下了基础。他又把研读经史过程中的见闻和学友传述记录整理成文，用三四年

时间，编成四卷集《渌水亭杂识》，其中包含历史、地理、天文、历算、佛学、音乐、文学、考证等方面知识，表现出他相当广博的学识基础和各方面的意趣爱好。康熙十三年（1674），与妻子卢氏结婚，康熙十六年卢氏因难产去世，纳兰的悼亡之音破空而起，成为《饮水词》中拔地而起的高峰。后人不能超越，连他自己也无法超越。近代著名学者王国维就给其极高赞扬："纳兰容若以自然之眼观物，以自然之舌言情。此由初入中原未染汉人风气，故能真切如此。北宋以来，一人而已。"而晚清词人况周颐也在《蕙风词话》中誉其为"国初第一词手"。

纳兰性德22岁时，再次参加进士考试，考中二甲第七名。康熙皇帝破格授他三等侍卫的官职，以后升为二等，再升为一等。作为皇帝身边的御前侍卫，以英俊威武的武官身份参与风流斯文的诗文之事。随皇帝南巡北狩，游历四方，奉命参与重要的战略侦察，随皇上唱和诗词，译制著述，因称圣意，多次受到恩赏，是人们羡慕的文武兼备的年少英才，帝王器重的随身近臣，前途无量的达官显贵。

但作为诗文艺术的奇才，他在内心深处厌倦官场庸俗和侍从生活，无意于功名利禄。虽"身在高门广厦，常有山泽鱼鸟之思"。他诗文均很出色，尤以词作杰出，著称于世。24岁时，他把自己的词作编选成集，名为《侧帽集》，又著《饮水词》，再后有人将两部词集增遗补缺，共349首，编辑一处，合为《纳兰词》。传世的《纳兰词》在当时社会上就享有盛誉，为文人、学士等高度评价，成为那个时代词坛的杰出代表。时人云，"家家争唱《饮水词》，纳兰心事几人知？"可见其词的影响力之大。

在交友上，纳兰性德最突出的特点是其所交"皆一时俊异，于世所称落落难合者"，这些不肯落俗之人，多为江南汉族布衣文人，如顾贞观、严绳孙、朱彝尊、陈维崧、姜宸英，等等。纳兰性德对朋友极为真诚，不仅仗义疏财，而且敬重他们的品格和才华，就像平原君食客三千一样，当时许多的名士才子都围绕在他身边，使得其住所渌水亭

（现宋庆龄故居内恩波亭）因文人骚客雅聚而著名，客观上也促进了康乾盛世的文化繁荣。究其原因，纳兰性德在一定程度上可以和汉族知识分子学到他所倾慕的汉文化知识，而更重要的是，他自身有着不同于一般满洲贵族纨绔子弟的远大理想和高尚人格，这显然使得他的举动背离了社会主流，从而成为后世的一个研究焦点。

由于本身落拓无羁的性格，以及天生超逸脱俗的禀赋，加之才华出众，功名轻取的潇洒，与他出身豪门，钟鸣鼎食，入值宫禁，金阶玉堂，平步宦海的前程，构成一种常人难以体察的矛盾感受和无形的心理压抑。加之爱妻早亡，后续难圆旧时梦，以及文学挚友的聚散，使他无法摆脱内心深处的困惑与悲观。对职业的厌倦，对富贵的轻看，对仕途的不屑，使他对凡能轻取的身外之物无心一顾，但对求之却不能长久的爱情，对心与境合的自然和谐状态，他却流连向往。他于康熙二十四年（1685）暮春，抱病与好友一聚，一醉，一咏三叹，然后便一病不起，七日后于五月三十日（公历7月1日）溘然而逝。

纳兰性德虽然只有短短31年生命，但他却是清代享有盛名的大词人之一。在当时词坛中兴的局面下，他与阳羡派代表陈维崧、浙西派掌门朱彝尊鼎足而立，并称"清词三大家"。然而与之区别的，纳兰性德是入关不久的满族显贵，能够对汉族文化掌握并运用得如此精深，是不得不令人大为称奇的。